CES BELLES INCONNUES DE LA RÉVOLUTION

DU MÊME AUTEUR

CHEZ PERRIN

Le Sang des Koenigsmark :
1. Aurore, 2006.
2. Fils de l'Aurore, 2007.

Le Temps des poisons :
1. On a tué la Reine !, 2008.
2. La Chambre du Roi, 2009.

Dans le lit des rois, Nuits de noces, 2010.

Dans le lit des reines, Les amants, 2011.

Le Roman des châteaux de France, t. 1 et 2, 2012.

Crimes et criminels, 2013.

CHEZ PLON

Dans le lit des rois, 1983.

Dans le lit des reines, 1984.

Les Loups de Lauzargues :
1. Jean de la nuit, 1985.
2. Hortense au point du jour, 1985.
3. Felicia au soleil couchant, 1987.

Le Roman des châteaux de France :
1. 1985.
2. 1986.
3. 1987.

La Florentine :
1. Fiora et le Magnifique, 1988.
2. Fiora et le Téméraire, 1989.
3. Fiora et le pape, 1989.
4. Fiora et le roi de France, 1990.

Le Boiteux de Varsovie :
1. L'Étoile bleue, 1994.
2. La Rose d'York, 1995.
3. L'Opale de Sissi, 1996.
4. Le Rubis de Jeanne la Folle, 1996.

Secret d'État :
1. La Chambre de la Reine, 1997.
2. Le Roi des Halles, 1998.
3. Le Prisonnier masqué, 1998.

Les Émeraudes du Prophète, 1999.

Le Jeu de l'amour et de la mort :
1. Un homme pour le roi, 1999.
2. La Messe rouge, 2000.
3. La Comtesse des ténèbres, 2001.

La Perle de l'Empereur, 2001.

Les Chevaliers :
1. Thibaut ou la Croix perdue, 2002.
2. Renaud ou la Malédiction, 2003.
3. Olivier ou les Trésors templiers, 2003.

Les Joyaux de la sorcière, 2004.

Marie des intrigues, 2004.

Marie des passions, 2005.

Les Larmes de Marie-Antoinette, 2006.

Le Collier sacré de Montezuma, 2007.

L'Anneau d'Atlantide, 2009.

Le Bal des poignards :
1. La Dague au lys rouge, 2010.
2. Le Couteau de Ravaillac, 2010.

La Chimère d'or des Borgia, 2011.

La Collection Kledermann, 2012.

La Guerre des duchesses
1. La Fille du condamné, 2012.
2. Princesses des vandales, 2013.

Le Talisman du Téméraire
1. « Les Trois Frères », 2013.

AUX ÉDITIONS JULLIARD

Les Dames du Méditerranée-Express :
1. La Jeune Mariée, 1990.
2. La Fière Américaine, 1991.
3. La Princesse mandchoue, 1991.

Les Treize Vents :
1. Le Voyageur, 1992.
2. Le Réfugié, 1993.
3. L'Intrus, 1993.
4. L'Exilé, 1994.

AUX ÉDITIONS CHRISTIAN DE BARTILLAT

Cent ans de vie de château, 1992.

Un aussi long chemin, 1995.

De deux roses l'une, 1997.

Reines tragiques, 1998.

Tragédies impériales, 2000.

Elles ont aimé, 2001.

Des maris pas comme les autres, 2004.

Suite italienne, 2005.

Les Chemins de l'Aventure, 2006.

Les Reines du Faubourg, 2006.

Juliette Benzoni

CES BELLES INCONNUES DE LA RÉVOLUTION

PERRIN
www.editions-perrin.fr

12, avenue d'Italie
75013 Paris
Tél. : 01 44 16 09 00
Fax : 01 44 16 09 01
www.editions-perrin.fr

ISBN : 978-2-262-04320-9

À mon irremplaçable Frédérique.

1

L'amour que La Fayette ne méritait pas

Le rire de la Reine

Mal éclairée par une lanterne sale pendue à une corde qui la traverse, la rue des Ballets est sinistre en cette soirée brumeuse du 22 janvier 1795. Pas encore remis des grandes secousses révolutionnaires, Paris n'éclaire guère les rues sur lesquelles pèsent les pires souvenirs. Celle où se dresse la vieille prison de La Force en fait partie.

Soudain, la porte livre passage à une silhouette féminine qui s'arrête un instant sur le seuil, secouée par une quinte de toux. Dans la lumière pauvre que dispense le quinquet pendu au-dessus de sa guérite, le factionnaire de garde découvre un visage fin et doux marqué de rides précoces, de très beaux yeux d'un bleu céleste mais las, cernés et pleins de tristesse. Les cheveux sont épais, mais leur blondeur a pâli. Cette femme de 35 ans en porte facilement dix de plus. Apitoyé, il va lui conseiller de ne pas rester là, dans ce froid humide quand, d'une voiture qui stationne un peu plus loin, une silhouette se détache : celle d'un homme âgé qui vient en hâte vers la jeune femme, les bras tendus :

— Je désespérais de vous voir ce soir, Adrienne, dit-il en embrassant celle qui a cessé d'être une prisonnière.

— Les formalités sont interminables. J'ai cru un instant que l'on ne me lâcherait pas.

Avant de monter dans la voiture, Mme de La Fayette ne peut s'empêcher de donner un dernier regard à cette vieille prison où elle a vécu plus d'une année et où elle a tant souffert, endurant des angoisses si cruelles qu'elles effaçaient jusqu'à la crainte de la guillotine si longtemps suspendue sur sa tête cependant. Elle y a tremblé pour son fils qui a pu fuir vers l'Angleterre et, peut-être, vers l'Amérique; pour ses filles demeurées en Auvergne, au vieux château familial de Chavaniac, sous la garde d'une vieille tante; pour son époux captif de l'Autriche depuis des mois. Elle a vu partir pour l'échafaud ceux qui lui étaient le plus chers : sa mère la duchesse de Noailles, sa grand-mère la vieille duchesse d'Ayen, et sa jeune sœur. Quant à elle-même, sauvée parce que, tout de même, les hommes de Robespierre n'osaient pas envoyer au bourreau l'épouse de La Fayette, son calvaire s'est poursuivi après ce 9 thermidor qui avait libéré les prisonniers de la Terreur. Elle avait alors cessé d'être une Noailles pour demeurer la femme de l'homme qui avait été le geôlier du Roi aux Tuileries. Autrement dit, elle était encore suspecte pour les nouveaux maîtres de l'heure. Et si elle quittait enfin La Force, sa libération était due uniquement à l'intervention de l'ambassadeur des États-Unis, sur l'injonction de George Washington.

Tandis que la voiture l'emporte, Adrienne retrouve la force de sourire à son vieux cousin, le comte de Champetières venu la chercher. Mais, tout de suite les questions fusent : les enfants? Les filles sont toujours à Chavaniac et Georges, le fils, est toujours à Londres. L'époux? Là, les nouvelles sont moins bonnes : il est toujours incarcéré dans la forteresse autrichienne d'Olmütz et plus surveillé que jamais après sa tentative d'évasion l'automne précédent. Une tentative qui d'ailleurs a mal tourné : après une chute de cheval qui lui a valu un tour de reins et un bras foulé, La Fayette a cherché refuge chez un paysan qui l'a dénoncé. Depuis, les demandes de libération n'aboutissent pas…

Alors, tout de suite, Adrienne oublie ses souffrances pour ne plus penser qu'à son bien-aimé Gilbert. Et déjà, elle dresse des plans. Elle va se rendre à Chavaniac pour y chercher ses filles, puis, ensemble, elles partiront pour l'Autriche afin de s'y jeter aux pieds de l'empereur pour le supplier de leur rendre un époux et un père… En pensée, elle est déjà loin, et M. de Champetières l'écoute, abasourdi. Se peut-il que cette femme épuisée ait gardé intact l'amour profond et ardent né au jour de son mariage, quelque vingt et un ans plus tôt ?

Ce jour-là, le 11 avril 1774, en l'hôtel de Noailles rue Saint-Honoré à Paris, le haut et puissant seigneur Gilbert du Mottier, marquis de La Fayette, épousait Mlle Adrienne de Noailles. Il avait 17 ans, elle en avait 14, mais tous deux possédaient à la fois rang et fortune, ce qui faisait de leur union un mariage comme il était de bon ton d'en arranger dans les grandes familles. La chance avait voulu que le cœur fût aussi de la partie et c'est ainsi que, durant la cérémonie, la jeune épousée se pencha vers celui qui devenait son mari pour lui murmurer, rougissante et tendre :

— Désormais, je suis toute à vous…

Quelques mots. À peine une phrase, mais cependant un engagement profond, plus sacré peut-être pour ce cœur adolescent que la promesse formulée entre les mains du prêtre. Elle aimait, de tout son cœur, de toute son âme, et elle allait aimer sa vie entière !

L'objet de ce grand amour n'était cependant pas d'une beauté foudroyante : un grand garçon aux cheveux d'un roux pâle, au teint blanc, aux yeux gris plutôt ternes, au visage quasi immobile et presque fermé. C'était un être froid et renfermé, timide sans doute et de contenance plutôt gauche. Il avait l'air poussé trop vite, mais il portait avec une certaine élégance son uniforme d'officier aux mousquetaires derrière lequel il abritait un caractère somme toute difficilement déchiffrable.

Lorsque, peu de temps après son mariage, il fit ses débuts à la cour de Versailles, comme son nom – l'un des plus anciens de France – lui en donnait le droit, le moins que l'on puisse dire est qu'il n'y rencontra pas le succès. On l'y tint pour un benêt à cause d'une certaine raideur qui lui faisait considérer choses et gens du haut de sa taille. Il provoqua même des railleries et des sourires parce qu'il ne savait pas briller. Il dansait mal et si maladroitement qu'un soir, en le regardant évoluer, la Reine Marie-Antoinette se mit à rire… La rancune du jeune officier mortifié aurait des conséquences graves.

Il repartit ensuite pour son régiment à Metz quand lui parvinrent les premiers bruits de la révolution américaine. Ceux que l'on nommait les *Insurgents* avaient commencé de secouer le joug de l'Angleterre, et tout de suite La Fayette s'enflamma. Pendant ce temps, à Paris, sa jeune femme, qui ne paraissait guère à la Cour, entamait une attente interminable, agrémentée surtout par la naissance de ses trois enfants.

Il fallut attendre que Gilbert ait fini d'aimer la belle Aglaé d'Hunolstein, une ravissante Provençale qui était aussi la maîtresse du duc d'Orléans ; attendre qu'il revînt d'Amérique vers laquelle, en 1776, il avait choisi de fuir pour échapper à une lettre de cachet due à son comportement un peu trop libertaire pour un officier ; attendre alors ses lettres et ses continuelles demandes d'argent tandis qu'il se dévouait corps, âme et fortune à la cause des *Insurgents* et se liait d'amitié avec leur chef, le grand George Washington ; attendre, à son retour d'Amérique, la fin d'une autre passion, quand Gilbert s'était épris de la belle Mme de Simiane…

Il y eut pourtant une éclatante coupure dans la grisaille de cette attente : le retour d'Amérique. Ce fut pour Adrienne un inoubliable souvenir, puisqu'elle put le vivre auprès de son héros. Il y eut l'accueil triomphal de la France… qui oubliait un peu vite que plusieurs milliers de combattants français demeuraient encore de l'autre côté de l'Atlantique. Mais la Reine elle-même n'avait-elle pas raccompagné jusqu'à son carrosse la petite marquise de La Fayette, rougissante et fort troublée? Pendant quelques jours, la Cour tout entière avait été à leurs pieds. Puis Adrienne revint à sa solitude tandis que Gilbert s'engageait dans une sorte de tour d'Europe pour y porter la bonne parole de la liberté. Portant l'austère uniforme des combattants d'Amérique, il visita l'Espagne, la Prusse et la Russie, où les souverains réservèrent un accueil mitigé à ce « républicain » qui se mêlait de venir leur faire la leçon chez eux…

L'attente devint inquiétude quand La Fayette entreprit de lancer, dès l'ouverture des états généraux, ce char révolutionnaire qui allait broyer non seulement sa famille, mais aussi presque tous ceux que leur générosité naturelle avait alors gagnés aux idées nouvelles. La Fayette s'était rangé parmi les pires opposants du régime. Il s'était rendu à Versailles avec le peuple et s'en était allé dormir tandis que l'émeute menaçait la vie du Roi, de la Reine et de ses enfants; La Fayette avait reçu à Paris les fuyards à leur retour de Varennes en interdisant, sous peine de mort, de se découvrir devant eux; La Fayette enfin, à la tête de la Garde nationale, s'était fait le geôlier de la famille royale aux Tuileries… Tout cela épouvantait les siens, et Adrienne se mit à prier pour que le destin ménageât l'homme qu'elle aimait et qui se plaisait à jouer les apprentis sorciers…

Il fallut les drames de 1792, la prise des Tuileries, les massacres de septembre, pour qu'enfin La Fayette ouvrît les yeux. Alors, avec son état-major d'officiers libéraux, il prit le chemin de l'Autriche, pendant que la Terreur s'abattait sur la France et enfermait toute la famille de sa femme. Mais l'Autriche, qui le tenait pour un exalté dangereux, le jeta en prison lui aussi…

Le cachot d'Olmütz

À cause de cet état de choses, et parce qu'elle ne pouvait supporter de savoir captif l'homme qu'elle aimait au point de lui avoir tout pardonné – jusqu'à la mort sur l'échafaud de tous les siens –, la prisonnière épuisée de La Force va se muer en une femme pleine d'énergie. Elle ne reste à Paris que le temps de se débarrasser des miasmes de la prison et de retenir dans une diligence sa place et celle de M. de Champetières, qui refuse de l'abandonner au hasard des grands chemins.

Elle part pour l'Auvergne, mais ne restera que huit jours au château de Chavaniac : juste le temps d'embrasser sa tante, la vieille Mme de Chavaniac, et de préparer avec ses deux filles leur prochain départ pour l'Autriche.

Le moment, à vrai dire, n'est guère favorable. L'empereur François II négocie justement, avec le gouvernement de la République, la libération de la fille de Louis XVI, la jeune Mme Royale, dernière rescapée des captifs du Temple. Il ne peut être question, dans ces conditions, que sa chancellerie accorde des passeports à l'épouse de La Fayette, l'homme de la République. Il faudra donc ruser.

Grâce à Boissy d'Anglas, Adrienne obtient un passeport pour Hambourg, où elle se rend chez le consul américain. Celui-ci ne fait aucune difficulté pour lui délivrer un passeport au nom de Mme Mottier, citoyenne américaine, se rendant à Vienne.

Quand elle y parvient, il lui faut subir une longue attente – mais elle en a tellement l'habitude ! – avant que l'empereur François accepte de la recevoir. Ce n'est donc qu'au début du mois d'octobre qu'Adrienne peut se rendre au palais de Schönbrünn, la résidence estivale des souverains autrichiens. Elle y rencontre un jeune homme de 27 ans dont l'aspect la réconforte : l'empereur est mince et aimable avec, émanant de toute sa personne, cette élégance florentine qu'il doit à son sang à demi-italien. Il est aussi sensible au charme féminin, mais quand Mme de La Fayette se jette à ses pieds, il ne cache pas sa contrariété :

— Les idées de votre époux, madame, valent leur pesant de poudre à canon, lui dit-il. Le tenir sous étroite surveillance représente une sûreté à laquelle nous ne désirons pas renoncer de sitôt. Surtout tant que la France ne nous aura pas rendu la fille de la Reine martyre !

— Sire, je sais, de source sûre, que mon époux est malade et qu'on le tient enfermé dans une prison malsaine. Quel sort pour un si grand homme !

— Un homme qui est grand dans son pays ne l'est pas forcément dans un autre, surtout ennemi. C'est néanmoins la raison pour laquelle il est si bien gardé. Au surplus, rassurez-vous, le général est bien nourri et bien traité.

— Alors, sire, permettez au moins que nous puissions, mes filles et moi, partager sa captivité !

L'idée ne plaît guère à François II. Il tente alors de faire comprendre à cette épouse passionnée qu'une forteresse ne saurait être un lieu convenable pour une noble dame flanquée de deux jeunes filles, mais Adrienne refuse d'entendre ses raisons : elle désire rejoindre son mari où qu'il soit et partager son sort quel qu'il soit !

L'empereur s'incline et quelques jours plus tard, le 24 octobre, Adrienne, Anastasie et Virginie arrivent en vue de la forteresse d'Olmütz en haute Moravie. L'endroit n'a rien d'idyllique : de vieux murs crénelés ayant gardé la trace d'anciens assauts des Turcs, des rochers abrupts, des sapins noirs. Aussi, en apercevant le sinistre château, la marquise a un instant de faiblesse et, sans les bras vigoureux d'Anastasie, elle se serait sans doute évanouie à l'idée de revoir enfin son cher Gilbert.

— Allons, maman, dit la jeune fille, vous n'allez pas vous évanouir à l'instant où nous allons enfin pouvoir vivre en famille ?

À vrai dire, la vie de famille s'annonce sous d'étranges auspices. Il y a d'abord le greffe où, en dépit de la lettre impériale que porte Adrienne, les trois femmes sont fouillées et délestées de tout ce qu'elles possèdent en fait d'argent et d'objets précieux. Puis un geôlier les conduit au long d'un couloir humide débouchant sur une cour. Là, le gardien, qui bien entendu ne parle pas un mot de français, leur désigne de la main une porte basse défendue par une collection de serrures et de verrous.

— Mon Dieu ! murmure Virginie. Est-ce vraiment là que vit notre père ? L'empereur n'a-t-il pas dit qu'il était bien traité ?

Adrienne ne répond pas. L'homme ouvre la porte, en découvre une autre tout aussi bien défendue et quand, enfin, celle-ci s'ouvre sur l'obscurité d'un cachot, un homme apparaît alors. Il est méconnaissable : pâle, maigre, voûté, les vêtements en lambeaux…

Le cri d'horreur que pousse Adrienne le fait sursauter et il regarde plus attentivement les trois nouvelles venues. À vrai dire, il les distingue à peine dans la lumière pauvre.

— Gilbert, murmure la pauvre femme. Est-ce que vous ne nous reconnaissez pas ?

Elle a craint, un court et terrible instant, qu'il ne soit fou. Mais déjà, éclatant en sanglots, il se jette dans ses bras, riant et pleurant tout à la fois.

— Vous, mon cœur ! Est-ce que je rêve ?

Leur embrassement dure un long moment. Les filles regardent en souriant, attendant leur tour sans impatience. Leur père a d'ailleurs quelque peine à les reconnaître : il y a plus de trois ans qu'il ne les a vues. Mais il ne cesse de répéter qu'ils vont être bien heureux.

En vérité, il faut en avoir vraiment envie pour être heureux dans de telles conditions. Mme de La Fayette est autorisée à partager ce que l'on peut à peine appeler la cellule de son mari, mais les filles sont logées dans une prison voisine. Chaque midi, dûment escortée par des soldats en armes, elles peuvent venir rejoindre leurs parents dont elles partagent le repas. La nourriture est abondante et assez bonne, mais, en dehors de cela, on laisse les prisonniers manquer de tout, et même des choses les plus usuelles. Ils mangent avec leurs doigts, raccommodent comme ils peuvent leurs vêtements, mais ils réussissent tout de même à rire de ces affreuses conditions de vie. Parce qu'ils sont ensemble, ils ont un courage qui force l'admiration de leurs geôliers. Adrienne, surtout, est heureuse. Pour la première fois de sa vie, elle a son époux à elle sans que rien ni personne, maîtresse ou affaire d'État, ne vienne le lui disputer. Elle voudrait – et elle le dit – que cela ne finisse jamais.

La Fayette, lui, pense autrement, car la santé de sa femme l'inquiète chaque jour davantage. Il la voit décliner et s'en épouvante. Si cette captivité doit durer encore longtemps, la frêle Adrienne ne sortira pas vivante d'Olmütz. Cette existence inhumaine la tue. Et, en effet, elle finit par tomber réellement malade. La Fayette, alors, fait demander à l'empereur la permission pour sa femme de regagner Vienne afin d'y consulter un médecin. François II répond qu'il accepte, à la condition que la malade s'engage à ne pas revenir à Olmütz... Adrienne refuse : elle préfère mourir plutôt que de quitter son époux.

Néanmoins, son courage lui a gagné l'attachement d'un gardien, qui accepte de poster les lettres que les prisonniers écrivent avec de la suie et un cure-dent sur du linge. Ces lettres sont adressées à l'Europe et à l'Amérique et, quand on apprend que cette malheureuse femme risque la mort pour ne pas quitter son époux, c'est une levée de boucliers. Washington lui-même écrit à l'empereur d'Autriche qui finit par céder et, en octobre 1797, les portes de la forteresse s'ouvrent enfin devant les prisonniers. Il est plus que temps de soigner Adrienne !...

Après un séjour en Hollande chez Mme de Tessé, la sœur du général, ils regagnent enfin la France et s'établissent près de Melun, dans une ancienne propriété des Noailles, le château de la Grange-Bleneau, qu'on leur a rendu. Ce sont enfin quelques années douces auprès d'un homme que la politique a quelque peu abandonné. Adrienne n'a plus envie de mourir et s'efforce au contraire de retenir sa vie. Mais elle ne peut la retenir au-delà de la Noël 1807.

La mort la trouve sereine, sa main fragile reposant dans celle de cet époux qu'elle a aimé jusqu'au bout de ses forces.

— Que vous êtes bon et que je vous aime ! soupire-t-elle.

Puis elle ajoute :

— Je vais vous attendre là-haut !

Elle l'attendra, cette fois, durant vingt-sept ans...

2

Émilie de Sainte-Amaranthe

Un tripot au Palais-Royal

Tandis que Paris s'en allait lentement vers les jours les plus sombres de la Révolution, que la famille royale, prisonnière des Tuileries, y menait une vie plus bourgeoise que royale, que la ville atteinte de fièvres spasmodiques donnait le jour à une nouvelle société, il y avait, au bel étage des galeries encore neuves du Palais-Royal, un grand appartement où l'on menait une vie en tout point semblable à ce qu'elle eût été sous l'Ancien Régime. Le ton en était élégant, la table d'un luxe raffiné, la chère délicate et le service effectué discrètement par des valets en livrée portant perruques poudrées. Pourtant, la peur et l'émigration avaient fermé presque tous les anciens hôtels et il devenait même dangereux d'étaler une éducation attestant que l'on avait connu des jours meilleurs. Alors ?

Alors, cette belle, cette agréable demeure n'était rien d'autre qu'une maison de jeux, un tripot de luxe, fort bien tenu d'ailleurs par les propriétaires. Ils étaient deux : un homme d'une cinquantaine d'années, M. Auccane, ancien planteur de la Martinique, et une femme de 40 ans environ, Jeanne-Françoise-Louise de Sainte-Amaranthe, épouse abandonnée, puis veuve d'un officier de dragons et qui était sa maîtresse. Grâce à une belle fortune rapportée des îles, tous deux avaient monté cette maison où l'on pouvait rencontrer, auprès des plus jolies femmes de Paris, tous les maîtres de l'heure : Danton, Saint-Just, Marat et même Robespierre qui s'y laissa mener un soir.

Parmi les femmes qui enjolivaient ces nuits, Mme de Sainte-Amaranthe tenait sa place avec éclat, car elle était fort belle. Mais elle – ni aucune autre d'ailleurs – ne pouvait rivaliser avec sa fille Émilie, ravissante enfant de 17 ans, d'une blondeur irréelle et d'une grâce infinie, que tous les habitués de la maison poursuivaient d'hommages fervents sans qu'elle consentît à en écouter aucun. C'est que les grands yeux bleus d'Émilie venaient, en cette année 1792, de connaître pour la première fois les larmes après avoir brillé au soleil de l'amour, ou tout au moins de ce qu'elle croyait être l'amour...

L'histoire était simple, presque quotidienne dans un milieu où le plaisir était la loi suprême : un beau garçon, roué jusqu'à la moelle, mais follement séduisant, le comte de Tilly, ancien page du Roi, avait réussi à gagner le cœur – et la virginité – de la belle Émilie, et cela en employant tous les moyens : il avait même été jusqu'à devenir l'amant de sa mère pour être plus proche d'elle et l'amener, par le jeu subtil du désir et de la jalousie, jusque dans ses bras. Émilie devint donc sa maîtresse, jusqu'au jour où la mère surprit le couple et chassa Tilly en le bombardant avec les porcelaines du salon. Après quoi les deux femmes eurent, sur le séducteur, une explication qui les renseigna mutuellement sur le genre d'homme qu'elles avaient aimé.

Mais Émilie demeurait blessée. Elle s'efforçait courageusement de faire face. Cependant sa mine défaite, ses yeux rougis attestaient des nuits sans sommeil, au point qu'un soir, M. Auccane, qui l'aimait bien, décida qu'il fallait faire quelque chose, et avant tout la distraire. Et c'est ainsi qu'il l'emmena au théâtre Favart pour y entendre un nouveau chanteur qui faisait alors courir le Tout-Paris... ou ce qu'il en restait.

Émilie ne croyait guère à la panacée de son vieil ami, mais quand elle vit paraître Jean Elleviou, le chanteur, elle oublia d'un seul coup Tilly et ce qu'elle avait souffert : c'était le plus beau garçon qu'elle eût jamais vu, et il chantait comme un ange. Ce soir, c'était *Le Déserteur*, drame lyrique alors en vogue et qui n'était peut-être pas d'une valeur extrême, mais qui permettait à la voix souple et chaude du jeune homme de s'épanouir pleinement. Aussi, en sortant du théâtre, Émilie s'aperçut-elle, avec surprise, que la nuit était douce, que le printemps sentait bon et que c'était bien bête, lorsque l'on est jeune et belle, de rester cloîtrée dans sa chambre en versant des larmes imméritées.

Changée du jour au lendemain en amoureuse passionnée, la douce et timide Émilie qui avait donné tant de mal à Tilly décida que Jean Elleviou lui rendrait son amour. Elle commença par confier son secret à Marie d'Aunay, sa seule amie, qui se montra enchantée de l'aider à oublier tout à fait Tilly. Et c'est ainsi qu'ensemble, mais correctement chaperonnées par une vieille cousine de Marie, à moitié sourde et qui dormait confortablement dans le fond de la loge, les deux jeunes filles se rendirent plusieurs fois au théâtre Favart où Émilie dévorait des yeux son idole avec un ravissement sans cesse grandissant. En outre, par le truchement d'une ouvreuse, elle fit parvenir au chanteur quelques billets tendres, mais parfaitement anonymes, destinés à piquer sa curiosité.

Un après-midi où les deux amies étaient venues s'asseoir sous les ombrages du Palais-Royal, alors la promenade à la mode, elles virent soudain s'approcher un couple qui fit battre plus vite le cœur d'Émilie. Lui, très beau dans un habit bleu à l'anglaise, son chapeau sous le bras pour laisser le soleil jouer dans ses cheveux, était, naturellement Elleviou; mais la beauté de sa compagne sécha la gorge de la petite amoureuse. Grande, avec de superbes cheveux roux, un teint de lait et de grands yeux verts, elle avait une démarche aérienne et une assurance qui défiait quiconque ne rendrait pas hommage à son éclat.

Marie d'Aunay, qui connaissait son Tout-Paris sur le bout du doigt, renseigna son amie : la belle rousse était la danseuse Clothilde Mafleuroy, étoile de l'Opéra, et l'on disait qu'elle était la maîtresse d'Elleviou... Mais en voyant les yeux d'Émilie se remplir de larmes, Marie se hâta d'ajouter qu'il n'y avait là rien d'extraordinaire étant donné les succès féminins du chanteur, que Clothilde n'était rien qu'une fille entretenue par un prince italien et un amiral espagnol, qu'on la disait dure et surtout avare, donc dépourvue de cœur, et qu'en tout état de cause Émilie n'avait aucune raison d'en être jalouse parce que, si elle voulait s'en donner la peine, elle éclipserait la danseuse sans aucune peine : « Tu es bien plus jolie qu'elle ! » conclut-elle.

Alors, après avoir mûrement réfléchi, Émilie retint pour le lendemain une loge d'avant-scène au théâtre, prit une plume et rédigea le billet que voici : « Votre admiratrice sera demain dans la loge la plus proche de la scène, toute vêtue de blanc, et, comme d'habitude, son cœur battra au son de votre voix. Mais vous, qu'allez-vous penser d'elle ? »

Le cœur, en vérité lui battait fort le lendemain soir quand elle prit place sur le devant de la loge en compagnie de la vieille cousine obligeamment prêtée par Marie. Elle avait passé des heures devant son miroir et se demandait comment Elleviou allait réagir.

Elle fut vite renseignée : à peine entré en scène, le chanteur braqua son regard bleu sur la loge, s'y arrêta puis sourit. Un sourire qui disait à la jeune fille qu'elle était adorablement jolie et qu'il ne s'attendait pas à cette surprise. Et bien souvent, au cours du spectacle, son regard revint caresser Émilie, qui regagna la rue Vivienne – où sa mère avait pris un appartement après l'histoire Tilly – le cœur en fête. Le lendemain d'ailleurs, elle recevait quelques lignes qui lui mirent les larmes aux yeux : « Venez, écrivait le chanteur, que je puisse enfin baiser la jolie main qui a bien voulu m'applaudir si souvent... »

Incapable de résister à pareille invitation, Émilie courait le lendemain soir au théâtre et voyait enfin s'ouvrir devant elle la loge de celui qu'elle aimait.

Cette première entrevue fut charmante. Elleviou y mit beaucoup de tendre respect, Émilie beaucoup de pudique retenue. Le chanteur cependant habitué aux succès féminins s'émerveillait d'avoir su émouvoir à ce point cette ravissante et fraîche jeune fille qui savait avouer si ingénument qu'elle l'aimait. Cela le changeait singulièrement des savantes roueries d'une Clothilde Mafleuroy.

Ils se revirent dès lors tous les jours. Bientôt, Jean avouait un amour aussi fervent que celui d'Émilie. Bientôt, il voulut plus que des baisers sur le bout des doigts et il n'eut pas à prier longtemps. Émilie l'aimait passionnément et, le jour où il lui demanda de le rejoindre chez lui, elle s'y rendit sans une hésitation.

La vengeance de la danseuse

Cependant, Mme de Sainte-Amaranthe commençait à trouver bizarre cette soudaine passion de sa fille pour le théâtre Favart. L'enquête rapide qu'elle y mena, facilitée par quelques judicieux pourboires, l'éclaira amplement. La nouvelle, à vrai dire, ne l'émut pas autrement. Il était bon qu'un autre amour eût balayé Tilly, mais, si Émilie était bien la maîtresse d'Elleviou, il fallait la nantir au plus vite d'un époux peu encombrant et qui, du moins, la mettrait pour l'avenir à l'abri des surprises toujours possibles avec un homme de théâtre.

Par chance, on avait sous la main l'épouseur rêvé : le jeune Sartines, fils de l'ancien ministre de la Marine, qui depuis des mois jouait les amoureux transis. Il n'était pas beau, peut-être pas très intelligent, mais il était riche et accepterait n'importe quoi pour épouser celle qu'il aimait. Et, sans désemparer, Mme de Sainte-Amaranthe fit entendre à sa fille son ultimatum : ou bien elle acceptait de devenir Mme de Sartines, ou bien elle était exilée à cent lieues de Paris, agrémentant néanmoins la rigueur de son discours de considérations pratiques d'une morale peut-être assez douteuse, mais qui pouvait séduire.

Affolée à l'idée de quitter Paris et son amour, Émilie capitula sans conditions, après avoir fait entendre raison à Elleviou qui trouvait la nouvelle fort déplaisante. Mais il fallait en passer par là et, à l'automne de 1792, Émilie épousa Louis-Gabriel de Sartines, lequel éclatait de joie et d'orgueil et n'eût consenti pour rien au monde à partir pour l'émigration, comme on le lui conseillait vivement.

Paris, en effet, grimaçait de plus en plus. La famille royale était captive au Temple, on avait massacré dans les prisons et le danger pouvait se lever à chaque pas. Dans les rues, on croisait de sombres figures que l'approche de l'hiver rendait plus sinistres encore. Il n'était plus guère possible de trouver des serviteurs et les salons du Palais-Royal perdaient leurs clients, mais tout cela importait peu à Émilie et à Elleviou, qui vivaient leur amour avec passion. L'écroulement d'un monde les laissait froids. L'important était qu'ils fussent l'un à l'autre autant qu'ils le voulaient.

Pourtant, quand l'hiver s'installa, la santé de M. Auccane déclina brusquement et Mme de Sainte-Amaranthe s'inquiéta. Son vieil ami possédait à Sucy-en-Brie une propriété et elle décida que l'on s'y installerait aussi discrètement que possible pour soustraire le malade à l'atmosphère pénible de Paris. On partit donc en dépit des larmes d'Émilie, pour qui Sucy représentait le bout du monde.

Elle admit pourtant que ce n'était pas si loin quand, trois nuits après son arrivée, la petite porte du parc s'ouvrit sous la main d'un homme enveloppé d'un grand manteau noir et qui, sans faire plus de bruit qu'un chat, gagna la chambre tiède où elle l'attendait, les bras ouverts et sans la moindre crainte d'être dérangée, car monsieur le comte de Sartines était trop bon gentilhomme pour cultiver des goûts bourgeois et ne franchissait le seuil de la chambre de sa femme que s'il y était expressément invité. Ce qui était rare !

Dans ces conditions, Émilie trouva bientôt Sucy tout à fait charmant, surtout quand revinrent les beaux jours. Jean et elle s'aimaient de plus en plus. C'était comme une fringale due peut-être à l'impression vague que le temps pouvait leur être compté. Le destin ne les oublierait peut-être pas toujours.

Il allait, en effet, se manifester grâce à l'intervention d'une femme : celle de Clothilde Mafleuroy.

Délaissée puis franchement abandonnée par son amant, la danseuse n'acceptait pas sa défaite. Elle n'eut aucune peine à suivre les traces d'Elleviou et acquit bientôt la certitude de ce que pouvait représenter pour lui un voyage à Sucy-en-Brie.

Sachant bien qu'avertir le mari n'aurait servi à rien, Clothilde envoya habilement au Comité de Salut public une lettre de dénonciation qu'elle fit porter par un ancien habitué du Palais-Royal, un certain Annaud, auquel Émilie n'avait jamais accordé un regard. Cette lettre dénonçait la maison de M. Auccane comme un nid de conspirateurs royalistes en liaison avec l'étranger.

Le malheur voulut que la haine de la danseuse fût clairvoyante : en effet, la maison de Sucy avait servi plusieurs fois de relais à d'anciens amis des dames de Sainte-

Amaranthe, comme le baron de Batz. Et un soir, en arrivant à son tendre rendez-vous, Elleviou ne trouva plus dans la maison dévastée que le pauvre M. Auccane qui pleurait dans son lit. On était le 1er avril 1794. Une meute hurlante avait déferlé sur la maison et était repartie emmenant Émilie, son jeune frère et son mari. Sa mère avait été arrêtée le matin même dans son appartement du 7, rue Vivienne, mais M. Auccane avait été laissé là.

— Il crèvera bien tout seul ! dit quelqu'un. Pas la peine de s'en encombrer !

Mais cela ne l'avait pas touché. Ce qui le désolait, c'était l'arrestation d'Émilie qui, au moment de le quitter, lui avait glissé à l'oreille : « Dites je vous prie à mon cher Elleviou que ma dernière pensée sera pour lui... »

Le chanteur serra les poings. Il ne voulait pas qu'Émilie mourût. Ce serait trop bête ! Trop injuste ! Et, de cet instant, il fit tout pour arracher celle qu'il aimait à la mort. Jusqu'à se mettre lui-même en danger, car il multiplia les visites, les suppliques, mais ne parvint même pas à obtenir le droit d'aller voir Émilie à la prison de Sainte-Pélagie. Il insista même tellement, fit tant de bruit qu'un ami compatissant lui conseilla de se tenir un peu plus tranquille, car les charges qui pesaient sur son amie et les siens étaient graves. Ils étaient accusés d'avoir participé au complot d'Henri Admiral qui avait tenté d'assassiner Collot d'Herbois, au prétendu complot de Cécile Renault pour assassiner Robespierre et enfin à la tentative du baron de Batz pour arracher du Temple le petit Louis XVII. Vraies ou fausses, ces accusations portaient chacune avec elles la sentence de mort. De fait, la condamnation tomba le 17 juin, impitoyable, envoyant d'un seul coup soixante-neuf victimes à la guillotine.

Conduite à la Conciergerie, après le verdict, Émilie coupa elle-même ses magnifiques cheveux blonds et les remit au concierge de la prison : « Quelqu'un viendra, un jour, vous les réclamer... »

Puis elle attendit la mort, sereine, sans peur aucune. Elle était parvenue à s'absorber si bien dans son amour que plus rien ne pouvait l'atteindre. Elle savait qu'elle aimerait Jean durant l'éternité.

Pour frapper l'imagination du peuple, Fouquier-Tinville avait ordonné que les condamnés, coupables d'avoir attenté à la sûreté de l'État et donc de parricide, seraient conduits à l'échafaud vêtus d'une chemise rouge, mais cela non plus n'atteignit pas Émilie.

Dans la charrette, tandis que sa mère s'efforçait de garder une superbe indifférence, que son jeune frère (il avait 16 ans) pleurait et que son époux, avec un courage brusquement révélé, chantonnait une romance, elle offrait en dépit de l'affreux sarrau rouge une image de rayonnante beauté qui frappa la foule. Elle regardait d'ailleurs cette foule, y cherchant un visage. Celui qu'elle vit ricanait : c'était la danseuse qui savourait sa vengeance, mais Émilie haussa les épaules et écrasa sa rivale sous un regard de si tranquille mépris que l'autre disparut…

Enfin, à la sortie du faubourg Saint-Antoine, la condamnée aperçut son amant. Le visage défiguré par les larmes, il tenait les bras vers elle avec un désespoir si poignant qu'une des fameuses tricoteuses, peu suspectes d'attendrissement, murmura cependant, apitoyée :

— Si c'est la petite blonde ta bonne amie, je te plains, mon gars, parce que tu vas beaucoup souffrir. Ça doit pas être facile d'oublier une petite comme ça…

Quand le couperet tomba, Jean Elleviou poussa un cri déchirant et s'enfuit en courant, bousculant tout sur son passage.

Mais quelques jours plus tard, un homme en grand deuil, pâle et soudain vieilli, vint chercher à la Conciergerie les cheveux blonds qu'Émilie avait laissés pour lui, dernier souvenir de celle qui fut peut-être la plus jolie de toutes les victimes de la Terreur.

3

Angélique,
celle qui aimait un monstre...

L'homme à la perruque rouge

Le simple fait d'habiter le même immeuble peut changer bien des destinées. Mais, quand les habitants du n° 21 rue de Savoie voient emménager, un matin de l'an 1785, un jeune avocat provincial au teint pâle, aux traits durs, aux yeux légèrement bigles, ils n'imaginent pas un instant que ce garçon froid et peu sympathique va, en un rien de temps, conquérir la plus jolie fille de l'immeuble. Et quelle jolie fille ! Angélique Doye est blonde, fraîche, ravissante, éclatante de santé, un peu trop ronde peut-être, mais à cette époque c'est plutôt une qualité. Elle est née des amours pas trop légitimes d'une belle Allemande et d'un fermier général, gens de goût s'il en fut.

Sa mère ne cache pas qu'elle nourrit les plus hautes ambitions pour cette belle fleur à peine éclose. Bien qu'elle n'ait aucune fortune, Mme Doye considère qu'aucun homme n'est assez beau, assez bien né ni surtout assez riche pour prendre possession de son Angélique. Or, celle-ci se toque du maigre avocat tout fraîchement émoulu de sa Rochelle natale et celui-ci s'éprend de la jeune fille autant que son caractère glacé et son cœur impitoyable le permettent. Il s'en éprend même passionnément.

Quand ils font part à leurs familles respectives de leur intention de se marier, c'est un tollé général. Mme Doye pleure ses espoirs perdus ; quant à maître Billaud, père du futur, il refuse purement et simplement son consentement. L'ombre du fermier général aux amours illicites gêne cet homme austère.

Le jeune Jean-Nicolas fait alors preuve d'une éloquence un peu pompeuse peut-être, mais bien dans l'esprit du temps en attaquant sa future belle-mère puisqu'il l'a sous la main :

— Mademoiselle Angélique n'aura jamais à se repentir de m'avoir accordé la préférence sur des prétendants peut-être plus brillants à ce jour, mais, si je manque de pouvoir maintenant, je ne manquerai jamais d'honneur ni de probité et le bonheur de ma femme sera le premier de mes soucis.

Ainsi endoctrinée, Mme Doye pleure encore un peu, puis cède en pensant que ce garçon a peut-être devant lui un bel avenir. Quant à Billaud père, on décide de se passer simplement de son consentement, son fils ayant tout de même atteint l'âge de 30 ans. Et, le 12 septembre 1786, le mariage est célébré à l'église Saint-André-des-Arts. Après quoi le jeune ménage s'installe dans la rue du même nom, juste en face de celle des Grands-Augustins.

Au bout de quelques mois, la belle Angélique pourrait peut-être montrer quelque déception, car le ménage est loin d'être riche, l'avocat ne plaidant pratiquement jamais. Seulement, elle considère son époux comme la perfection faite homme et n'imagine rien de plus exaltant que de le choyer et de s'occuper de ses repas. De son côté, bien décidé à démontrer à Angélique qu'elle a épousé un grand homme, Billaud-Varenne essaie de se lancer dans la littérature théâtrale. Jadis, une de ses pièces a été montée au théâtre de La Rochelle (sans le moindre succès d'ailleurs !), et il entreprend l'écriture d'un opéra, *Alzire*, qui ne sortira jamais de son tiroir.

La vie matérielle pourrait devenir, à ce train, franchement difficile si quelqu'un n'avait présenté l'avocat sans causes à l'un de ses brillants confrères, avocat au Conseil du Roi, et fort connu à Paris pour son éloquence enflammée et son caractère bouillant. Cette providence s'appelle Danton, et celui-ci accepte bien volontiers de prendre comme secrétaire ce jeune homme sévère et impécunieux dont la froideur contraste heureusement avec son propre tempérament volcanique.

La Révolution vient de commencer. Dans le sillage de Danton d'abord, puis tout seul, Billaud-Varenne va s'y tailler une fabuleuse carrière, malheureusement souillée de sang. La vieille du 10 août 1792, il est nommé membre de la municipalité insurrectionnelle, puis substitut du procureur de la Commune. Trois semaines plus tard, il est membre de la Convention. Ainsi lancé, il se met à la besogne avec cette ardeur glacée qui le caractérise. Sa besogne sera abominable, car peu de révolutionnaires ont touché, comme lui, le fond de la cruauté. On le voit aux massacres de septembre, encourageant, à l'Abbaye, les égorgeurs aux bras rouges de sang et leur promettant une bonne récompense. Ensuite, mis en goût peut-être par ce début, il sera l'un des plus impitoyables pourvoyeurs de la guillotine.

Il gravit peu à peu les échelons les plus élevés de la hiérarchie révolutionnaire : président du Club des Jacobins, président de la Convention, membre du Comité de Salut public. Il sera tout cela et, partout, il fera œuvre de mort. C'est lui qui envoie les Girondins à l'échafaud, qui y traîne la Reine et qui, enfin, y jettera l'homme qui l'a jadis sauvé de la misère : Danton !

Et l'horreur continue. Billaud-Varenne applaudit aux pires excès : noyades de Nantes, mitraillades de Lyon, massacres d'Arras. Il organise l'impitoyable Commission d'Orange et il est continuellement derrière le dos de

Fouquier-Tinville, qu'il trouve parfois un peu mou. Robespierre n'a pas de plus acharné supporter que cet homme au visage blême qui, pour paraître plus terrible, s'affuble à présent d'une perruque couleur de flamme et hirsute : il veut se donner l'air d'un lion, car le souvenir de Danton le hante... Pas de plus acharné? Voire! Car lorsque sonne l'heure de Robespierre, c'est Billaud-Varenne qui le pousse vers l'échafaud.

Pendant tout ce temps, il est vrai, Angélique a vécu des jours heureux. Bien sûr, elle n'aime pas du tout la fameuse perruque rousse sous laquelle son époux lui paraît plutôt laid. Mais il a tenu bon contre ses douces protestations, et même sa perruque lui sert de bonnet de nuit : il la garde au lit... Il faudra qu'Angélique s'habitue...

Cependant, le peuple de Paris se dégoûte de la guillotine, du sang versé, de la délation et de la vie affreuse de la Terreur. À bien regarder dans ses rangs, il s'aperçoit bientôt que tous ceux qui ont mené cette grande révolution sont tous morts... ou presque tous. Il en reste au moins un : Billaud-Varenne. Peu à peu la haine grandit autour de lui, devient palpable. Un jour de novembre 1795, comme il traverse le jardin du Palais-Royal, il n'échappe que de justesse à un lynchage avant la lettre. Plus tard, des jeunes brûlent devant la Convention un mannequin à son effigie en réclamant sa mort.

L'affaire fait tant de bruit que le nouveau gouvernement ne peut plus reculer sous peine de voir renaître des émeutes. Le 2 mars 1795, Billaud-Varenne est arrêté, jugé en même temps que son ami Collot d'Herbois et que Barrère. Condamné à la déportation, il demeure d'abord chez lui sous la garde d'un gendarme. Quelles ne sont pas alors les terreurs d'Angélique, réveillée de ses doux songes dans l'angoisse d'entendre arriver la voiture qui lui enlèvera son époux!

C'est le 2 avril que la voiture en question apparaît. Il y a foule dans la rue, une foule haineuse, menaçante. Curieusement cependant, elle se tait quand le prisonnier apparaît, froid et hautain, toujours affublé de sa perruque rousse. C'est tout simple : on pense qu'il est en route pour l'échafaud.

Quand la foule s'aperçoit de son erreur, elle dételle la voiture et la fait rouler jusqu'au Comité de Sûreté générale. Là, les anciens collègues de Billaud lui offrent l'asile d'un bureau en attendant que le départ soit possible. Il faudra attendre la nuit pour pouvoir l'emmener par une porte discrète et lui faire prendre la route de La Rochelle. Tout le long du chemin le danger sera constant, mais l'immense colère qu'il soulève sur son passage ne convainc toujours pas Billaud de ses torts. Muré dans une profonde admiration de lui-même, il se veut romain dans l'adversité et se prend pour une sorte de Roi déchu.

À La Rochelle, il peut tout juste embrasser son père et sa mère avant de gagner un cachot de l'île d'Oléron d'où un navire, *l'Expédition*, l'emmènera ensuite vers la Guyane. Quarante jours de navigation sous un ciel de plomb n'arracheront pas une plainte au prisonnier. Le commandant a ordre de le jeter à la mer en cas de rencontre avec un bateau anglais, mais cette menace elle-même flatte son orgueil.

Arrivé à Cayenne, on l'enferme dans un cachot du fort avant de l'expédier à Sinnamary, une sorte de désert putride et fangeux, habité par les fièvres, où l'on met les condamnés trop gênants. Là, Billaud-Varenne, malade, n'attend plus que la mort, abrité sous une misérable hutte...

Le dévouement d'Angélique

Pendant ce temps, la vie n'est guère clémente pour la pauvre Angélique. Devenue un objet d'horreur pour ses voisins, elle a d'abord tenté de rejoindre son époux à l'île d'Oléron, mais elle a dû renoncer en apprenant son départ pour Cayenne. Alors elle se cache, sous un faux nom, dans un quartier populeux, vend peu à peu ses meubles, met en gage ce qui lui reste. Néanmoins, au milieu de toute cette injuste misère, elle est soutenue par une idée fixe : rejoindre à tout prix l'époux qu'elle adore. Pour cette douce créature, Jean-Nicolas a « une belle âme, pure et innocente », et elle peut écrire en toute bonne foi : « Si je pouvais le voir encore une fois, je mourrais contente... »

Un instant, elle croit avoir gagné. Elle a réussi à obtenir un passeport et la permission de partir. Elle a envoyé à La Rochelle le misérable bagage qui est tout son bien, mais c'est alors que, épuisée par les privations, elle tombe malade... Peut-être, parvenue au degré extrême de la misère, fût-elle morte peu après à l'hôpital si un homme n'était apparu miraculeusement dans sa vie...

C'est un Américain âgé, nommé Harry Johnson, riche armateur fixé en France depuis longtemps et qui a suivi avec passion toutes les péripéties de la Révolution. Il admire en bloc et sans distinction tous ceux qui y ont participé, y compris Billaud-Varenne. Ayant appris, Dieu sait comment, l'état de la jeune femme, il vole à son secours, se présente à elle et, tout de suite, s'occupe de ses affaires avec une énergie réconfortante. En outre, la beauté de la jeune femme le touche profondément, et elle trouve bientôt en lui le plus dévoué des chevaliers servants.

Après l'avoir tirée de la misère, il échafaude avec elle de grands projets. Il songe à armer un corsaire, à se rendre en Guyane pour y enlever Billaud-Varenne, qu'il déposerait ensuite aux États-Unis où Angélique pourrait le rejoindre. Le projet paraît simple et la jeune femme transportée de joie écrit aussitôt à son époux pour lui annoncer la bonne nouvelle. Hélas ! toujours fermement attaché à son personnage de martyr romain, celui-ci répond que seule la Convention qui l'a condamné injustement a le droit de proclamer sa délivrance et qu'il refuse de fuir.

On devine la déception d'Angélique, mais elle est de courte durée. Si le héros refuse de fuir, rien ne l'empêche, elle, d'aller le rejoindre. Johnson est tout prêt à lui offrir le voyage avec, en supplément, assez d'argent pour vivre là-bas. Elle annonce donc sa prochaine venue à son époux. Qui refuse en alléguant la rudesse du climat.

La malheureuse femme ne sait plus à quel ci-devant saint se vouer, quand son ami américain a une idée généreuse. Il est vieux et de santé fragile. Très certainement, il ne vivra plus très longtemps. Que deviendra Angélique lorsqu'il ne sera plus là ? Une épave, de nouveau ? Le seul moyen d'éviter cela c'est d'abord le divorce et, ensuite, un mariage blanc avec lui. Devenue veuve, Angélique pourra porter à celui qu'elle aime tant la fortune du disparu.

Angélique accepte. Peut-être est-elle lasse de cette vie sans grand espoir et des grandes phrases de son époux. Le divorce est prononcé sans qu'il en soit averti « pour cause d'absence du mari », le 18 janvier 1797 et, dix jours après, Angélique épouse Johnson à la mairie du 2e arrondissement. Puis elle se met à attendre paisiblement que le veuvage lui permette d'aller, riche et libre, rejoindre enfin son seul et véritable époux.

Pendant ce temps, la situation de Billaud-Varenne s'est améliorée. Ayant contracté les fièvres, il a été soigné avec un superbe dévouement par des religieuses qui ont réussi à entrouvrir un peu cette âme fermée. En outre, il a réussi à gagner la sympathie de l'aide de camp du gouverneur, le général Bernard. Grâce à ces précieuses relations, sa vie a changé. Il a pu obtenir un prêt et acheter un petit domaine, la ferme d'Orvilliers, où poussent le cacao et les arbres fruitiers. Il s'y installe avec un chien qu'il appelle Patience et entreprend d'y vivre l'existence d'une sorte de

Robinson, avec cette différence que, pour l'aider dans sa tâche, il achète quelques esclaves noirs, sans paraître se souvenir des discours pompeux dans lesquels, à la tribune de la Convention, il fustigeait jadis l'esclavage.

C'est là qu'un beau matin, il voit accourir le général Bernard venu lui annoncer la nouvelle de la constitution du gouvernement consulaire et de la grâce accordée par Bonaparte à tous les déportés. Le général s'attend à une explosion de joie, mais il n'en est rien. Billaud-Varenne se contente de lui dire qu'il souhaite répondre lui-même à cette faveur et, un moment plus tard, il remet à son ami une lettre dans laquelle il refuse purement et simplement la grâce accordée en ajoutant qu'il se « méfie des consuls français »... Décidément, cet homme est intraitable et Bernard s'en va un peu décontenancé. Envoyé en France peu de temps après, il ne reviendra à Orvilliers que plusieurs mois plus tard... et avec des nouvelles.

À Paris, en effet, il s'est trouvé à un souper chez Prieur de la Marne auprès d'une jeune femme blonde, très belle, dans des vêtements de deuil élégants, et qui portait à son cou un médaillon dans lequel il a reconnu, non sans étonnement, le portrait de Billaud-Varenne. La jeune femme lui a expliqué alors qu'elle avait été la femme du déporté et qu'elle estimait l'être toujours, bien que veuve de Harry Johnson. Et elle lui a raconté les circonstances dans lesquelles ce dernier mariage avait été conclu.

Ému par cette constance bizarre, mais touchante, Bernard repart en emportant avec lui une lettre d'Angélique et, à peine arrivé, court chez son ami. Malheureusement il a perdu la lettre en cours de route et, arrivé à destination, il ne peut plus compter que sur son seul talent oratoire. Il dit comment, pour subsister, Angélique a accepté ce mariage factice, et il dit aussi qu'elle n'attend qu'un signe pour accourir, le cœur plein d'amour. Certes, Bernard plaide avec chaleur la cause d'Angélique, mais Billaud-

Varenne se contente de lui déclarer qu'il n'a aucun regret à avoir, qu'il aurait déchiré cette lettre sans la lire, et il ajoute : « Il y a des fautes impardonnables... »

Et tout est dit. Angélique est apparemment sortie de sa vie et le général, un peu dérouté, regagne Cayenne pour écrire à la jeune femme le piteux résultat de son ambassade, sans rien comprendre à ce qui vient d'arriver.

La chose est tout de suite plus facile à comprendre dès que l'on sait qu'une autre femme est entrée dans la vie du proscrit quinquagénaire : une petite esclave noire de 16 ans qui s'appelle Brigitte.

Quand celui-ci l'a achetée, Brigitte a été séparée d'une amie de cœur qui était son seul soutien en ce monde et elle s'est jetée à l'eau. Repêchée, elle a été très vite consolée par les attentions du maître sensible à sa grâce de jeune chat et à son corps épanoui. Très vite, elle a pris sur lui un grand ascendant et tient la place de maîtresse dans le domaine, une maîtresse singulièrement dure car, sous sa férule comme sous celle de son amant, les esclaves n'ont pas la vie rose. L'ancien président de la Convention méprise et déteste ces hommes qu'il traite moins bien que son bétail. Chez lui, le fouet est d'usage courant.

Cet étrange couple va filer le parfait amour durant toute la durée de l'Empire, mais le retour des Bourbons inspire à Billaud suffisamment d'inquiétudes pour l'inciter à quitter le pays. Il vend son domaine et ses esclaves, au nombre desquels se trouve un vieux nègre nommé Lindor dont il n'espère pas tirer grand prix :

— Celui-ci est enflé comme un tambour et, dans cet état, on chercherait vainement à le vendre, déclare-t-il.

Et cet ami de l'égalité abandonne purement et simplement le malheureux. Escorté de Brigitte, il gagne les États-Unis, s'installe à New York, mais la vie y est chère et le climat pénible. Le couple repart alors pour les Antilles et s'installe à Saint-Domingue. Billaud y loue une cabane à Port-aux-Princes et trouve une place au bureau du Grand Juge. Mais il est miné par la dysenterie et la mort approche. Il la sent venir et, pour ne pas finir dans cette ville que la révolte des Noirs a rendue sinistre, il gagne les mornes de l'arrière-pays. C'est là qu'il s'éteint, le 13 juin 1819, dans les bras de sa chère Brigitte. Ses dernières paroles seront des paroles de haine :

— J'entends la voix de la postérité qui me reproche d'avoir trop ménagé le sang des tyrans…

Depuis onze ans, Angélique s'est refait une existence… et une raison, en épousant un riche bourgeois, M. Cousin-Duparc.

4

Sophie de Monnier ou la passion

Le prisonnier de Joux

Le 25 juin 1775, le comte de Saint-Mauris, gouverneur du fort de Joux dont les murailles à pic et les casemates dominaient (et dominent toujours) la cluse de Pontarlier, donnait, aux notables de la petite ville, un dîner destiné à célébrer le sacre du Roi. Louis XVI venait d'être couronné à Reims et il importait que, dans toute la France, on célébrât dignement cet événement.

Ce dîner, au fond, n'était qu'un prétexte pour tenter d'éblouir une jeune femme dont Saint-Mauris, malgré ses soixante printemps bien sonnés, était tombé follement amoureux : la fringante épouse du vieux président de Monnier. Sophie avait tout juste 20 ans et sur elle se cristallisaient les désirs d'une bonne partie des hommes de la région.

On ne pouvait dire qu'elle fût véritablement belle, mais, en vérité, elle était mieux que cela : éclatante ! Grande avec une gorge de statue, de grands yeux noirs et une forêt de cheveux couleur de nuit qui la couronnait de sa folle végétation. Elle avait une peau éblouissante qui faisait oublier ses traits trop forts, son visage quelque peu poupin, son nez retroussé et ses lèvres trop lourdes, mais d'un rouge attirant.

Pour ajouter à son éclat, il y avait sa condition : cette magnifique créature était mariée à un barbon de cinquante ans son aîné, le marquis de Monnier, qui ne l'avait épousée que pour faire enrager la fille qu'il avait eue d'un premier lit. Persuadé qu'une si belle créature ne pouvait être qu'une excellente génitrice, le vieux Monnier avait donc choisi Sophie de Ruffey, fille du président de la Cour des comptes au parlement de Bourgogne.

Il n'était pas d'usage qu'une fille fît entendre son point de vue quand son père avait parlé. Sophie obéit sans sourciller au marquis de Ruffey, quitta Dijon et s'en alla vivre à Pontarlier avec celui qu'on lui avait donné pour époux. Mais si la belle Bourguignonne était visiblement faite pour avoir des enfants, il n'en allait pas de même de son époux, dont le moins que l'on puisse dire est qu'il avait quelque peu préjugé de ses capacités. Vite ramené à une plus juste conception des choses, il offrit à sa jeune épouse la vie sans éclat d'une maîtresse de maison provinciale et d'une partenaire au whist dont il raffolait. Une sorte de célibat forcé qui convenait aussi peu que possible à cette jeune femme pleine de vie !

Évidemment, elle était fort courtisée et les occasions de tromper son mari ne lui manquaient pas. Mais le malheur voulait que ses soupirants fussent tous d'un âge voisin de celui du marquis de Monnier !

Tel Saint-Mauris. Mais le grand souper de celui-ci allait changer tout cela !

Il y avait alors, au fort de Joux, un prisonnier pas comme les autres. Il était rare que l'on incarcérât, dans cette forteresse provinciale, perdue au fond des montagnes, un fils de famille noble, envoyé là sur lettre de cachet par la seule volonté d'un père et venu en droite ligne de la Cour. Aussi ce prisonnier jouissait-t-il d'un traitement fort doux qui lui permettait de vivre en semi-liberté sur sa seule parole. En outre, ce n'était véritablement pas un personnage ordinaire que le comte Honoré Gabriel Riqueti de Mirabeau, descendant de l'une des plus illustres maisons de Provence, d'origine italienne d'ailleurs, et dans laquelle le mauvais caractère se transmettait de père en fils avec une belle régularité. Ce Mirabeau-là avait eu garde de ne pas manquer à la tradition : à 26 ans, il avait déjà tâté, grâce au marquis son père, de plusieurs prisons. Pour la justice, il faut ajouter que ce jeune homme faisait preuve déjà d'un étonnant génie et que son père le haïssait tout bonnement.

Honoré Gabriel avait débuté dans le monde à Saintes, au régiment de Berri-Cavalerie. Doué d'un tempérament démesuré, il avait causé quelques scandales qui lui avaient valu d'aller se calmer quelque temps au fort de l'île de Ré. Il en était sorti pour faire campagne en Corse.

Mais, plus fait pour la plume que pour l'épée, fort peu militaire dans l'âme, il avait quitté le service pour se marier. En 1772, il épousait la charmante Émilie de Marignane, l'une des plus riches héritières d'Aix-en-Provence. C'était naturellement Mirabeau père qui avait arrangé ce mariage, car c'était un homme qui aimait assez l'argent. Le ménage d'ailleurs alla tout de suite de travers. Gabriel était coureur, sa femme était volage, et tous deux ne s'entendaient guère que pour jeter l'argent par les fenêtres. Aucune fortune ne pouvait leur résister !

Quand les dettes du ménage atteignirent la coquette somme de 200 000 livres, Mirabeau père jugea qu'il était temps de mettre de holà ! Il demanda donc une première lettre de cachet contre son fils. On l'enferma d'abord à Manosque, où il mena la vie de château, puis au château d'If, cette forteresse de la mer, où il se distingua en débauchant la cantinière. C'était ce dernier exploit qui avait incité le marquis, son père, à réclamer pour lui un dépaysement total : d'où le séjour au fort de Joux. Il y compta rapidement quelques conquêtes.

Physiquement, Honoré Gabriel était loin d'être beau. Massif, puissant, de haute taille, le poil roux, il avait un large visage profondément marqué par la petite vérole, des traits épais, une absence totale de grâce. Mais sa laideur, puissante elle aussi, était loin d'être sans attraits : la bouche était spirituelle, les yeux bruns s'enflammaient facilement et pouvaient fasciner, le vaste front, surmonté d'une véritable crinière de lion toujours coiffée en coques fantastiques annonçait le génie. En outre une voix profonde, riche, sonore, qui pouvait trouver dans la colère des éclats si terribles qu'elle devait lui valoir plus tard, de la bouche de Camille Desmoulins, le beau surnom de Mirabeau-Tonnerre, en criante opposition avec celui de son frère Mirabeau-Tonneau. Et, cette voix, le jeune homme savait en jouer avec un art consommé…

Tel était donc l'homme que Sophie allait découvrir, au dîner de Saint-Mauris, car le gouverneur avait eu la galanterie d'inviter son plus illustre prisonnier à fêter congrûment le sacre du Roi. Ce voisinage la troubla profondément, au point que, de tout le dîner, elle ne trouva pas grand-chose à lui dire. Et quand, en fin de soirée, il lui demanda la permission de lui rendre visite, elle put tout juste bredouiller que ce ne serait pas possible parce que le président et elle-même s'apprêtaient à quitter Pontarlier pour leur séjour estival dans leur château de Nans, près de Champagnole.

— Ce sera donc pour votre retour, à l'automne ! répondit le jeune homme qui venait sans doute d'éprouver la plus profonde émotion de sa vie.

Ce visage de femme, ce corps de femme, cet émoi qu'il devinait frère du sien allaient l'enchaîner à Sophie par l'une de ces passions qui marquent une vie.

« Avec toi a commencé l'amour… », lui dirait-il plus tard. Mais pour l'heure, ce fut avec un regret encore inexplicable pour lui qu'il vit s'éloigner la robe de soie de la jeune femme. Et jamais été ne devait lui paraître plus long.

Il fit pourtant tout pour se trouver quelques compensations. Dans les environs du fort se trouvait une belle fille point trop farouche, Jeanneton Michaud, avec laquelle il faisait bon passer quelques heures avec la bénédiction de Saint-Mauris, geôlier décidément aussi bienveillant que compréhensif. Mais quand il apprit le retour des Monnier, il n'eut plus qu'une hâte : revoir cette Sophie dont il sentait qu'elle était faite pour lui.

Ce fut sans trop de peine qu'il obtint de son gouverneur la permission d'une visite de courtoisie. Le président de Monnier avait, on le sait déjà, la passion du whist, jeu auquel Mirabeau était d'une grande habileté. Saint-Mauris crut entrer plus avant dans les bonnes grâces de Sophie en offrant au mari un partenaire aussi passionnant.

Le président fut enchanté. Au point qu'il demanda à Saint-Mauris d'autoriser Mirabeau à séjourner quelque temps chez lui.

— Je vous réponds de lui, mon cher. Nous jouerons nuit et jour !

Voire ! À l'âge du vieux marquis, on a tout de même besoin de dormir. D'autant plus que sa santé n'était pas des meilleures. Et les heures que M. de Monnier passait dans son lit, Mirabeau les passait aux pieds de Sophie pour laquelle il écrivait des *Dialogues*, notamment sur le droit à l'amour.

« Toute femme qui a dit à un homme "Je t'aime" et lui a donné un baiser lui doit toutes ses faveurs. La vertu ressemble aussi peu à ce qu'on appelle ordinairement ainsi, qu'au vice même ; elle n'a rien de commun avec cette exigence monacale et contraire à la nature qu'on appelle continence… »

On devine l'effet d'une littérature de ce genre sur une jeune femme qui ne demandait qu'à aimer de tout son être. Après une assez molle défense, la belle Mme de Monnier ouvrit à son hôte la seule porte qu'il n'eût pas encore franchie, celle de sa chambre.

Malheureusement, si l'on peut employer cet adverbe pour une manifestation du bonheur, une femme amoureuse et aimée porte sur elle, dans sa manière d'être et sur son visage, un éclat insolite, révélateur. Sophie, elle, irradiait littéralement.

Cette nouvelle illumination frappa beaucoup les gens de Pontarlier et, entre autres, une certaine Mme de Saint-Belin qui se prétendait la meilleure amie de Sophie et qui était sans doute la plus mauvaise langue de toute la ville.

Sous couleur d'aller mettre en garde son « amie » contre quelques bruits courant sur elle et sur Mirabeau, elle rendit à la jeune femme une visite qui tourna fort mal : exaspérée par ses insinuations malveillantes, Sophie de Monnier mit proprement à la porte Mme de Saint-Belin, qui s'empressa incontinent d'aller répandre sur la ville tout le contenu d'une respectable poche de fiel : en se fâchant si imprudemment, Sophie s'était trahie.

Dans les petites villes où les distractions sont rares, les cancans courent la poste. Celui-ci avait apparemment des bottes de sept lieues : en un rien de temps, tout Pontarlier fut au courant, dont le pauvre Saint-Mauris, qui découvrait un peu tard qu'il avait introduit le loup dans une bergerie dont il pensait se réserver l'accès. Furieux, il envoya à Mirabeau l'ordre de réintégrer le fort dans les heures à venir !

L'affaire tournant au vaudeville, le gouverneur ne vit pas revenir Mirabeau, mais reçut du mari une lettre fort bien tournée, aux termes de laquelle le président de Monnier priait son cher ami Saint-Mauris de surseoir au retour en geôle jusqu'au soir de l'Épiphanie, afin de ne pas le priver de son partenaire préféré durant les fêtes… Force fut à l'amoureux bafoué de s'incliner.

Mais, le jour des Rois, quand on vint chercher Mirabeau, on s'aperçut qu'il avait disparu subitement, sans que personne pût dire où il était allé. Tout ce qu'on trouva dans sa chambre, ce fut une lettre pour le président, dans laquelle il prenait fort courtoisement congé de lui, et une autre pour Saint-Mauris qui était un poème d'insolence : en termes fort clairs, Mirabeau lui disait qu'il l'avait assez vu !

Naturellement, on l'envoya chercher sur toutes les routes à tous les postes-frontières, sans obtenir le moindre résultat... pour l'excellente raison que Mirabeau n'avait jamais quitté l'hôtel de Monnier ! Il était tout simplement caché dans la chambre de Sophie, laquelle chambre possédait de bons verrous et, surtout, l'une de ces immenses armoires comtoises aussi vastes que des lits-clos bretons. Sophie y rangeait ses robes. Elle y rangea aussi son amant avec la complicité de Marion, sa camériste, quand par hasard une alerte se produisait. Ce qui était rare, car c'était Marion qui faisait le ménage et le marquis ne mettait pratiquement jamais les pieds chez sa femme.

Honoré Gabriel et Sophie vécurent ainsi quelques jours de bonheur fou, un bonheur si intense, si aigu que la jeune femme aurait voulu le voir durer toujours. Hélas ! il allait trouver sa fin dans la plus simple des nécessités vitales : la faim.

L'appétit de Mirabeau était en rapport avec son personnage : fabuleux, et une grande quantité de nourriture lui était nécessaire chaque jour. Cette gloutonnerie ne tarda pas à poser des problèmes insolubles, car il était impossible à Sophie et à Marion de faire à la cuisine ou à l'office des prélèvements suffisants pour remplir un estomac aussi exigeant. D'autant plus que le président était assez près de ses sous et qu'il veillait personnellement sur les réserves de sa maison. Quand le cuisinier se plaignit de vols, les deux amants comprirent qu'il fallait trouver autre chose.

— La seule solution est que je quitte cette maison, dit Mirabeau. Aussi bien, nous ne pouvons pas passer toute notre vie dans une chambre. La frontière est toute proche. J'irai à Neuchâtel où j'ai Fauche, mon éditeur, et de l'argent à prendre. Je t'y attendrai et, si tu m'aimes, tu me rejoindras !...

Si elle l'aimait ? Elle eût donné sa vie pour lui. Elle accepta, non sans pleurer beaucoup, de le laisser partir et, par une nuit bien noire, Mirabeau embrassa Sophie et entreprit de grimper le mur de l'hôtel.

Il était tout juste au sommet quand le malheur voulut qu'un domestique des Monnier sortît dans la cour. Il vit cette grande silhouette à califourchon sur le mur et donna l'alarme. Mirabeau fut pris et entouré des valets de la maison, conduit chez le vieux président.

Mais il n'était pas homme à se laisser intimider. On l'avait pris sur le mur, c'était un fait... mais rien ne disait s'il cherchait à entrer ou à sortir ! Ce fut la première hypothèse qu'il défendit avec son plus beau talent oratoire : il traversait Pontarlier pour gagner Paris quand il n'avait pu résister au désir de revoir son vieil ami Monnier. D'où cette folle imprudence !

Le Président était à cent lieues de soupçonner la vérité. Dans sa candeur naïve, il avala la couleuvre tout entière, gronda doucement le jeune fou, lui offrit un souper pour le réconforter et l'engagea à repartir avant le lever du jour, non sans avoir intimé à ses domestiques l'ordre de se taire sous peine des pires ennuis ! Et Mirabeau poursuivit sa route « vers Paris » le plus tranquillement du monde.

Mais à peine eut-il tourné les talons que les nerfs de Sophie craquèrent. Éclatant en sanglots, elle perdit à ce point son empire sur elle-même qu'elle confessa toute la vérité à son mari... en le suppliant de la laisser rejoindre Mirabeau !

Cette fois, Monnier prit très mal la chose. Le lendemain, il mettait Sophie dans un carrosse bien fermé à destination de Dijon afin qu'elle fît, dans la sévère maison de son père, un séjour aussi salutaire que purificateur.

Le marquis de Ruffey commença par enfermer sa fille sous la garde d'une tante chanoinesse (dans toutes les bonnes familles, on en avait toujours une sous la main !). Puis il lui annonça qu'elle ne sortirait qu'une fois revenue à la raison.

— Alors, je mourrai ici, cria Sophie, car rien ne pourra jamais me séparer de lui ! Nous saurons nous rejoindre envers et contre tous !

Elle ne croyait pas si bien dire. Ayant appris ce qu'il était advenu de sa maîtresse, Mirabeau revint sur Dijon, gagna à sa cause un serviteur de la maison des Ruffey à l'aide d'un peu d'or et réussit à obtenir une entrevue avec Sophie, de nuit, dans le jardin. Il lui promit de préparer, dès le lendemain, tout ce qu'il fallait pour leur fuite commune.

Hélas ! le lendemain justement, il fut reconnu, arrêté et mis sous les verrous dans l'antique château des Gendarmes…

Les malheurs de Sophie

Ce n'était pas une prison bien solide que le vieux château des Gendarmes à Dijon. À peine y fut-il écroué que Mirabeau, se rendit très vite compte qu'il n'aurait guère de peine à en sortir. Mais en sortir signifiait quitter Dijon, Dijon où Sophie était toujours séquestrée dans l'hôtel de son père, le marquis de Ruffey.

Il s'apprêtait donc philosophiquement à y passer quelques mois en attendant que Sophie fût elle-même libérée de sa propre « prison », quand il apprit qu'il allait prochainement être transféré à la forteresse de Doullens.

Du coup, il reconsidéra la question. D'une part, Doullens était au diable ; d'autre part, on n'en sortait pas facilement : une vraie citadelle, lourdement fortifiée et bien gardée ! Pris par la nécessité, Mirabeau décida donc de « faire la belle » et, dans la nuit du 25 au 26 mai 1776, il s'enfuit de Dijon. Aussitôt se lancèrent à ses trousses la police royale et, singulièrement, un certain Bruguières, limier fort habile au demeurant, que l'évadé entraîna à sa suite dans une fantastique odyssée. L'un derrière l'autre, Mirabeau et Bruguières visitèrent d'abord le Midi, où le second faillit bien prendre le premier à Lorgues près de Draguignan ; puis le Piémont, les Alpes que l'on franchit au Petit-Saint-Bernard, pour finalement se retrouver en Suisse, que l'on traversa pour gagner le Jura. Mais il y avait beau temps que Bruguières ne pouvait plus rien et, quand son gibier s'installa dans le village de Verrières, à une lieue et demie du fort de Joux, mais en Suisse, il se résigna enfin à rentrer en France, bredouille.

Pendant ce temps, Sophie avait fait sa soumission, écrit à son mari pour demander son pardon et obtenu la permission de rentrer à Pontarlier… après qu'un mot bien discret de son amant lui avait appris sa présence à Verrières.

Une fois de plus, le vieux président fut berné. Dans la nuit du 24 au 25 août, Sophie, déguisée en garçon, s'échappa de la demeure conjugale, emportant avec elle ses bijoux et 20 000 livres en or. À cheval, elle franchit la frontière par des chemins qu'elle connaissait aussi bien que les gabelous, et alla se jeter dans les bras de Mirabeau qui l'attendait de l'autre côté.

On imagine ce que furent les retrouvailles de ces deux affamés d'amour séparés depuis plusieurs mois. Mais il n'était pas question de demeurer là, dans ce petit village, si ravissant fût-il, car il était véritablement trop proche de Pontarlier.

Les fugitifs gagnèrent d'abord Neuchâtel, sans s'y arrêter beaucoup : tout juste le temps de prendre de l'argent chez l'éditeur Fauche et de se procurer, à prix d'or, de faux passeports au nom du comte et de la comtesse de Saint-Mathieu. Après quoi, l'on prit joyeusement le chemin des Pays-Bas, pays libre, riche et heureux où l'on pouvait vivre à sa guise et publier ce que l'on voulait.

On s'installa à Amsterdam, dans la Kalverstraat, l'une des rues de terre ferme de la Venise du Nord. C'était en vérité une fort belle rue, bordée de maisons richement enluminées et de magasins débordant de tous ce que les navigateurs néerlandais rapportaient des mers lointaines : bois exotiques, fourrures précieuses, soieries, épices, fruits étranges : une espèce de caverne d'Ali Baba qui enchanta Sophie.

D'ailleurs, dès leur arrivée, Honoré Gabriel l'avait conduite chez un bijoutier pour y faire faire deux anneaux d'or que l'on grava de devises différentes. Celui de Sophie portait : « L'amour brave la mort. » Celui de Gabriel : « C'est avec toi qu'a commencé l'amour, c'est avec toi qu'il finira... »

Mariés ainsi à leur manière, les deux amants commencèrent leur vie commune, mais avec un peu trop d'exubérance et de faste. Mirabeau se remit à écrire son fameux *Essai sur le despotisme* qui allait secouer l'Europe et se fit recevoir dans une loge maçonnique grâce à laquelle il espérait bien obtenir la citoyenneté des Pays-Bas, ce qui l'eût mis, ainsi que la fausse comtesse de Saint-Mathieu, à l'abri des poursuites. Car il craignait qu'en France on ne fût pas près de les oublier.

Ce n'était que trop vrai. On s'occupait même d'eux activement. Ainsi, le marquis de Ruffey, père de Sophie, avait cru bon de tenir en son hôtel dijonnais une sorte de conseil de famille dans lequel figuraient non seulement le vieux mari abandonné, ce qui après tout était justice, mais encore Mirabeau-Père, plus acharné que jamais à l'encontre de son rejeton.

Le résultat de cette conférence au sommet fut que le vieux président déposerait une plainte pour rapt, adultère et séduction contre l'infâme Mirabeau, plainte que les pères des deux amants appuyèrent vigoureusement. À la suite de quoi le parlement de Bourgogne rendit un arrêt par contumace qui condamnait à mort Honoré Gabriel, et Sophie à la réclusion à vie dans une maison d'arrêt après avoir eu la tête rasée et l'épaule droite marquée au fer rouge. Ce qui mettait tout de même la corne maritale à un tarif nettement prohibitif !

Heureusement, personne ne savait où se cachaient les deux coupables…

Cela ne dura pas longtemps. De même que la faim avait obligé Gabriel à quitter la chambre de Sophie, de même le besoin d'argent allait faire découvrir leur retraite.

Les économies, ni Sophie ni Gabriel ne savaient en faire. Ils vivaient comme s'ils avaient eu un million de rente. Bientôt, l'argent vint à manquer, ce qui était tout de même rageant, car l'*Essai sur le despotisme* faisait rentrer beaucoup d'or dans les caisses de l'éditeur Fauche en Suisse, mais rien n'arrivait à Amsterdam pour la bonne raison que Fauche ignorait où se trouvait son auteur.

Mirabeau pensa alors qu'il pourrait vendre directement quelques ouvrages à un éditeur hollandais, un certain Marc-Michel Rey établi sur le Dam et qui passait pour avoir des idées progressistes. Il se rendit chez lui, se présenta comme l'auteur de l'*Essai*, s'attendant que l'autre lui tombât dans les bras en pleurant de joie. Il n'en fut rien.

Rey considéra avec méfiance ce comte de Saint-Mathieu qui se prétendait l'auteur d'un ouvrage célèbre dont lui, libraire, savait bien qu'il était l'œuvre d'un certain Mirabeau. On discuta de plus en plus âprement et, finalement, Mirabeau proposa à Rey d'écrire à Fauche pour lui demander au moins une description de son écrivain. Il y joignit d'ailleurs un mot de sa main.

Hélas ! cette simple lettre d'éditeur à éditeur déclencha une véritable catastrophe, car Fauche, ravi de connaître enfin le lieu de séjour de Mirabeau, ne résista pas à une furieuse démangeaison de langue. Il en parla et, les potins ayant toujours su, même aux époques les plus reculées, franchir le mur du son, huit jours ne s'étaient pas écoulés que les conjurés de Dijon apprenaient tout ce qu'ils voulaient savoir.

Ils n'eurent aucune peine à obtenir lettres de cachets, ordre d'extradition et envoi d'un policier à Amsterdam. Ce fut bien entendu l'illustre Bruguières, trop heureux de tenir enfin une victoire si longtemps fugitive. Et par un soir de mai 1777, où la pluie enveloppait Amsterdam comme un linceul, les deux amants furent arrêtés simultanément : lui dans la rue, elle dans sa maison de la Kalverstraat. On les sépara et on les conduisit à la prison de la ville.

Sophie pleurait à creuser les cailloux, non sur son sort futur d'ailleurs, mais parce qu'elle était séparée de l'homme qu'elle aimait. Et cette idée, elle ne pouvait la supporter.

Ses larmes attendrirent Bruguières qui n'était pas un méchant homme. La douleur de la jeune femme le toucha et, dans cette prison hollandaise où leur vie commune s'achevait, il leur accorda quelques minutes d'entretien au greffe. Il poussa même la complaisance jusqu'à les laisser seuls.

Ils ne surent d'abord que s'embrasser passionnément. Sophie était terrifiée à la pensée de l'échafaud qui attendait Gabriel et il n'eut pas trop de tout son amour, de tout son talent pour la convaincre que son père, si dur fût-il, ne le laisserait pas exécuter…

Quand l'heure fut venue de la séparation, Sophie était si désespérée que Bruguières, gauchement, tenta de la consoler.

— Vous avez couru de bien grands risques, madame... et pour bien peu de choses ! Détruire ainsi votre vie, tout abandonner pour ne retrouver que les larmes et la prison, à votre âge !

Ces mots firent à la jeune femme l'effet d'un révulsif. Elle cessa tout net de pleurer.

— Quand un homme vous a donné un magnifique palais, répondit-elle, s'en prend-on à lui s'il est frappé par la foudre ?

Fières paroles, mais qui n'empêchèrent tout de même pas Sophie d'essayer de se suicider avec un flacon de laudanum dans la voiture qui la ramenait à Paris. Ce fut Bruguières qui la sauva...

Ramené aussi à Paris, mais tambour battant, Mirabeau fut mis au secret à Vincennes dans une chambre étroite qui valait, selon lui, « son pesant d'arsenic » !... Le gouverneur du château, M. de Rougemont, y traita avec une extrême rigueur le condamné à mort par contumace qu'il était.

Sophie, cependant, avait été placée chez Mlle Douay, qui tenait un curieux établissement où l'on internait des femmes de bonne famille réputées folles. Elle devait à son état de grossesse d'avoir échappé à la dure prison de Sainte-Pélagie, ainsi d'ailleurs qu'au fer rouge et au rasage de ses cheveux. Chez Mlle Douay, on vivait somme toute d'une façon supportable.

Mme de Monnier y mit au monde, le 7 janvier 1778, une petite fille que l'on baptisa Sophie Gabrielle. Mais la joie d'élever cette enfant de l'amour lui fut enlevée car, mise aussitôt en nourrice à Deuil, près de Montmorency, la petite Sophie mourut deux ans plus tard sans avoir jamais revu sa mère.

Après cette naissance, Sophie fut retirée de chez Mlle Douay, dont on jugeait la maison trop agréable, et envoyée à Gien, au couvent de Sainte-Claire, où elle fut mise au régime de la semi-réclusion. Elle employa son temps à écrire à son amant des lettres brûlantes et à tenter de détourner de lui le ressentiment du vieux président de Monnier qui ne désarmait pas. Moyennant l'abandon de tous ses biens au vieux ladre et la promesse qu'elle ne chercherait pas à quitter Gien tant qu'il vivrait, elle réussit à obtenir enfin que la condamnation à mort fût reportée.

Pendant ce temps, à Vincennes, Mirabeau recevait les visites de l'économiste Dupont de Nemours qui venait en ambassadeur de Mirabeau père. Moyennant un acte de soumission totale à son terrible géniteur, il réussit à obtenir sa libération, à condition toutefois qu'il acceptât de résider là où on l'enfermerait.

Ce fut le château de Bignon, près de Montargis... et comme, de Montargis à Gien, il n'y a guère que neuf lieues et demie, la nouvelle n'était pas si mauvaise. Mirabeau supplia alors Dupont, devenu en quelque sorte son mentor, de l'aider à rejoindre celle qu'il n'avait jamais cessé d'aimer et à laquelle, durant sa réclusion, il avait écrit tant de *Lettres à Sophie* qu'elles formaient maintenant un gros volume.

Dupont de Nemours savait des choses sur l'emprisonnement de Sophie, notamment qu'elle était soignée par un certain docteur Ysabeau, dont la maison jouxtait le couvent et qui s'intéressait beaucoup à cette jeune femme si malheureuse dont la santé n'était d'ailleurs pas des meilleures. Pensant qu'il fallait lui rendre quelque goût de vivre, Ysabeau fit savoir aux deux hommes qu'il les attendrait, au soir du 31 mai 1781, dans une auberge de Nogent-sur-Vernisson. Quelques heures après, Sophie et Honoré, séparés depuis quatre ans, étaient enfin réunis et tombaient dans les bras l'un de l'autre.

La réunion n'avait pas été très difficile car, au couvent, Sophie jouissait d'un appartement assez vaste qui avait été aménagé pour elle avec les meubles venus de Pontarlier, tout cela grâce à l'amitié de la prieure qui l'avait prise sous sa protection.

Hélas ! la première minute de passion passée, Mirabeau regarda Sophie et sentit son cœur se serrer. Elle n'était plus la Sophie fraîche, rieuse, hardie et passionnée qu'il avait tant aimée, dont le souvenir le brûlait encore dans sa prison. Ces quatre années en avaient fait une femme alourdie aux cheveux grisonnants. Son teint, jadis si clair, était grisâtre et un mince ourlet rouge bordait maintenant les grands yeux éteints d'avoir trop pleuré. Sophie faisait maintenant le double de son âge.

Pour cacher sa peine, Mirabeau laissa son regard faire le tour de la pièce, l'arrêta sur une grande armoire comtoise.

— Mais... c'est mon armoire de Pontarlier? s'écria-t-il. Je la reconnaîtrais entre mille !...

— C'est elle, en effet...

L'armoire les sauva. En égrenant les souvenirs Mirabeau sentit s'évanouir le voile qui s'était tendu entre eux devant le changement de Sophie. Ils se mirent à table, soupèrent joyeusement. À la lumière douce des bougies, Sophie reprenait de l'éclat... Le lit les accueillit.

Durant cinq jours ils demeurèrent ensemble, comme à Pontarlier. Mais le charme était rompu. Sophie avait plus changé encore en profondeur qu'en surface. Elle gémissait, pleurait sans arrêt, comptait les minutes, car, bien sûr, il fallait se quitter, puisque Mirabeau devait résider, par force, au château de Bignon. Quand vint l'heure de la séparation, elle éclata une dernière fois en sanglots.

— Je sais que je ne te reverrai plus...

Elle ne devait, en effet, jamais le revoir. Mirabeau s'en allait vers un destin public éclatant, Sophie s'enfonçait dans la grisaille de son couvent. Elle n'eut même pas envie d'en sortir quand, l'année suivante, le président de Monnier la libéra en se décidant à mourir.

Elle demeura à Sainte-Claire, mais elle avait si fort pris en horreur son nom de Monnier qu'elle se fit appeler désormais marquise de Malleroy.

Le déclin continuait. Pourtant, elle eut une aventure avec un voisin, ancien officier de cavalerie d'une cinquantaine d'années, M. de Potherat, qui la supplia de l'épouser. Elle fit attendre sa réponse durant huit années et, quand enfin elle se décida à lui dire oui, Potherat en fut si bouleversé qu'il en mourut sur-le-champ d'une crise cardiaque.

Alors Sophie décida d'en finir. Elle installa deux réchauds à charbon de bois dans son cabinet de toilette, les alluma, ferma tout hermétiquement puis, s'installant dans un fauteuil, elle s'y ligota elle-même avec les cordons de ses rideaux, et attendit la mort…

5

Maîtresse d'un prince et « gouverneur » d'un Roi : Mme de Genlis

Une fleur de serre…

Dans les années les plus « lumineuses » du XVIIIe siècle, il était d'usage et presque de bon ton, chez les hauts financiers et les fermiers généraux, de veiller à l'éducation d'une fillette promettant d'être jolie afin de s'en réserver les prémices une fois l'âge venu. La belle enfant se voyait couvée comme une fleur de serre afin que son épanouissement fût à la hauteur des dépenses engagées. En général avec l'accord de la famille.

C'est ainsi qu'un jour de l'été 1756, le financier Alexandre-Joseph Le Riche (ô combien !) de La Popelinière voit arriver dans sa belle maison de Passy une dame encore fort belle et une petite fille déjà ravissante. Mme du Crest de Saint-Aubin et la fille Félicité, âgée de 10 ans et déjà chanoinesse, arrivent de leur Bourgogne dans un état de dénuement bien propre à toucher les cœurs sensibles. La dame est bien pourvue d'un époux, mais celui-ci a depuis longtemps quitté son château hypothéqué de Champcery, près d'Issy-l'Évêque dans la région d'Autun, pour l'île de Saint-Domingue où il s'efforce, sans aucun succès d'ailleurs, de reconstituer un semblant de fortune. Sans nouvelles de lui et parvenue au bord de la misère, son épouse s'est souvenue avec quelque nostalgie d'un ancien amant auprès de qui elle avait trouvé, jadis, autant d'affection que de générosité.

La Popelinière se montre à la hauteur des souvenirs de la dame. Elle reçoit de lui le plus grand accueil, le vivre et le couvert, puis les moyens de vivre convenablement. Quant à la jeune Félicité, le fermier général, ébloui par sa grâce, déclare hautement qu'à cette jeune beauté il faut les meilleurs maîtres et les soins les plus attentifs. Il y veillera lui-même et Félicité sera élevée mieux qu'une princesse.

Cela représente un investissement d'assez longue durée et qui pourrait d'ailleurs s'avérer à perte, car le bienfaiteur a déjà atteint 65 ans, ce qui est alors considéré comme un grand âge. Mais, en bon financier, La Popelinière est joueur et l'enfant en vaut vraiment la peine. Et puis sa mère fait de son mieux pour charmer les longueurs de l'attente.

C'est ainsi que, pourvue des meilleurs maîtres en toutes choses, Félicité devient une manière de prodige. Tellement qu'à 15 ans, on se l'arrache : c'est à qui produira dans son salon la petite Saint-Aubin qui chante, danse et joue de la harpe comme les anges ne le font pas... Le succès est même tel que, sur le conseil de son protecteur, Mme de Saint-Aubin tarifie les apparitions publiques de sa fille : un louis par soirée et à condition de ne pas dépasser minuit.

La jeune fille adorant le monde et la vie active qui convient à son intelligence, les choses vont au mieux et le bon La Popelinière, en extase devant sa fleur de serre, commence à espérer tout doucement la nuit enchantée où il aura le bonheur de la cueillir. Or, c'est à ce moment-là que revient celui que l'on n'attendait plus : le père prodigue, définitivement dégoûté des Antilles petites ou grandes, et qui regagne sa terre natale.

Son retour n'aurait peut-être pas changé grand-chose au destin de sa fille – car il est loin d'avoir fait fortune – s'il n'était revenu en compagnie d'un jeune Bourguignon de grande famille, fort riche et fort brillant officier, qui, de la façon la plus romantique, s'est épris de Félicité au vu d'une miniature. Il se nomme Charles de Bruslart, comte de Genlis, et, comme il est plutôt séduisant, son amour se voit payé de retour.

C'est un tel choc pour le pauvre La Popelinière, ainsi privé des fruits de ses soins, qu'il en meurt dans l'année 1762. Et, le 8 novembre 1763, à minuit, Charles de Genlis, après une lutte héroïque contre le reste de sa famille qui considère ce mariage comme une mésalliance doublée d'une plaisanterie de mauvais goût, mène à l'autel une Félicité rayonnante qui n'a jamais mieux mérité son nom.

Quant à la famille de Genlis, qui comptait bien faire grise mine à la nouvelle venue, il lui faut bien vite revoir ses positions. Le joli petit nez de la jeune femme, si délicatement retroussé, s'entend à merveille à flairer les vents les plus subtils. Jouant de son charme avec un art consommé, elle réussit à séduire tout le clan et, en particulier la tante de son époux, la marquise de Montesson, maîtresse en titre du duc d'Orléans que, d'ailleurs, elle épousera morganatiquement plus tard.

Cette Mme de Montesson a, bien sûr, ses grandes et ses petites entrées au Palais-Royal, demeure parisienne des Orléans. Elle y fait la pluie et le beau temps et quand, en 1769, le jeune Philippe de Chartres, fils aîné du duc, épouse l'encore plus jeune Marie-Adélaïde de Bourbon-Penthièvre, c'est elle qui se charge de constituer la maison de la nouvelle duchesse.

L'occasion est trop belle de favoriser sa famille et, bien sûr, elle pense en tout premier lieu à sa nièce par alliance, cette délicieuse Félicité de Genlis dont la grâce égale la vertu – c'est une chose à laquelle la marquise tient fort ! –

et qui, ayant déjà donné trois enfants à son époux, se révèle le modèle des mères de famille. Ce qui n'est pas si courant dans une société où les enfants étaient surtout élevés par des nourrices et des précepteurs, plus le couvent pour les filles.

Bien que la charge de dame d'honneur la tente beaucoup, la jeune comtesse fait la fine bouche. Philippe de Chartres a la triste réputation d'être un débauché notoire ; il est grossier, jure comme un charretier et sa maison ne saurait être un lieu convenable pour une jeune femme soucieuse de sa vertu.

Elle fait tant et si bien que Mme de Montesson doit presque l'implorer d'accepter ce poste si honorifique et, en 1770, Mme de Genlis entre enfin au Palais-Royal, tandis que son époux prend le chemin des Ardennes où il va tenir garnison à Charleville.

Cependant, fermement décidée à bien établir sa réputation, Félicité se révèle la plus étrange dame d'honneur qui soit. N'a-t-elle pas décidé qu'une âme compatissante devait se mêler de sortir la famille d'Orléans de l'ignorance crasse dans laquelle elle croupit, sans, d'ailleurs, que personne songe à s'en soucier ? Elle va donc être cette âme compatissante et, à cette fin, commence à s'en donner les moyens.

Sa propre instruction lui paraissant montrer autant de lacunes qu'un gruyère a de trous – chez La Popelinière, on a surtout insisté sur les arts et les belles manières –, elle se met à apprendre l'anglais, l'italien, la géographie, la botanique, la peinture, la physique, la chimie et – Dieu sait pourquoi ! – l'horlogerie.

Elle installe un cabinet où elle réunit des minéraux et des coquillages. Elle constitue des herbiers et, finalement, réussit à entraîner dans son sillage la petite duchesse de Chartres à laquelle, il faut bien le dire, l'élégant couvent de Panthémont, rue de Grenelle, où elle a été élevée n'a pas appris grand-chose de solide. Quant au duc Philippe, il s'y connaît infiniment plus en crus de Bourgogne et en grain de peaux féminines qu'en orthographe ou en arithmétique. Mais, bien qu'il soit son cadet de deux ans, Félicité est trop fine, et surtout trop femme, pour lui faire sentir son insuffisance intellectuelle. En effet, malgré ses défauts, ses débauches et sa grossièreté, le duc de Chartres n'est pas dépourvu d'un certain charme et, à ce charme, Mme de Genlis s'avoue volontiers qu'elle est sensible...

D'autant plus que Philippe a pris feu bien avant elle. C'est pour lui une tentation permanente que cette jolie femme pleine de vie et de gaieté qu'il rencontre constamment chez son épouse, dans ses salons ou dans ses jardins.

Bientôt ce sera l'amour et, sous les yeux de la duchesse qui, d'ailleurs, ne se doutera jamais de rien, la jolie Mme de Genlis devient la maîtresse du duc de Chartres... La vertu est décidément un meuble bien encombrant quand un prince charmant vous prie avec passion de la laisser de côté...

Les méthodes de Félicité

Les amours de Félicité de Genlis et du duc Philippe de Chartres sont du genre passionné. Elles sont pleines de cris d'amour, de larmes de bonheur et de soupirs enivrés qui trouveront leur paroxysme dans l'été 1773, durant la cure que la duchesse Marie-Adélaïde, épouse de Philippe, fait à Forges-les-Eaux pour l'aider à avoir un enfant. Les lettres qu'échangent alors son mari, rentré assez vite à Paris, et sa dame d'honneur sont largement explicites :

« Oh, mon amour, mon cher enfant ! écrit le duc. Il n'y a rien de plus tendre et d'aimable que vous !... »

Félicité, qui est plus prodigue de sa plume, se délecte à trousser d'interminables épîtres toutes pleines de « sentiment » :

« Ah ! mon amour ! Je ne puis aimer véritablement que vous. Vous êtes l'objet unique de tous mes sentiments et de toutes mes pensées. Jamais ami, jamais enfant, jamais amant n'a été aimé comme vous l'êtes. Je n'ai plus qu'une idée, qu'une réflexion : c'est vous, encore vous et toujours vous !... »

Peu à peu, d'ailleurs, l'irrésistible penchant de Mme de Genlis pour la pédagogie et – il faut bien le dire – pour la pédanterie l'incite à tenter d'améliorer l'instruction de son amant. Elle lui fait lire quelques livres – les seuls qu'il lira jamais – et, dans les débuts tout au moins, le futur Philippe Égalité, le futur régicide, sensible comme tout amoureux, « pleure à chaudes larmes » en lisant les contes moraux que sa belle amie lui a recommandés. Elle essaie aussi de le mettre à la peinture, mais, là, c'est l'échec complet.

Peu à peu, d'ailleurs, Philippe se lasse. Il est beaucoup trop superficiel et trop volage pour des amours aussi intellectuelles et, bientôt, il retourne à ses plaisirs habituels et à d'autres maîtresses. Félicité en souffre-t-elle ? Sans doute. Tout au moins dans les premiers temps, mais elle est trop intelligente pour se donner le ridicule de la jalousie et pour laisser les larmes l'enlaidir. D'ailleurs, à tout prendre, les grandes amours ne sont pas son fait. Sa vraie passion, c'est la littérature.

Et, du jour au lendemain, elle se mue de maîtresse en amie et de pédagogue en femme de lettres, entamant une série de romans et de nouvelles absolument prodigieuses... et parfaitement indigestes. En même temps, elle reprend ses chères études et collectionne les connaissances de toutes sortes. Tant et si bien qu'en 1779, Mme de Genlis devient gouvernante des deux filles que la duchesse a données à son époux. Car, décidément, les eaux de Forges ont porté leurs fruits et, en cette même année 1779, le ménage ducal compte cinq enfants, le cinquième venant tout juste de naître.

Mais la date la plus importante de la vie de Félicité sera le 4 janvier 1782. Ce jour-là, Philippe vient faire part à son amie des soucis que lui donnent ses deux fils aînés : Louis-Philippe est, à 8 ans, un poltron efféminé ayant des chiens une peur panique, et le jeune Antonin, à 6 ans, ne sait même pas marcher tout seul. Il leur faut au plus vite un gouverneur compétent. Est-ce qu'elle en connaît un?

On commence à passer en revue plusieurs personnages que le duc récuse. De guerre lasse, Mme de Genlis, un peu agacée, lui lance :

— Eh bien… moi!

Dans son esprit, c'est une boutade, mais Philippe la prend au mot. La chose est trop singulière pour n'être pas scandaleuse, et c'est la raison pour laquelle elle lui plaît. Et c'est ainsi qu'aux grands éclats de rire de la ville et de la Cour, la comtesse de Genlis devient « gouverneur des princes d'Orléans ». Sa nomination sera même sanctionnée par Louis XVI, point trop fâché d'ailleurs de voir un cousin détesté jouer les extravagants un peu plus que d'habitude.

Or, Félicité se donne à sa tâche avec une ardeur incroyable, en oubliant même un mari dont elle est d'ailleurs séparée depuis belle lurette. Jamais gouverneur ne prendra son métier si fort à cœur et jamais non plus ne réussira aussi complètement.

Naturellement, elle commence par faire marcher Antoine. Quant à Louis-Philippe, qui a si peur des chiens et qui s'évanouit à la seule odeur du vinaigre, elle lui donne deux toutous et lui apprend comment on fabrique « l'affreuse liqueur ». Puis elle établit un programme d'une ampleur telle que le Palais-Royal devient trop petit. Pour le mener à bien, elle obtient de son ancien amant un hôtel situé rue de Bellechasse, de l'autre côté de la Seine, où elle va s'installer avec sa bande de jeunes élèves, car elle pense, non sans raison, que le palais paternel n'est vraiment pas fait pour une éducation telle qu'elle entend la mener.

Dans cette maison, dont les chambres sont ornées des portraits des empereurs romains, les escaliers de cartes géographiques et les paravents des figures des Rois de France, les petits Orléans apprennent, en trois langues différentes : les mathématiques, l'histoire, la géographie, les sciences naturelles, la physique, la chimie, les lettres, la minéralogie, la mécanique, plus quelques arts pratiques comme la vannerie, l'ébénisterie, le jardinage, la pâtisserie, la dorure à la feuille, la poterie, le tissage, l'art de confectionner des perruques, des fleurs artificielles et de la moutarde. On dîne en anglais, on se promène en espagnol et l'on soupe en italien.

Aux beaux jours, toute la troupe se transporte à Saint-Leu où Mme de Genlis a fait acheter une ferme afin que ses élèves puissent y apprendre à cultiver la terre, soigner les animaux, traire les vaches, faire le beurre et les fromages, vendanger, fabriquer le pain et faire la lessive. Et, avec elle, ce genre d'activités n'a aucun point commun avec les bergeries du Trianon : on fait dans le solide.

Il est bien certain qu'une telle éducation pourrait, de nos jours, faire sourire. À l'époque, elle fit s'esclaffer toute la Cour. Avait-on jamais vu des princes du sang cuire le pain ou tremper la lessive ? Et pourtant…

Quand viendront les jours tragiques de la Révolution et ceux, plus noirs encore, de l'émigration, ces connaissances invraisemblables assureront le salut des jeunes princes. Louis-Philippe, qui deviendra en 1830, Roi des Français, reconnaîtra, pensant à son gouverneur en jupons :

— Elle a fait de moi un homme.

C'est l'évidence même. En outre, elle lui aura permis de gagner sa vie quand, au collège de Reichenau, il pourra donner des cours d'histoire, de géographie et de mathématiques en trois langues. Il sera, sans le savoir, le premier des maîtres européens.

Si Mme de Genlis – qui traversera victorieusement la Révolution, l'Empire, la Restauration et mourra seulement en 1830, quand son ancien élève montera sur le trône – s'était bornée à la pédagogie, elle eût laissé le souvenir d'une femme exceptionnelle en tout point. Malheureusement, elle écrivait aussi, et de plus en plus. On a d'elle quelque cent soixante romans, tous aussi accablants les uns que les autres, mais qu'elle s'obstinait à considérer comme de purs chefs-d'œuvre.

Avec les années, d'ailleurs, la ravissante harpiste blonde s'est muée en un bas-bleu débordant de pédanterie et assez difficile à supporter :

« Le "gouverneur", écrit la baronne d'Oberkich qui la connaissait bien et qui, d'ailleurs, n'est pas méchante, est une manière de vaniteuse. C'est une femme à système qui quitte son grand habit [de Cour] pour les culottes d'un pédagogue. Un ridicule immense : c'est sa harpe. Elle la porte partout, elle en parle. Lorsqu'elle ne l'a point, elle joue sur une croûte de pain et s'exerce sur une ficelle. Quand on la regarde, elle arrondit les bras, pince la bouche, prend un air sentimental, un regard analogue et remue les doigts. Mon Dieu, que le naturel est une belle chose ! »

Mais qui n'a pas ses petits travers ?

6

Un drame de l'orgueil : le peintre David et Émilie Chalgrin

Tempête sur le Louvre

10 août 1792. Depuis des heures, le palais des Tuileries est la proie de la populace. Le Roi Louis XVI et la famille royale ont cherché refuge à l'Assemblée. Après l'héroïque mais vaine défense livrée par les Suisses, la foule a massacré les derniers défenseurs. Et puis, derrière les combattants, la pègre des faubourgs, les voleurs, les voyous, les bandits de tout poil sont apparus. Ce sont eux à présent qui tiennent le palais et le soumettent au pillage.

Des fumées montent un peu partout, se mêlant aux nuages de duvet des édredons et des coussins éventrés à coup de sabre. Dans les caves, on marche sur un lit de bouteilles brisées où gisent pêle-mêle les corps des vainqueurs ivres morts et ceux des vaincus massacrés, tandis que, dans la cour d'honneur, d'affreuses sorcières vomies par l'enfer font rôtir sur de grands feux, où se consume le mobilier royal, des bras et des jambes arrachés aux cadavres des Suisses. Ce n'est plus Paris, ce n'est plus l'été, ce n'est plus la victoire du peuple sur la royauté, c'est une abominable bacchanale, un énorme bain de sang quelque part dans un cercle de l'enfer.

Cependant, à quelques pas de là, dans l'un des appartements du vieux palais du Louvre où la nation, après le Roi, loge les artistes, une famille écoute, terrifiée, les bruits sinistres de cette apocalypse qui se déroule à quelques pas d'eux. Elle est composée du peintre Charles-Antoine Vernet, dit Carle Vernet, de sa femme Fanny, de sa sœur Émilie, épouse du grand architecte Chalgrin, de ses deux enfants et de sa nièce. Le peintre surtout est accablé de douleur. Debout devant une grande toile où des chevaux se cabrent, il regarde sans la voir la palette qu'il a jetée à terre dans un mouvement de fureur indignée quand, tout à l'heure, l'un de ses élèves, blanc de terreur, est venu lui dire qu'aux cuisines du palais un jeune cuisinier a été assommé et mis à cuire dans sa marmite.

— La Révolution, s'est-il écrié, voilà donc ce qu'on en fait? Les penseurs restent au fond de leur cabinet tandis que la tourbe des bas-fonds massacre, brûle, pille et traîne dans le sang le drapeau de la Liberté !

C'est qu'il y a tellement cru, lui, à cette ère nouvelle, qu'il a refusé d'émigrer comme l'ont fait tant d'autres de ses amis et même de ses proches. Il s'entend encore répondre à son beau-frère François Chalgrin, venu lui annoncer son départ pour l'Italie : « Nous sommes des artistes, des travailleurs, pas des aristocrates, même si nous travaillons pour les grands et même pour les princes. » Chalgrin, en effet, était l'architecte du comte de Provence, frère du Roi. Il s'est d'ailleurs entêté dans son idée de départ. Peut-être avec raison : le prince ayant émigré, il ne lui restait pas grand-chose à faire et l'on aurait pu lui reprocher sa fortune, son train de maison.

Chalgrin est donc parti, mais seul. Sa femme, la ravissante Émilie, a refusé de le suivre sur les routes de l'exil. Elle aime la liberté et tous ces souffles généreux qui dansent sur Paris. Et puis, il faut bien le dire, elle ne s'entend plus guère avec son mari, peut-être à cause de leur différence d'âge – vingt-deux ans –, mais peut-être aussi pour une raison plus intime, car certains pensent que le cœur de la jeune femme s'est donné, sans que l'on puisse d'ailleurs savoir à qui. Mais, son frère s'étant engagé à la protéger, elle est venue s'installer au Louvre avec sa petite Françoise, tandis que son époux partait pour Vérone.

Au Louvre, on vit un peu entassés les uns sur les autres. Il y a des peintres, des sculpteurs, des graveurs, mais il règne dans cette espèce de caravansérail des Muses une cordialité agréable et, jusqu'à ce terrible jour, jamais Émilie n'a regretté d'être restée.

Carle, lui, le regrette à présent. C'est à cause de lui que sa sœur n'est pas en sûreté. Elle essaie de le réconforter en assurant qu'elle ne serait jamais partie.

— De toute façon, tranche alors Fanny Vernet, nous n'avons pas à nous affoler. Ce qui se passe aux Tuileries est affreux, mais pourquoi serions-nous en danger?

Elle a tout juste le temps de terminer sa phrase. Un jeune garçon vient de se précipiter dans l'atelier : il faut fuir, et sans tarder. Les émeutiers s'apprêtent à envahir le Louvre : on leur a dit que des Suisses avaient trouvé refuge dans les ateliers.

Le garçon s'appelle Étienne. C'est l'un des élèves de Louis David, le peintre à la mode dont l'atelier est à coup sûr le plus grand de tous. C'est que David, député de la Convention et ardent révolutionnaire, ami personnel de Robespierre en outre, est l'un des puissants du jour. C'est même à cause de cela que Vernet refuse de croire Étienne. A qui fera-t-il admettre que l'on va fouiller l'atelier de David? Sa seule présence est la meilleure protection. Vernet n'aime pas David, dont les idées exaltées l'inquiètent, mais il ne peut s'empêcher de trouver utile ce voisinage.

Le malheur, c'est qu'à cette heure dramatique, David n'est pas chez lui et on ne sait même pas où le trouver. Et puis, si l'on raisonne bien, serait-il capable d'arrêter une populace déchaînée? Étienne insiste : il faut partir! À côté, les autres s'en vont déjà.

En effet, dans les galeries extérieures on entend des cris, des bruits de course. Les artistes quittent en masse le Louvre qui peut se refermer sur eux comme un piège. Fanny Vernet prend alors la situation en main : il faut songer avant tout aux enfants. On va aller se réfugier à Marly, chez ses parents.

Ceux-ci, le graveur Moreau le jeune et sa femme, y possèdent une charmante maison de campagne où Fanny et les siens sont certains d'être accueillis à bras ouverts. Malheureusement, la maison est petite et il est possible qu'il n'y ait guère de place pour Émilie et sa fille. Celle-ci n'est d'ailleurs pas en peine : depuis longtemps, son amie Rosalie Filleul lui a proposé de venir s'installer chez elle à La Muette. On s'y arrêtera en allant à Marly.

Tout étant ainsi décidé, on quitte le Louvre. La nuit est venue et la famille peut sortir sans être remarquée. Mais juste à temps : un quart d'heure plus tard, une bande armée pénètre dans l'ancien palais! Par les boulevards, déserts cette nuit-là, on gagne le château de La Muette où Mme Filleul leur réserve un accueil chaleureux et où toute la famille va passer le reste de la nuit.

C'est, en vérité, une femme charmante que cette Mme Filleul, née Rosalie-Anne Bocquet. Elle a été l'une des meilleures élèves de la célèbre Mme Vigée-Lebrun, peintre attitrée de la Reine. La célèbre portraitiste était une amie d'Émilie Chalgrin et c'est chez elle que les deux femmes se sont connues et ont lié amitié, une amitié qui s'est naturellement continuée après le départ de Mme Vigée-Lebrun pour l'Italie. Mainte et mainte fois, Rosalie a supplié son amie de quitter le vieux Louvre incommode pour venir s'installer chez elle, dans ces agréables communs du château de La Muette que Marie-Antoinette lui a fait attribuer, avec une commission de

« concierge », une « loge » singulièrement vaste, confortable et aérée. Bien sûr, le château étant devenu bien national, les pioches des démolisseurs s'y sont attaquées, mais les dépendances sont intactes et nul ne songe à en molester les habitants. Émilie et sa fille vont passer là quelques jours agréables, à respirer l'odeur de la campagne et des fleurs après la fournaise parisienne. Mais la jeune femme, peu désireuse d'abuser de l'hospitalité de son amie, se cherche bientôt un logis dans le voisinage et le trouve à Passy, rue Bois-le-Vent. Un logis modeste, bien loin du luxe d'autrefois, mais où elle se sent chez elle.

À Passy, Émilie va mener une vie si calme qu'elle pourrait se croire à cent lieues de Paris. Ses seules distractions sont les visites fréquentes qu'elle rend à Rosalie Filleul et les promenades qu'elle fait, en compagnie de sa fille, dans le beau parc des Eaux thermales de Passy.

C'est là qu'un jour elle rencontre un homme très élégant, jeune, assez beau, mais au regard dur encore accentué par la légère tumeur qui donne à sa bouche charnue un air de dédain assez déplaisant : Louis David, l'homme par qui va se jouer son destin.

Un terrible amour...

Émilie Chalgrin connaît David, naturellement, mais elle ne l'a jamais aimé. À la limite, il lui fait même un peu peur, parce qu'elle le sait violent et implacable dans ses inimitiés. De plus, portés par Carle et par Rosalie, les bruits du Louvre après le sac des Tuileries sont venus jusqu'à Passy. Émilie sait que David a réussi à y conserver son immense atelier, mais que sa femme l'a quitté, emmenant ses deux enfants à la suite des massacres de septembre. David, en effet, a assisté en spectateur intéressé à ce bain de sang, y voyant seulement matière à croquis. D'ailleurs, dans les événements tragiques dont Paris est à présent coutumier, on peut voir souvent David, un cahier sur les genoux, crayonnant avec passion. Le jour où la Reine marchera à l'échafaud, il sera encore là et fera d'elle un dernier portrait cruel jusqu'à la caricature, expression ultime d'une haine. Mme David ne supporte plus son époux.

Émilie n'a guère le temps de se demander ce que le peintre fait à Passy. Il vient droit vers elle, le chapeau à la main. Elle comprend vite qu'en fait c'est elle qu'il cherche et elle ne comprend pas bien pourquoi. Il souhaite qu'elle revienne habiter le Louvre et il plaide même avec beaucoup de chaleur. Elle n'a rien à craindre désormais, car elle serait sous sa protection. Il est mieux en cour que jamais et il est stupide de rester cachée dans ce village. Si elle revenait, il pourrait peut-être lui faire rendre certains des biens de son époux... Néanmoins, Émilie refuse avec grâce. Elle a toujours aimé vivre à la campagne depuis sa petite enfance où, avec son frère, elle suivait leur père, le grand peintre Joseph Vernet, dans le tour de France qu'il avait entrepris pour peindre sa fameuse série des « Ports »... Elle se plaît ici.

Tandis qu'elle parle, David la regarde. En dépit de la trentaine dépassée, elle est plus belle que jamais : grande, mince, souple, avec une masse de cheveux bruns retenus par un simple ruban bleu assorti à celui qui ceinture sous les seins sa robe noire. Ses grands yeux sombres sont toujours pleins de feu, son visage toujours aussi harmonieux, et elle a les plus belles mains du monde. Cela lui donne une idée : s'il lui demandait de poser pour lui, accepterait-elle de revenir de temps en temps ? Il aimerait faire son portrait.

En dépit de ses préventions, Émilie se sent flattée par l'offre d'un si grand peintre. Et puis, il lui sourit avec une gentillesse qu'elle ne lui connaissait pas. Enfin, elle craint qu'un refus ne soit une offense pour son intraitable orgueil. Et elle accepte.

Quelques jours plus tard, Émilie prend le coche d'eau et se rend au Louvre. Elle porte, à la demande du peintre, la robe qu'elle avait lors de leur rencontre et son cou mince sort gracieusement de l'ample fichu de mousseline blanche croisé sur la poitrine. David l'installe assise devant un grand rideau rouge et commence à travailler.

Cette séance aura de nombreuses suivantes. David feint de ne pouvoir attraper la parfaite ressemblance qu'il cherche. Mais en fait, ce qu'il veut, c'est retenir Émilie auprès de lui le plus longtemps, le plus souvent possible. Elle l'intéressait naguère, mais à présent il brûle pour elle d'une de ces passions qui peuvent se révéler dévastatrices chez un être aussi excessif que lui. Un jour, il ne peut plus se taire et déclare sa flamme.

Émilie l'écoute sans étonnement, car elle a depuis longtemps l'habitude d'être courtisée. Elle sait donc comment accueillir une déclaration avec assez de grâce pour ne pas blesser, mais avec David, c'est plus difficile parce qu'elle en a un peu peur. Elle se borne donc à jouer la surprise et, si elle oppose un refus, du moins celui-ci ne ferme-t-il pas la porte à l'espoir : elle le connaît mal et s'attendait si peu... Il faut lui donner du temps.

Inquiète néanmoins, elle tente d'espacer les séances de pose, reste plusieurs jours sans venir. Alors il va la chercher. Elle se déclare malade, alors il lui fait porter des fleurs, des douceurs, des menus présents. C'est une cour en règle qu'il mène. Il se fait tendre aussi et, pour l'amadouer, il va même jusqu'à lui dire qu'il se contentera d'être son plus fidèle ami pour tout le temps qu'elle le voudra... Et elle revient au Louvre.

Hélas ! quand il se trouve de nouveau seul avec elle, il ne peut se contenir plus longtemps. Cette femme, il l'aime, il la veut et il a assez attendu... Il ne peut plus se passer d'elle. Elle l'écoute, muette, le regardant de ses grands yeux sombres où aucune émotion n'apparaît. Alors il cherche à l'apitoyer et même il pleure. Tout ce qu'elle réussit à lui dire, c'est :

— Je ne vous aime pas... Je ne peux pas.

Elle veut partir. Il essaie alors de lui faire peur : il peut la dénoncer si elle n'accepte pas d'être à lui. Elle pâlit, tremble, se défend toujours. Mais ce qu'il lit à présent dans ses yeux, c'est une terrible angoisse. Elle a l'air, en face de lui qui brûle d'amour, d'une enfant terrifiée. Soudain, David se souvient que la mère d'Émilie, Virginia Parker, une charmante Anglaise dont elle a hérité la beauté, est morte folle dans la maison de santé de Monceaux et il a peur, à son tour, de la pousser trop loin. S'il essaie de la toucher, elle se mettra sans doute à hurler, causant un scandale que Robespierre, l'homme de toute pureté, ne lui pardonnerait pas. Alors, il la chasse : d'un geste furieux, il saisit la toile toujours inachevée et la lance à l'autre bout de l'atelier. Puis il gronde, les dents serrées :

— Va-t-en! Et que je ne te revoie plus jamais, tu entends? Plus jamais!

Avec un cri de terreur, Émilie s'enfuit et regagne sa maison de Passy pour s'y terrer, fermant portes et fenêtres dans la crainte de le voir venir. Mais il ne viendra pas et, peu à peu, elle va se rassurer, reprendre sa vie de naguère, voir des amis : Rosalie et un aimable voisin, M. Pastoret, qui est administrateur du Département de Paris. Malheureusement, la Terreur vient de s'installer. Le 7 mars 1794, Pastoret est arrêté et avec lui le poète André Chénier qu'il recevait chez lui. Le 20 juin, le fameux Blanche, agent du Comité de Sûreté générale, pénètre chez Émilie pour une perquisition. Rosalie Filleul et les autres occupants de La Muette sont arrêtés depuis quelques jours.

On ne trouve rien chez Émilie... sinon des chandelles marquées au chiffre du comte de Provence. Il n'en faut pas davantage. À la Conciergerie, Émilie retrouvera Rosalie Filleul. Mais, en apprenant l'arrestation de sa sœur, Carle Vernet n'a qu'une idée : la sauver. Pour cela, il ne voit qu'un moyen : David. Il n'ignore pas ce qui s'est passé entre Émilie et le peintre, mais il pense qu'en face de la mort, les rancunes doivent s'apaiser.

Il connaît mal David.

Celui-ci commence par refuser : Émilie est une « aristocrate ». Il ne se dérangera pas pour elle. Carle alors prie, supplie, et fait si bien que l'autre finit par accepter. Il fera ce qu'il pourra, mais il ne promet rien. Il se peut qu'il arrive trop tard.

Il n'est pas trop tard. Robespierre, chez qui le peintre se rend dès le départ de Vernet, ne fait aucune difficulté pour signer la levée d'écrou qui libère Émilie Chalgrin. Alors, devenue maître de cette vie, de ce corps qui s'est refusé, de cette femme qui n'a pas voulu de lui, David se donne l'affreux plaisir de laisser l'angoisse de la mort se prolonger. Au lieu de faire porter immédiatement l'ordre sauveur à la Conciergerie, il le garde, pensant peut-être en faire l'objet de quelque marché.

Mais, deux jours plus tard, le 6 thermidor, Émilie Chalgrin meurt sur l'échafaud de la place du Trône-renversé en compagnie de Rosalie Filleul, de la dernière abbesse de Montmartre, au milieu d'une des plus aristocratiques fournées de cette affreuse période. Trois jours plus tard, Robespierre tombe, et David, qui avait juré « de boire la ciguë » s'il arrivait malheur au grand homme, n'échappe que par miracle à la guillotine. Le pauvre peintre était malade... peut-être de remords ? Mais cela n'empêcha pas ce révolutionnaire qui se voulait intransigeant de devenir le plus célèbre des peintres de cour en portant sur la toile le sacre de Napoléon. La suite appartenant tout entière à la justice de Dieu.

7

Les deux amours de Danton

Gabrielle

On est en mars 1793. La tête de Louis XVI est tombée depuis deux mois. La Reine, captive avec le reste de la famille royale, n'attend plus que la mort. Mais l'homme qui galope en direction de Paris, venant de Bruxelles, a tout oublié des événements politiques. La tête dans les épaules, le chapeau enfoncé jusqu'aux sourcils et le manteau à triple collet remonté jusqu'aux oreilles, il fonce à travers la pluie battante de toute la vitesse de son cheval. Combien a-t-il crevé de montures depuis Bruxelles, combien d'heures se sont écoulées depuis qu'il a reçu l'affreux message annonçant que sa femme est au plus mal? Danton n'en sait rien. Il n'a conscience que de sa douleur : sa Gabrielle est en train de mourir et il n'en savait rien...

Il se revoit, six ans plus tôt, jeune avocat sans cause, passant le plus clair de son temps au café du Parnassien, face au Palais de justice. On y buvait pour pas cher et, entre deux verres, on pouvait jouer aux dominos avec le patron, François Jérôme Charpentier, un brave homme point trop regardant sur les notes en retard. Et puis, il y avait Gabrielle! Ah! Gabrielle! Si jolie, si fraîche avec son teint de rose nouvelle, sa petite bouche rouge et ses yeux noirs pétillants de vie ! Juste ce qu'il fallait pour monter à la tête d'un garçon de 27 ans exceptionnellement vigoureux, qui n'avait guère aimé jusque-là que dame Justice.

À vrai dire, il aimait aussi les idées nouvelles et Gabrielle écoutait, éblouie, les discours enflammés qu'il faisait sur sa manière de voir la nouvelle société dont il rêvait. Il n'était pas beau, il était même franchement laid avec son cou de taureau, son nez aplati et les deux cicatrices qui balafraient son visage déjà constellé de petite vérole, mais sa voix avait les sonorités de l'orgue et Gabrielle s'était mise à aimer ce garçon si disgracieux qui parlait si bien.

Restait à convaincre les parents. Un avocat leur souriait assez, à condition qu'il pût faire marcher un ménage. Du coup, Georges vendit quelques lopins de terre qu'il possédait à Arcis-sur-Aube autour de sa maison natale. Encouragé, le père Charpentier prêta le complément pour acheter une charge d'avocat-conseil du Roi. Et le 27 mars 1787, Louis XVI signait l'acte faisant avocat en ses conseils l'homme qui devait plus tard réclamer sa tête. Il est amusant de constater que, pour le prestige sans doute, le futur révolutionnaire n'hésita pas à faire écrire son nom : Georges-Jacques d'Anton…

Le mariage eut lieu le 14 juin suivant en l'église Saint-Germain-l'Auxerrois. Après quoi le jeune couple vint s'installer dans un petit appartement de la cour de Commerce, près de la rue de l'Ancienne-Comédie, et tout de suite ce fut le succès. Danton eut une belle clientèle. Son talent oratoire faisait merveille. Il eut aussi des amis, dont le plus cher était Camille Desmoulins, son voisin, et ils étaient nombreux à venir manger la poularde que Gabrielle cuisinait comme personne.

Un enfant naquit en 1788, qui ne vécut qu'un an. Quand Gabrielle en larmes l'enterra, elle en attendait un autre, qui naquit le 16 juillet 1790. Le cadre et le père avaient bien changé. La Bastille avait été prise. Danton était lancé au plus fort du courant révolutionnaire et Gabrielle, un peu effrayée, voyait son tendre époux se muer en une sorte de fauve assoiffé de sang.

Après avoir été l'un des instigateurs du 20 juin et du 10 août, il fut l'un des responsables des affreux massacres de septembre.

Au soir du 10 août, après avoir fait sonner le tocsin pour lancer le peuple sur les Tuileries, il était rentré chez lui éreinté, couvert de poussière, de sueur et de sang, mais heureux ; et il s'était jeté sur son lit tout habillé en lançant à sa femme :

— Cette fois, nous avons gagné !

Il s'était endormi comme une masse et Gabrielle s'était assise auprès de lui parce qu'elle était incapable de dormir. La chaleur était étouffante. La ville avait la fièvre et Gabrielle aussi. Elle se sentait lasse, malade, sans bien savoir de quoi au juste elle souffrait. C'était comme si la jeunesse et la vie l'abandonnaient peu à peu...

Le jour n'était pas levé que des coups violents furent frappés à la porte. Gabrielle ouvrit et vit Camille Desmoulins et Fabre d'Églantine qui, très excités, se ruèrent dans l'appartement en criant :

— Danton, Danton ! Réveille-toi ! Tu es ministre !

Il était en effet ministre de la Justice et, en prenant possession du bel hôtel de la place Vendôme, il crut éclater de joie et d'orgueil. Gabrielle, plus modeste, regarda avec méfiance le cadre trop somptueux qui l'écrasait et la mettait mal à l'aise. Et, bien vite, elle regagna sa chère cour du Commerce. Cette fois, c'en était fait de son bonheur. Ministre, chargé de mission à l'armée du Nord où il allait être l'artisan de la curieuse bataille de Valmy, Danton vivait dans une sorte d'apothéose. Les femmes l'entouraient en rangs serrés et il n'avait presque plus de temps à donner aux siens. Et puis, un jour de février 1793, il partit pour Bruxelles, sans remarquer combien Gabrielle était pâle et semblait épuisée. Il vivait l'Histoire et n'avait plus le temps de regarder autour de lui. Mais il était retombé brutalement sur la terre en lisant le bref message qu'un de ses voisins et amis, l'huissier de ministère Gély qui habitait rue de Tournon, lui faisait tenir : « Gabrielle est au plus mal… »

Les mots terribles résonnent encore dans sa tête tandis que, après avoir présenté son laissez-passer, il franchit en trombe la ci-devant porte Saint-Denis et fonce vers la Seine. La nuit est complète et noire. La pluie redouble et, à mesure qu'il approche de la cour du Commerce, il sent un pressentiment lui mordre le cœur. Il tombe de cheval plutôt qu'il n'en descend, lève la tête. Aucune fenêtre n'est éclairée chez lui. Tout semble dormir et il monte quatre à quatre. Mais lorsqu'il franchit la porte, aucun bruit ne s'éveille dans l'enfilade des pièces. Il n'y a personne. Terrifié, il crie, il appelle, réveille toute la maison et l'on accourt. Où sont sa femme et ses enfants ?

Les enfants sont chez sa belle-mère. Mais Gabrielle ? Il crie plus fort. Il veut savoir où est sa femme… Bien sûr, on hésite, mais il est l'un des maîtres de l'heure et il peut être imprudent d'éveiller sa colère. Quelqu'un trouve le courage de dire :

— Elle est morte… il y a trois jours. On l'a enterrée ce matin.

Ce n'est pas un cri qu'il pousse, c'est un rugissement. Cet homme est un fauve. Il ne sait pas pleurer comme les humains. Il lui faut la tempête… Il court s'enfermer dans cette chambre qui a été celle du bonheur et enfin s'abat sur le lit vide, secoué de terribles sanglots. Les voisins se retirent sur la pointe des pieds, mais l'un d'eux court chez les Gély prévenir Marc-Antoine qui accourt et tente vainement d'apaiser son ami. Le tribun ne veut rien entendre :

— Elle est morte sans moi… toute seule ! Je ne l'ai même pas revue…

La revoir ! Cela devient peu à peu une idée fixe qui prend bientôt de telles proportions qu'au matin, Danton, traînant après lui Gély et Camille Desmoulins, court au cimetière, cherche les fossoyeurs et ordonne que l'on ouvre la tombe.

— Tu es fou ! s'écrie Camille Desmoulins. Tu veux violer une sépulture ?

— Non. Je veux seulement revoir Gabrielle encore une fois, une seule...

Il faut bien en passer par où il veut. Bon gré mal gré, les fossoyeurs sortent le cercueil, le déclouent. Le visage de Gabrielle déjà marqué par la mort apparaît, mais Danton, les yeux ruisselants de larmes, se jette sur le corps de sa femme et l'embrasse à plusieurs reprises. Il faut l'arracher au cadavre pour faire au moins place à un jeune homme qu'il a amené avec lui pour qu'il commence son office. C'est un jeune sculpteur qui prend, les mains tremblantes, le moulage des traits déjà affaissés de la jeune femme.

Enfin, Danton permet que l'on referme le cercueil et que Gabrielle soit rendue au repos éternel. Après quoi, il laisse Camille Desmoulins l'emmener chez les Charpentier où il a, du moins, la consolation de retrouver ses enfants.

La mort de Gabrielle semble donner à son époux une recrudescence de force et de talent oratoire. La tribune de la Convention voit un Danton déchaîné atteignant parfois au sublime dans ses diatribes forcenées. Mais rentrer chez lui est un supplice qu'il supporte de plus en plus mal. La solitude n'est pas le fait de cet homme et ses amis l'attirent chez eux autant qu'ils le peuvent...

Louise

L'absence de sa femme est si cruelle que Danton se laisse volontiers entraîner chez l'un ou chez l'autre de ses amis. C'est ainsi que, fréquentant la demeure des Gély, il se met soudain à regarder leur fille comme s'il ne l'avait jamais vue. Il est vrai que la jeune Louise atteint tout juste 16 ans, mais, en sortant de l'enfance, elle vient de prendre tout à coup un éclat, une grâce inattendus. Elle est devenue tout simplement ravissante, la petite Louise, avec ses grands yeux candides, ses cheveux blonds et son teint de fleur. Et Danton, au bout de quinze jours de visites assidues, découvre avec stupeur qu'il est amoureux d'elle. Comme il est l'homme des extrêmes, cet amour devient vite passion. Une passion qu'il convient d'assouvir :

— J'aime ta fille, dit-il à Marc-Antoine. Veux-tu me la donner pour épouse ? Je ferai tout pour la rendre heureuse.

Gély n'est pas autrement surpris. Danton a 34 ans, Louise 16, mais c'est un gendre dont on peut être fier. Et il accepte, mais à la seule condition que Louise soit d'accord. Il aime trop sa fille, en effet, pour la forcer. Danton entreprend alors une cour en règle. Louise le considère d'abord avec stupeur, et même avec un peu de crainte. Chez elle on considère Danton comme un monument historique, mais elle est trop fine pour ne pas saisir très vite l'étendue de son pouvoir. Et elle décide de mettre Danton à l'épreuve, pensant trouver là, par la même occasion, un bon moyen d'éviter un mariage qui ne l'enthousiasme pas vraiment. La condition qu'elle pose est, en effet, difficilement acceptable pour l'un des maîtres de la Révolution :

— Je n'accepterai jamais un mariage républicain, lui dit-elle, car j'ai été élevée dans le respect et l'amour de Dieu. Si tu veux m'épouser, il faut trouver un prêtre, un vrai, pas un prêtre « jureur ». Il nous confessera et il nous mariera.

L'épreuve est sévère pour un homme qui poursuit la religion depuis des années et, un instant, il est sur le point de s'enfuir en claquant la porte. Mais il a regardé Louise…

Elle est si jolie ! Va-t-il renoncer au bonheur pour un principe ?

— Où veux-tu que j'en trouve un ? murmure-t-il, déjà vaincu. Tu sais bien qu'ils se cachent…

— Sans doute, mais moi je n'ai pas cessé d'aimer Dieu sous prétexte que toi et tes pareils ont décidé qu'il n'existait plus. Si tu acceptes d'en voir un, je peux te donner une adresse…

À peine une hésitation. Et puis :

— Donne ! fait Danton. J'irai.

C'est ainsi que le lendemain soir, à la nuit close, Danton se glisse dans une petite rue du quartier Saint-Germain-des-Prés et frappe à la porte d'une modeste maison. Il est malade d'angoisse. Si ses collègues de la Convention le voyaient ?

La porte met longtemps à s'ouvrir. Enfin, une petite vieille paraît, levant une chandelle. Danton lui dit qu'il est venu voir l'abbé de Keravenan. Un instant plus tard ils sont face à face et le prêtre pâlit. Cet homme, il le reconnaît. C'est Danton le régicide, le bourreau des prisons. Il s'imagine qu'il vient le chercher et manque de tomber de son haut quand l'autre lui dit qu'il vient se confesser et lui demander de le marier.

Deux mois plus tard, Danton et Louise sont mariés et la jeune femme découvre qu'elle s'est mise à aimer son grand homme. Lui est fou de bonheur, mais ce bonheur l'attendrit, le rend plus tiède. Entre Robespierre, qui a été son ami, et lui, une lutte d'influence s'engage. Danton se bat mollement. Il est las de la tuerie et on le dit « saoul des hommes ». Il en a assez de Paris, de ses charrettes quotidiennes et des tricoteuses qui font si peur à Louise. Alors il emmène sa jeune femme à Arcis-sur-Aube, dans la vieille maison familiale, pour retrouver un peu de fraîcheur, un peu de pureté. Et ils vont passer là quelques jours merveilleux en se promenant sur les terres que

Danton vient d'acheter. Pourtant, des bruits alarmants viennent de Paris et, un jour, Danton apprend que les Girondins ont été arrêtés, conduits à l'échafaud. La nouvelle l'atterre :

— Nous subirons tous, les uns après les autres, le même sort qu'eux, prophétise-t-il.

Un jour, on vient lui dire que Robespierre veut sa tête :

— Va dire à Robespierre, riposte-t-il superbe, que j'arriverai assez tôt pour les écraser, lui et les siens...

Mais tout de même, il rentre à Paris. Pour s'apercevoir que les autres ont fait leur chemin entre-temps, et qu'ils l'ont fait sur son dos. Alors il recommence le combat. Sans cesse, sa voix tonne à la tribune et c'est cela, justement, que Robespierre veut empêcher. Il ne veut pas que Danton parle, car il connaît trop la puissance du verbe enflammé de son rival. Danton a l'art d'entraîner les foules et, tant qu'il pourra s'exprimer, il sera dangereux. Il faut le faire taire !

Le 31 mars, alors qu'il vente sur Paris et que Danton, demeuré chez lui, passe un moment de paix auprès de Louise, des coups violents ébranlent sa porte.

— Ah ! dit-il seulement. On vient m'arrêter...

C'est bien cela. En un instant l'appartement est envahi, Danton ligoté, entraîné, tandis que Louise, éperdue de douleur, se précipite chez les Desmoulins. Pour y apprendre que Camille, lui aussi, vient d'être emmené.

Le procès de Danton n'est pas facile et Robespierre y gagne quelques cheveux blancs. Le lion se défend comme il sait le faire et c'est lui qui dirige les débats. Au point que, plus d'une fois, en l'entendant tonner, Fouquier-Tinville perd pied. Du coup il appelle à son secours le Comité de Salut public, jamais à court d'astuces. On ne trouve pas de charges contre Danton et Desmoulins ? Qu'à cela ne tienne : on va en fabriquer. Peu après, une dénonciation d'un prisonnier du Luxembourg implique Lucile

Desmoulins dans une conspiration pour délivrer les deux hommes. Cela signe leur perte, ainsi que celle de l'innocente jeune femme.

Cette fois Danton a peur, peur de ce que ces brutes assoiffées de sang pourraient faire à sa mignonne Louise, et il pense que mieux vaut se taire que l'entraîner avec lui dans la mort. Et il se laisse condamner à mort. Non sans lancer pourtant à son ennemi triomphant :

— L'échafaud te réclame. Tu me suivras, Robespierre !

Le moment terrible est venu. Tandis que Louise, réfugiée chez ses parents, tremble et pleure, Danton marche à la mort. Dans la foule houleuse qui entoure la sinistre charrette, il distingue soudain un visage : celui d'un homme vêtu de noir qui, monté sur une borne, le regarde intensément... L'homme soudain lève le bras, fait un signe et Danton, un instant, ferme les yeux. Cet homme, c'est l'abbé de Keravenan ; le signe, c'est l'absolution... Le prêtre n'a pas voulu laisser partir sans viatique son pénitent d'une nuit.

Devant la guillotine, Danton ne peut s'empêcher de penser à Louise. On l'entend murmurer :

— Oh ! ma pauvre femme !

Mais il se reprend aussitôt et se gourmande :

— Allons Danton, pas de faiblesse !

Et c'est d'un pas ferme qu'il gravit l'escalier fatal. De là-haut, le monde semble petit à celui qui va le quitter. Son regard passe, hautain, sur la foule qui gronde et revient se poser sur le bourreau qui attend. Danton, alors hausse les épaules, puis, avec orgueil :

— Tu montreras ma tête au peuple. Elle en vaut bien la peine.

Quelques instants plus tard, il est obéi...

Pour Louise, la vie continua. Peu à peu, les souvenirs cruels s'estompèrent. Elle était trop jeune pour ne pas désirer vivre encore. Quelques années plus tard elle se remaria, épousa l'avocat Claude-Étienne Dupin qui devint sous l'Empire préfet et baron, puis, sous la Restauration, conseiller à la Cour des comptes.

C'est seulement en 1856 que mourut celle qui avait été la veuve de Danton. Jamais elle ne parlait de cette période tragique de sa vie, mais quand d'aventure, on prononçait devant elle le nom du tribun, la baronne Dupin pâlissait…

8

La Reine des merveilleuses : Mme Tallien

Le Bureau des grâces

Lorsque parut, au printemps de 1793 environ trois mois après la mort du Roi Louis XVI, le décret de la Convention vouant à la prison – et donc à l'échafaud à brève échéance – tous les « ci-devant conseillers au Parlement qui n'ont pas montré des opinions révolutionnaires », plusieurs d'entre eux se sentirent mal à l'aise, et singulièrement le jeune « marquis » de Fontenay qui, sorti du peuple, n'était marquis que de fraîche date.

Snob comme il n'était pas possible, M. de Fontenay maudit de tout son cœur son goût immodéré du décorum et de la particule qui lui avaient fait acheter, en 1789, ce marquisat... juste au moment où débutait la Révolution. À présent son titre de conseiller au Parlement s'en trouvait aggravé et le jeune homme en venait à penser, non sans amertume, qu'il eût beaucoup mieux fait de rester Jean-Jacques Devin comme avant, au lieu de s'encombrer de ce Fontenay révélateur qui l'affichait littéralement !

La noblesse, en effet, se portait de plus en plus mal et, après avoir exécuté le Roi, la Convention s'apprêtait à en faire autant à ceux qu'elle appelait gracieusement « les Aristos », ce dont était pleinement conscient le jeune

Fontenay qui s'attendait à partager ce sort tragique un jour ou l'autre, s'il ne parvenait pas à mettre une distance suffisante entre son cou et la place de la Révolution.

Dans cette extrémité, il se souvint tout à coup de sa femme, dont il vivait tellement séparé que leur divorce était en bonne voie. Une femme dont il s'apercevait à présent qu'il n'avait peut-être pas su l'apprécier à sa juste valeur, car elle était sans doute une des plus jolies femmes de son temps, et des plus courtisées, par toutes sortes d'hommes d'ailleurs.

Cinq ans plus tôt, en effet, il avait épousé par intérêt la richissime et cependant ravissante Thérésia Cabarrus, fille d'un banquier de Madrid originaire de Bayonne et qui, par son talent, s'était constitué une belle fortune au service du Roi Charles III, lequel lui avait conféré le titre de comte. Et que Jean-Jacques Devin, qui se faisait déjà appeler de Fontenay, eût réussi à épouser sans amour la jeune Thérésia, dont la beauté déjà éclatante, chaleureuse et précocement sensuelle avait de quoi retenir le libertin le plus forcené, voilà qui représentait une sorte d'exploit à rebours ! Mais le jeune époux avait un irrésistible penchant pour la débauche de bas étage et, à peine la jolie Thérésia lui eut-elle donné un fils qu'il retourna avec délices à ses plaisirs habituels, laissant d'ailleurs la jeune femme parfaitement libre d'en faire autant si bon lui semblait.

À la seule différence que les goûts de celle-ci étaient plus élevés que ceux de son époux, elle ne se fit pas tellement prier. Elle aimait l'amour, les hommes, et connaissait parfaitement le pouvoir de ses charmes. Grisée par sa liberté quasi totale, elle entama aussitôt une longue liste d'aventures, dont l'une particulièrement retentissante avec le beau, le célèbre Alexandre de Lameth, ancien combattant d'Amérique et député de plus fraîche date…

Or, chose extraordinaire, le mari n'avait pu s'empêcher de concevoir quelque humeur à l'encontre de cette belle aventure. Que Thérésia s'amusât, il n'y voyait aucun inconvénient; mais qu'elle eût un amant en titre, cela ne se pouvait supporter et, incontinent, il avait engagé une procédure de divorce.

Or, depuis, l'eau avait coulé le long de l'île Saint-Louis, où logeaient les Fontenay (quand toutefois ils habitaient ensemble). Alexandre de Lameth était parti pour l'étranger et Thérésia se trouvait assez désemparée, car elle sentait, elle aussi, le vent tourner à la tempête et ne savait trop à quel saint se vouer.

Elle en était là quand, un beau soir, elle trouva son ex-mari sur le seuil de sa porte. Elle ne lui demanda pas quel bon vent l'amenait, car il était visible, à sa figure bouleversée, que c'était un vent de tempête. En effet, sans s'encombrer de formules littéraires, l'ancien Conseiller lui fit entendre que tous deux étaient perdus s'ils ne quittaient pas Paris au plus vite.

— En dépit des gages que nous avons donnés à la Révolution, de l'argent dont nous avons abreuvé sans compter cette bande de tigres altérés de sang [les « tigres altérés de sang » étaient une formule très à la mode à l'époque, dans tous les partis d'ailleurs; le tout étant de savoir à quelle catégorie de tigres on avait affaire : les blancs ou les rouges… »], notre tour est venu. Nous allons être arrêtés. En conséquence, il nous faut fuir Paris et, s'il se peut, la France.

— Vous en parlez à votre aise, mon ami, mais où pourrions-nous aller? La guerre fait rage au nord et à l'est… et mon père a été arrêté en Espagne.

— Oh ! je sais, ricana Jean-Jacques. Vous n'avez aucun intérêt à rejoindre les émigrés, car vous n'êtes guère populaire chez eux. Vous avez accordé vos faveurs à presque tous les hommes qui ont détruit la monarchie, vous avez applaudi à la démolition de la Bastille avec Mirabeau qui était alors votre amant.

— Que faisiez-vous d'autre? Dites-moi donc, mon cher, ce que vous venez chercher ici dans ce cas. Vous n'avez pas besoin de moi pour vous transformer en émigré « de vieille souche ». Allez-vous-en donc et laissez-moi mourir en paix, puisque c'est, selon vous, le sort qui m'attend à brève échéance.

— Mais soyez-en certaine, Thérésia! Vous allez être arrêtée, car vos charmes sont sans pouvoir sur les hommes du Tribunal révolutionnaire. Vous ne séduirez jamais un Fouquier-Tinville, n'est-ce pas? Alors, le mieux est de partir et j'ajoute que, s'il nous reste une chance, une seule, c'est vous qui la détenez.

— Laquelle?

— Je jurerais que vous connaissez parfaitement le greffier de la Commune, le citoyen Tallien, qui était jadis le secrétaire de votre cher Lameth. Et je jurerais aussi que vous n'aurez aucune peine à obtenir de lui des passeports... disons... pour Bordeaux? Vous y avez de la famille aussi bien qu'à Bayonne, et c'est un excellent port pour gagner l'Amérique.

Thérésia ne répondit pas tout de suite. Elle réfléchissait, pesant à leur juste poids les paroles de son époux qui venaient de faire lever du fond de sa mémoire un visage oublié, un souvenir oublié...

Elle se revoyait, un beau jour de l'été 1790, se promenant avec le cher Alexandre dans le jardin de l'hôtel du beau député. Il s'y épanouissait des roses rouges admirables que, précisément, elle avait admirées. Et Lameth, galant, avait appelé son secrétaire pour lui demander de couper un bouquet à l'intention de la jeune femme.

La silhouette du secrétaire se redessinait nettement, à présent, dans l'esprit de Thérésia : un grand garçon, beau et bien fait, des traits un peu vulgaires peut-être, mais d'abondants cheveux blonds et bouclés qui lui faisaient une sorte d'auréole... Le jeune Tallien avait coupé les roses et les avait offertes à la maîtresse de son patron avec un regard éloquent. L'une d'elles ayant échappé aux mains de Thérésia, il s'était hâté de la ramasser, mais avait imploré la faveur de la garder.

Cette galanterie avait fait sourire la jeune femme, mais elle avait profondément déplu à Lameth qui, une heure plus tard, congédiait le garçon, assez insolent pour oser, sous son nez, faire la cour à celle qu'il aimait...

— Alors ? insista Fontenay. Que décidez-vous ?

Thérésia eut un demi-sourire.

— Peut-être avez-vous raison... Je vais aller rendre visite au citoyen Tallien...

Quelques jours plus tard, le 5 mars, les époux Fontenay montaient en voiture avec leur jeune fils et deux domestiques pour prendre aussitôt la route de Bordeaux. Leur passeport, tout à fait en règle, était établi au nom de Jean-Jacques Devin, voyageant pour affaires de famille et, tout le long de la route, les choses se passèrent de façon fort amène entre les deux époux. Mais, dès que l'on eut franchi les portes de Bordeaux, Thérésia tourna carrément le dos à son mari.

— Vous voici hors de danger, monsieur, et c'est ici que nous nous séparons.

— Ne songez-vous pas à m'accompagner ?

— Pas le moins du monde et, même, si vous voulez tout savoir, j'espère bien ne plus jamais vous revoir en ce bas monde.

— Comme il vous plaira. Je souscris volontiers à votre désir et vous souhaite, madame, d'être heureuse.

Ils partirent chacun de son côté, Jean-Jacques s'en allant prendre tranquillement son billet pour l'Amérique, tandis que Thérésia s'en allait joyeusement retrouver sa famille bordelaise : ses deux frères... et surtout son oncle, Barthélemy Galabert, qui, lorsqu'elle avait une douzaine d'années, avait été son premier amour, et qui avait même songé à l'épouser, à l'horreur de la famille.

Un mois plus tard, le 23 avril, le divorce était prononcé entre les époux Fontenay. Thérésia n'était plus marquise de Fontenay, mais elle restait Thérésia Cabarrus et c'était, à son sens, ce qui importait le plus, avec le fait qu'elle avait 20 ans et qu'elle adorait la vie.

Ses premiers mois à Bordeaux furent délicieux. Elle ne s'intéressait guère à la politique, mais beaucoup aux jeunes gens, et la ville n'en manquait pas. La belle divorcée reprit sans tarder ses aventures amoureuses, et il courut même la rumeur malveillante qu'elle en avait eu une avec son propre frère. Hélas ! ces quelques mois marquaient la fin de la *dolce vita* bordelaise.

À Paris, en effet, la chute et l'exécution des Girondins avait décidé la Convention à envoyer un délégué dans la capitale girondine pour y porter non seulement la bonne parole, mais encore les vertus austères de l'épuration. La guillotine y fit son entrée dans les bagages du délégué... qui n'était autre que le citoyen Tallien, l'homme aux roses rouges.

La couleur, sans doute, devait lui plaire, car il s'était fait, à Paris, une solide réputation de buveur de sang et, bien décidé à ce que cette flatteuse réputation le suivît en province, il instaura purement et simplement la terreur sur les bords de la Gironde et commença à arrêter tous les gens « bien ».

C'est ainsi qu'il fit incarcérer l'une des amies de Thérésia, Mme de Boyer-Fonfrède. Or, l'ex-épouse de Jean-Jacques Devin avait horreur que l'on touchât aux gens qu'elle aimait... et même à ceux qu'elle n'aimait pas, car, avec tous ses défauts, elle était tout de même d'une infinie bonté et d'un grand courage. Aussi, avec sa belle inconscience, fit-elle des pieds et des mains pour faire libérer son amie. Elle réussit tout juste à se faire arrêter elle aussi, avant même d'avoir eu le temps de pousser un soupir.

Comble de misère, sa beauté éclatante lui attira de la part de ses gardiens quelques menues tentatives de viol.

Mais comme elle s'en défendit vigoureusement, elle se retrouva bientôt au fond d'un cachot du sinistre fort du Hâ, un lieu repoussant, humide et peuplé de rats. Cela ne suffit pas à abattre son courage.

— Je suis une amie du citoyen Tallien, ne cessait-elle de répéter. Je veux le voir ! Qu'attendez-vous pour aller le lui dire ?

Elle fit tant de bruit que le directeur de la prison, un peu inquiet, finit par aller trouver Tallien pour lui parler de cette folle qui ne cessait de le réclamer. Au seul énoncé du nom, Tallien, qui était à souper, bondit littéralement.

— Qui as-tu dit ?

— La citoyenne Cabarrus, ci-devant marquise de Fontenay…

— Et vous avez osé la mettre au cachot ?

Laissant l'homme courber le dos sous le vent de la disgrâce, Tallien saisit son chapeau empanaché et, dégringolant dans la cour, se fit conduire incontinent au fort du Hâ où, effectivement, il retrouva, au fond d'une geôle infecte, celle dont il n'avait jamais cessé de rêver.

Cela lui donna l'occasion d'une spectaculaire fureur et, tandis que Thérésia revoyait la lumière du jour, son piteux gardien prenait sa place dans le cachot. Après quoi le proconsul révolutionnaire ramena triomphalement l'ancienne marquise de Fontenay dans son logis personnel. Et le soir même, l'homme aux roses rouges atteignit le paradis de ses rêves quand Thérésia, reconnaissante, se fit un devoir de devenir sa maîtresse.

Mais si Tallien avait espéré vivre désormais publiquement avec elle, il dut déchanter. Car Thérésia pensait qu'avant de s'installer chez lui, il y avait un certain ménage à faire. Néanmoins, afin que l'on ne pût mettre sa bonne foi en doute, elle commença par donner à la Révolution des gages publics en prononçant, le 10 décembre, un beau discours sur l'Éducation, à l'occasion de la fête donnée pour célébrer la reprise de Toulon par un certain Bonaparte.

Elle y remporta un franc succès, et comme Tallien, fou d'orgueil et de bonheur, cherchait à la persuader de venir enfin partager non seulement sa couche, mais sa demeure, elle lui désigna la guillotine qui était devenue l'ornement permanent de Bordeaux.

— Je viendrai quand cette machine aura disparu.

Car, en acceptant d'appartenir à Tallien, Thérésia avait eu en vue non seulement le souci de son propre salut, mais aussi celui de beaucoup d'autres, car elle espérait bien avoir suffisamment d'influence sur le proconsul pour lui arracher une foule de grâces…

Notre-Dame de Thermidor

La condition formulée par Thérésia au sujet de la guillotine installée à Bordeaux plongea Tallien dans un abîme d'angoisse. Éperdu, il se trouva coincé entre sa conscience révolutionnaire et son amour pour Thérésia. Assez timidement, il tenta de défendre son prestige proconsulaire.

— Je te jure que je ne suis pas cruel et que je voudrais te faire plaisir, mais c'est ma tête que je joue si je fais seulement preuve d'un semblant de modération.

— En somme, tu as peur… et tu te dis le maître de cette ville !

— Mais non, je n'ai pas peur… Enfin, pas autant que tu l'imagines et, pour toi, je suis prêt à braver non seulement Robespierre, mais tout le Tribunal révolutionnaire.

— Alors, prouve-le-moi, dit la jeune femme.

Et elle ajouta, logique et obstinée :

— Et pour commencer, fais donc libérer mon amie Mme de Laage et sa famille. Elle brûle de partir pour l'Amérique.

En soupirant, Tallien obtempéra et Thérésa, magnanime, consentit enfin à couronner publiquement sa flamme en venant, en grande pompe, partager le logis de son amant. Après quoi, elle entreprit d'arracher à son ennemie personnelle, la guillotine, le plus possible de victimes. Son salon devint bien vite le « bureau des grâces », car le cœur de la jeune femme ne pouvait supporter la souffrance d'autrui. Et le malheureux Tallien graciait, graciait, s'efforçait d'oublier dans les bras de sa maîtresse les nuages qu'un Paris singulièrement menaçant commençait à accumuler dans son ciel personnel en s'occupant un peu trop de lui.

Insoucieuse de l'orage, Thérésia ne cachait pas sa satisfaction.

— Depuis plusieurs mois, disait-elle joyeusement, je ne me suis pas couchée sans avoir sauvé la vie de quelqu'un...

Tallien, cependant, n'ignorait pas qu'il n'était pas réellement aimé. Mais il était lui-même si follement amoureux qu'il pouvait se contenter de la possession exclusive de la jeune femme. Qu'elle fût à lui et à lui seul était tout ce qui comptait et, comme d'autres pouvaient offrir des fleurs ou des perles, il lui offrait des têtes, tout simplement.

En outre, comme il n'était pas complètement stupide, il découvrit bientôt que cette clémence, si nouvelle pour lui, pouvait se révéler singulièrement lucrative, car l'aristocratie bordelaise et la grande bourgeoisie se révélèrent fort reconnaissantes, et le couple put vivre dans un luxe extrême sans que personne y trouvât rien à redire.

Enfin, presque personne ! À Bordeaux en tout cas. Car à Paris, les dénonciations commencèrent à pleuvoir dru touchant l'extraordinaire mollesse du citoyen Tallien, et surtout « la courtisane qui avait su détourner si nettement l'un des plus fidèles serviteurs de la République ».

Alors, quelques conventionnels, amis du jeune homme, lui firent savoir discrètement qu'il lui serait peut-être salutaire de venir lui-même à Paris rétablir fermement sa situation compromise. Robespierre n'était, en effet, pas assez sûr de ses arrières pour oser l'abattre de front et, avec un peu d'adresse et de diplomatie, Tallien devait pouvoir se remettre en selle et faire oublier ses « frasques »...

Il partit donc, affreusement malheureux de laisser sa chère Thérésia derrière lui. Il la confia à son adjoint, Ysabeau, un balourd que la fine mouche se hâta de neutraliser de la seule façon radicale qu'elle connût, à seule fin qu'il ne lui vînt pas à l'idée de réveiller l'activité assoupie du bourreau. Et les Bordelais continuèrent de dormir à peu près tranquilles.

À Paris, cependant, Tallien n'en menait pas large. Robespierre le surveillait de près et avait commandé discrètement une enquête sur son comportement. La peur commença de s'emparer du malheureux proconsul, qui comprit bientôt qu'il n'était plus question pour lui de rentrer à Bordeaux. Il faillit en tomber malade de fureur et de désespoir, mais comment transgresser les ordres de l'Incorruptible sans risquer sa tête ?

Thérésia, d'ailleurs, n'allait pas, elle non plus, s'éterniser à Bordeaux. Quand tomba la loi de germinal obligeant « tous les ci-devant aristocrates à quitter les ports et les villes frontières », elle fut obligée de regagner Paris et sa maison de Fontenay, car elle était redevenue suspecte comme devant.

Elle revit alors Tallien, mais un Tallien tellement terrifié qu'il lui arracha une grimace de dégoût. Était-ce donc là l'homme qui avait fait trembler Bordeaux, le maître de la vie et de la mort ? À présent, ce n'était qu'un pauvre homme inquiet, ne vivant plus que dans l'attente de l'instant où la lourde main de Robespierre s'abattrait sur lui pour le jeter au bourreau...

Il avait tort d'ailleurs de se tourmenter. Car ce n'était pas tant à lui qu'en voulait Robespierre mais à Thérésia, qui incarnait à ses yeux austères tout le vice et la débauche de l'Ancien Régime. C'était elle qu'il voulait frapper... et qu'il frappa.

Le 22 mai 1794, il signa avec ardeur l'acte suivant : « Le Comité de Salut public arrête que la nommée Cabarrus, fille d'un banquier espagnol et femme d'un nommé Fontenay, ex-conseiller au parlement de Paris, sera mise sur-le-champ en état d'arrestation et mise au secret et les scellés apposés sur ses papiers. Le jeune homme qui demeure avec elle et tous ceux qui seront trouvés chez elle seront pareillement arrêtés... »

En effet, la jeune femme avait ramené de Bordeaux un charmant garçon d'une quinzaine d'années, Jean Guéry, dont elle avait fait son associé dans certaines transactions financières... et dans d'autres nettement plus intimes.

Arrêtée, Thérésia fut conduite à la prison de La Force où ses geôliers, pour la fouiller, se firent un plaisir de la déshabiller entièrement afin de vérifier si son anatomie célèbre était à la hauteur de sa réputation. Elle subit d'ailleurs cet examen avec une superbe indifférence, pas fâchée au fond de montrer à ces rustres qu'elle était au moins aussi bien faite qu'on le prétendait.

En prison, elle se lia d'amitié avec une charmante créole qu'avec son beau courage, elle s'efforça de réconforter de son mieux. Sans bien y parvenir, car la pauvre Rose Josèphe de Beauharnais, dont le mari venait de monter à l'échafaud, vivait dans une terreur continuelle...

Tout de même, l'arrestation de sa bien-aimée Thérésia avait réussi à secouer l'apathie terrifiée de Tallien, qui venait de comprendre qu'il n'avait plus grand-chose à attendre de Robespierre, sinon un ordre d'exécution. En effet, l'enquête menée à Bordeaux s'était révélée désastreuse. Néanmoins, il avait réussi à manœuvrer avec assez d'habileté pour se faire nommer président de la Convention sans que Robespierre intervînt, pensant sans doute que plus haut il monterait et plus dure serait la chute.

Entre les deux hommes, la lutte sournoise s'instaura, se fit plus serrée, plus cruelle aussi, car Robespierre, excédé, était bien décidé à ne pas endurer cela longtemps. Il s'apprêtait déjà à un coup de théâtre, suivi immédiatement du coup de grâce.

Cependant, au fond de sa prison, Thérésia s'impatientait. Ses derniers espoirs résidaient dans le seul Tallien et rien ne venait. Le 7 thermidor, elle lui fit tenir le billet suivant :

« L'administrateur de police sort d'ici : il est venu m'annoncer que demain je monterai au Tribunal, c'est-à-dire à l'échafaud. Cela ressemble bien peu au rêve que j'ai fait cette nuit : Robespierre n'existait plus et les prisons étaient ouvertes. Mais, grâce à votre insigne lâcheté, il ne se trouvera bientôt plus personne en France capable de réaliser mon rêve... »

Ce billet galvanisa Tallien, lui insufflant le courage qui lui manquait encore. On sait la suite : deux jours plus tard, le 9 thermidor, Robespierre tombait sous les coups de la coalition menée par Tallien qui l'avait pris de vitesse. Ses hommes avaient osé demander sa tête quelques minutes avant qu'il ne demandât la sienne. Le coup de pistolet du gendarme Merda brisant la mâchoire de Robespierre fit le reste. Mais peut-être la crainte de voir mourir Thérésia avait-elle été moins forte que la peur éprouvée par Tallien pour sa propre vie.

Quoi qu'il en soit, le surlendemain, Thérésia sortit de prison et se fit acclamer par la foule en délire. On savait le rôle généreux qu'elle avait joué à Bordeaux, on connaissait son empire sur Tallien, le héros du jour. Les Parisiens la portèrent en triomphe à sa sortie de La Force et lui trouvèrent d'emblée l'un de ces surnoms claironnants comme seuls les peuples savent en inventer. Elle fut Notre-Dame de Thermidor ! Et, de condamnée promise à l'échafaud, elle se retrouva, pratiquement du jour au lendemain, Reine de Paris.

Là-dessus, il fallut bien épouser Tallien... À dire vrai, elle s'en serait fort bien passée, car elle l'aimait plutôt moins qu'autrefois, mais le peuple n'aurait pas compris qu'elle ne s'unît pas à son sauveur. Les légendes ont de ces exigences...

Le mariage eut donc lieu, mais sans tambours ni trompettes et dans la plus grande discrétion. Après quoi le couple s'en alla résider allée des Veuves (à l'extrémité de l'actuelle avenue Montaigne), dans une maison appelée « La Chaumière », qui devint sans doute la chaumière la plus luxueuse de l'histoire.

Les fêtes y succédèrent aux fêtes. Madame Tallien lançait la mode, faisait la pluie et le beau temps. Elle et ses amies, Joséphine de Beauharnais, Fortunée Hamelin et Juliette Récamier, se mirent à rechercher la simplicité grecque et à porter des tuniques transparentes, largement décolletées, qui ne laissaient pas ignorer grand-chose de leurs charmes.

Hélas ! Tandis que l'astre de sa femme montait dans le ciel d'un Paris fou de plaisir, celui de Tallien déclinait à vue d'œil. Il était jaloux, encombrant, et bien qu'elle lui eût donné une petite fille, Thérésia ne tarda guère à le trouver gênant. D'autant plus qu'elle avait pris dans ses filets le Roi du moment, l'ex-vicomte Paul de Barras, que l'on surnommait « le Roi de Paris et des pourris ».

Barras était séduisant, fastueux et totalement amoral. Chef du Directoire, et donc tout-puissant, il se fit un plaisir d'expédier Tallien en Bretagne pour un long séjour afin de pouvoir vivre, à peu près publiquement, avec sa belle épouse.

Redevenue elle aussi toute-puissante grâce à ce nouvel amant, Mme Tallien n'en continua pas moins à répandre des bienfaits variés autour d'elle. C'est ainsi qu'un soir, Barras lui amena à « La Chaumière » un petit général corse, maigre comme un chat écorché et vêtu d'un uniforme si râpé que le bon cœur de Thérésia s'en émut : le pauvre garçon n'avait même pas une culotte convenable.

Elle se hâta donc de lui faire octroyer une pièce de drap dans laquelle le petit général put se faire tailler un vêtement neuf.

Hélas ! le soir où, tout fier de sa belle tenue, il se présenta chez sa bienfaitrice pour la remercier, Thérésia, ravie, lui cria du plus loin qu'elle l'aperçût :

— Eh bien, mon ami, vous les avez, vos culottes !...

Le petit général, déjà bien pâle, devint vert. Il s'inclina en silence, mais ce fut la fin d'une amitié qui avait même, un instant, frisé l'amour. Jamais il ne devait pardonner à Thérésia sa cavalière apostrophe et Dieu sait si, chez les Bonaparte, on avait la rancune tenace.

Beaucoup trop inconsciente pour s'imaginer un seul instant qu'elle avait pu le blesser, Thérésia n'en continua pas moins à s'occuper de lui et, ainsi, poussa son amie Marie-Josèphe Rose de Beauharnais* à épouser Bonaparte, pensant ainsi s'assurer définitivement l'amour de Barras qui avait eu un faible pour la jolie créole. De son côté, Barras pensait, en donnant les mains à ce mariage, d'une part se débarrasser d'une maîtresse dont il était las, et d'autre part se faire du jeune Bonaparte un obligé dévoué et éternellement reconnaissant. Tous deux étaient en train de se tromper lourdement.

En fait, Thérésia n'était pas femme exclusive, et Barras s'en aperçut très vite. Un autre homme, le banquier Ouvrard, fabuleusement enrichi par un trafic éhonté, se mit sur les rangs. Très vite, l'étoile de Barras pâlit devant ce Crésus qui, d'entrée de jeu, installa triomphalement Thérésia dans le superbe hôtel de Chanaleilles, faubourg Saint-Germain – une demeure tellement somptueuse qu'elle devait, un siècle et demi plus tard, séduire l'armateur grec Niarchos.

---

* C'est Bonaparte qui la baptisera définitivement Joséphine.

Toujours aussi généreuse, Thérésia paya Ouvrard par le don de quatre enfants. Depuis longtemps, elle était divorcée de Tallien, retourné, désespéré, dans une ombre où il devait mourir misérablement, non sans avoir assisté au mariage de sa fille avec le comte de Narbonne et revu une dernière fois sa trop belle épouse.

Peut-être Thérésia eût-elle fini par épouser Ouvrard si un autre et très noble prétendant ne s'était présenté : le comte de Caraman, fils aîné du prince de Chimay, qui vint déposer son cœur aux pieds de la jeune femme.

Celle-ci n'hésita pas. Outre que sa beauté commençait à s'alourdir, elle en venait à rêver de vie tranquille et de respectabilité. Et, se souvenant qu'elle avait été jadis marquise de Fontenay, elle ne voyait plus que des avantages à se retrouver un jour princesse.

Le 9 août 1805, Thérésia « de » Cabarrus épousa Caraman. Mais, prise de scrupules, elle ne voulut pas consommer son mariage avant que le pape ne l'eût déclaré valide, afin qu'il pût être béni à l'église. Ce qu'il fit, grâce à l'entremise du cardinal Du Bellay.

Cette bénédiction n'apaisa pas la colère des Chimay, furieux de voir leur fils épouser la trop célèbre Mme Tallien. Mais il était écrit que celle-ci aurait raison de tous les obstacles car, peu de jours après le mariage, le prince de Chimay mourut, laissant le jeune homme libre d'être heureux et Thérésia princesse.

Ravie et follement désireuse de faire son entrée à la cour de son ancien ami Bonaparte, devenu entre-temps l'empereur Napoléon Ier, elle lui écrivit pour solliciter sa présentation. Las !... L'homme aux culottes n'avait rien oublié et lui aussi se posait à présent en parangon de la respectabilité. La pauvre Thérésia reçut de lui la lettre suivante.

« Je ne nie pas que vous soyez charmante, mais voyez un peu quelle est votre demande ? Jugez-en vous-même et prononcez : vous avez deux ou trois maris et des enfants de tout le monde. On tiendrait à bonheur, sans doute, d'avoir été complice de la première faute ; on se fâcherait de la seconde, on la pardonnerait peut-être, mais ensuite, et puis, et puis… À présent, jugez ! Que feriez-vous à ma place ? Et moi qui suis tenu de faire renaître un certain décorum… »

Un jour, à Berlin, Napoléon apprit que, profitant de son absence, Joséphine avait reçu en secret son ancienne amie et se fâcha.

« Je te défends de voir Mme Tallien sous quelque prétexte que ce soit, écrivit-il. Je n'admettrai aucune excuse et, si tu tiens à mon estime, si tu veux me plaire, ne transgresse jamais le présent ordre ! Un misérable l'a épousée avec huit bâtards [légère exagération méridionale, elle n'en avait que six]. Je la méprise elle-même plus qu'avant. Elle était une fille aimable, elle est devenue une femme d'horreur et infâme… »

Ce qui était tout de même légèrement outrancier.

Bien moins rancunière que l'empereur, Thérésia pleura sincèrement sa chute et s'enferma dans ses terres de Chimay. Ce fut là qu'elle mourut, presque solitaire, le 15 janvier 1835, obèse et passablement endettée…

9

Victoire de La Villirouët, avocate par amour

Le professeur

En cette année 1799, les pires commères de la ci-devant rue de Rohan étaient sans doute la citoyenne Corpet, tenancière d'une maison meublée qui portait le nom évocateur de Maison d'Orient, et la citoyenne Dumoulin, ravaudeuse de son état. Dès l'aube, elles étaient dehors, quel que soit le temps, et, balai en mains, elles discutaient interminablement sous le léger prétexte de nettoyer devant leurs portes.

Ce matin – c'était le 14 janvier –, il faisait très froid et il avait neigé toute la nuit. Cela valait un supplément de travail à nos ménagères, mais, insensibles en apparence aux variations de la température, elles n'en abrégèrent pas pour autant l'habituelle causette. Les langues allaient même bon train quand un homme d'environ 45 ans, cheveux gris, mince et modestement vêtu de gros drap brun, la tête dans les épaules et les mains au fond de ses poches, passa entre les deux commères en soulevant son chapeau avec politesse, puis s'engouffra dans le couloir de la Maison d'Orient.

— Toujours exact, le citoyen Guénier ! commente la veuve Dumoulin. Je n'ai jamais vu d'homme aussi ponctuel. Faut croire que son élève a grande envie d'apprendre.

Ce à quoi la citoyenne Corpet répond avec un rire aussi peu distingué que possible et en désignant son œil de son index que, selon elle, l'élève en question n'est qu'une espèce d'alibi et que c'est plutôt la mère de l'élève en question qui intéresse le citoyen Guénier :

— Comment ! ajoute-t-elle. Voilà un homme qui vient ici tous les jours, même les ci-devant dimanche, par tous les temps, qu'il pleuve, qu'il vente ou qu'il neige comme voilà, pour donner des leçons à un gamin, et qui reste là toute la journée parce que c'est seulement la nuit qu'il s'en va. Et tu trouves ça naturel ?

— C'est s'il restait la nuit que ça ne serait pas naturel. Le petit est peut-être lent à apprendre ?

— Eh bien moi, je parierais bien qu'il ne donne pas que des leçons. Et puis il est trop bien pour un maître d'école... Remarque, au fond, je n'ai rien contre : elle est bien gentille la citoyenne Villirouët, pas fière et toujours le sourire, même quand il y a pas grand-chose à manger chez elle... Je me demande même si elle le paie bien, le citoyen Guénier ?

— Écoute, au fond, qu'est-ce que ça peut bien te faire s'il est le galant de la mère au lieu de donner des leçons au fils ?

— C'est par principe, fit majestueusement la citoyenne Corpet. J'aime à savoir les choses, et puis c'est naturel que je m'intéresse à mes locataires.

Et de reprendre son balai, sur ces bonnes paroles, pour faire voltiger la neige autour d'elle avec plus d'énergie que jamais. En fait, si la digne femme avait pu suivre jusque chez son élève le visiteur qui l'intriguait tant, elle aurait sûrement triomphé avec éclat. En effet, au même instant, le citoyen Guénier étreignait tendrement une petite femme brune, vive et charmante, qui lui rendait ses baisers avec usure et qu'il appelait tendrement « Victoire ». Un jeune garçon, pompeusement prénommé Charlemagne, regardait en souriant cette scène qui semblait lui paraître toute naturelle.

En fait, le citoyen Guénier et sa mère sont mari et femme. Ils se nomment en réalité le comte et la comtesse Moussan de La Villirouët, de bonne noblesse bretonne, et Charlemagne est leur fils. C'est aussi le couple le plus tendre et le plus uni qui soit. Jamais on n'a vu amour plus constant, plus fidèle que le leur, un amour qu'aucune épreuve n'a réussi à entamer, et Victoire n'arrive plus à imaginer qu'il y eut jadis un temps où elle n'aimait pas son époux, bien qu'il eût treize ans de plus qu'elle. Même quand elle s'appelait Victoire de Lambilly, elle était déjà amoureuse de lui.

Pourquoi alors cette comédie du professeur venant donner des leçons ? Pourquoi ne pas vivre tout simplement ensemble ? Il est bien évident que pour obliger un couple aussi uni à se séparer chaque soir, il y a de bien fortes raisons, et ces raisons tiennent tout entières dans la terrible loi de fructidor qui condamne à mort tout émigré rentré en fraude et pris sur le territoire national. Or, le comte de La Villirouët, émigré en 1792 pour rejoindre l'armée des princes, tombe sous le coup de cette loi.

Certes, il aurait pu rester dans l'île de Jersey où il s'était réfugié après la dissolution de l'armée, mais il aime sa femme, il aime aussi ses enfants – Charlemagne a une petite sœur – et il n'en pouvait plus de solitude et aussi d'inquiétude. Victoire, en effet, a connu la prison à Lamballe après son départ et, si elle en est ressortie indemne, il s'est trop reproché de l'avoir laissée seule pour suivre ce qu'il croyait être son devoir. Alors, au risque de sa vie, il est rentré clandestinement en France et s'est installé d'abord à Nantouillet, aux environs de Meaux, tandis que Victoire venait directement de Lamballe à Paris. Dans leur ville, ils étaient trop connus et le comte eût été promptement dénoncé. Paris est apparu alors comme une cachette plus sûre. Arrivée là, Victoire, qui n'a peur de rien et qui, d'une vitalité rare, est habituée à se colleter avec les aléas de l'existence, s'est hâtée de trouver un gîte pour son époux. Parce que, tout de même, Nantouillet, c'est un peu loin.

Ce gîte, il se trouve chez Mme Artaud, une excellente amie qui habite 6, rue Poupée (une partie du boulevard Saint-Michel actuel). Et comme cette maison est un peu éloignée de la rue de Rohan, Victoire a inventé cette fable d'un professeur venant chaque jour donner des leçons à son fils. Cette fois, elle est heureuse, même si sa logeuse a des doutes : elle a son cher mari, le reste est sans importance…

Malheureusement, ce 14 janvier va se révéler un jour bien plus sombre encore que le ciel gris ne le laisse prévoir. Tandis que la famille se met à table, des coups violents sont frappés à la porte. La servante, Gothon, va ouvrir et recule, terrifiée : il y a là un officier de police et quatre hommes qui réclament sa maîtresse…

Repoussant la servante, les policiers entrent. Plus pâle que Gothon, le faux précepteur se lève :

— Tu es le citoyen Guénier ? Je voudrais voir ta carte de sûreté…

En s'efforçant de faire bonne figure, La Villirouët tend la carte qui est d'ailleurs un faux si évident qu'il arrache un sourire de mépris à l'officier. Aussitôt, celui-ci décide d'emmener tout le monde pendant que l'on fouillera l'appartement.

Victoire alors se rebiffe. Qu'est-ce qu'ils ont fait ? De quoi les accuse-t-on ? Tout ce que le policier consent à lui dire, c'est « qu'on a écrit de Lamballe » à son sujet et à celui du citoyen Guénier qui pourrait bien ne pas être le citoyen Guénier.

— Et qui d'autre alors ?

— Mais ton époux, citoyenne ! Allons ! Ne m'obligez pas à employer la force !

La jeune femme ne discute pas davantage. Il faut céder, mais, tout en enfilant son manteau, elle réussit à s'approcher de son mari à qui elle chuchote : « Il faut tout nier ! » Il répond seulement d'un battement de paupières, puis lui offre son bras pour l'aider à descendre. Gothon veillera sur les enfants. Le cœur de Victoire est bien lourd quand elle quitte cette maison, modeste pourtant, mais où elle a connu des jours heureux.

Une fois au dépôt, son courage manque de l'abandonner. D'abord, on l'a séparée de son époux, et puis elle a été jetée dans un affreux cachot, pêle-mêle avec des filles publiques, des voleuses, la pire racaille de Paris qui n'en manque pas. Et elle va passer là une nuit affreuse, plus inquiète d'ailleurs du sort de son époux que du sien. Elle le sait plus faible qu'elle, tout à fait incapable de dissimuler et, à cause de cela, elle a peur…

Le tribunal

Au matin, quand elle se retrouve en face de l'homme qui l'a arrêtée, Victoire recouvre tout son courage. Et l'interrogatoire commence :

— Où est ton époux ?

— Comment le saurais-je ? Voilà sept ans que je ne l'ai vu. Cela fait longtemps.

— Parlons du citoyen Guénier. Depuis quand le connais-tu ?

— Un an.

— Et comment l'as-tu connu ?

— Par un de ces hasards de société qui sont communs de par le monde. La mienne a paru lui convenir. Il m'a demandé permission de venir me voir. Je la lui ai donnée.

— Où habite-t-il ?

— Je ne sais pas.

— Cette ignorance n'est pas naturelle ?

— Elle est toute simple au contraire. Ce sont les hommes qui vont visiter les femmes et non les femmes qui vont voir les hommes...

Durant des heures l'interrogatoire va se poursuivre, serré, impitoyable. Victoire se défend pied à pied. Enfin on la reconduit dans sa prison, mais, comme elle longe un couloir grillé, elle aperçoit son époux que l'on ramène lui aussi après l'avoir « cuisiné ». Maîtrisant son émotion, elle s'apprête à le saluer amicalement, quand il s'approche de la grille et lui dit qu'il est inutile de continuer à mentir : il a tout avoué. Il a dit aussi qu'il préférait mourir plutôt que quitter encore sa femme... Alors Victoire, la vaillante, la courageuse Victoire, s'évanouit au beau milieu du couloir.

Après cet aveu, il n'y a plus aucune raison de séparer les deux époux. On les installe chez le geôlier, le citoyen Saint-Denis, pour qu'ils y attendent le jugement. Là, Victoire s'efforce de se rendre utile. Sa gentillesse, son inlassable bonne humeur conquièrent très vite le geôlier et sa femme. On lui a dressé un lit dans la loge même. Pourtant, au bout d'un mois, c'est la séparation : Victoire est remise en liberté (elle n'a jamais émigré, en effet), tandis que son époux, convaincu d'avoir contrevenu à la loi sur les émigrés, est conduit à l'Abbaye pour y attendre de comparaître devant ses juges.

Le procès qui va venir hante Victoire. Aucun avocat ne lui paraît digne de sa confiance. Elle a noté l'adresse des plus célèbres, Chauveau-Lagarde ou Cotelle, mais ne parvient pas à choisir entre eux. Et c'est alors que son amour lui dicte la solution : elle défendra elle-même son mari. Et, tout courant, elle se précipite à la prison pour lui annoncer cela, tout en craignant un peu qu'il ne refuse. Mais il se contente de l'embrasser tendrement :

— Je vous préfère à tous les avocats. Si vous avez le courage de plaider ma cause, je suis sauvé. Mais vous laissera-t-on faire ?

— Il s'agit d'un tribunal militaire et il faut l'autorisation de l'officier rapporteur de la Commission. J'y vais de ce pas.

L'officier en question, le capitaine Vivenot, regarde ce petit bout de femme sans même songer à déguiser son dédain. Ce qu'elle demande est contraire aux usages.

— Mais pas à la loi ! réplique Victoire. J'ai toujours fait pour mon mari ce que mon cœur et mon devoir m'ont inspiré. Aujourd'hui, il est accusé, je le défends. C'est tout simple.

Vivenot ne trouve rien à objecter. Pas plus que le général Catholle, qui doit présider le tribunal et que Victoire va assiéger aussitôt après. L'autorisation est accordée. Victoire, alors, se met à l'ouvrage comme un avocat chevronné. Elle prépare sa défense avec le soin d'un vieux procédurier, se rend même au Châtelet pour assister à l'une des séances et se familiariser avec les règles du tribunal. Pourtant, parfois, le découragement la prend : trois émigrés repris viennent d'être fusillés dans la plaine de Grenelle. Elle en tombe presque malade, mais n'en travaille qu'avec plus d'acharnement.

Quand se lève l'aube du 23 mars, elle est épuisée, dévorée par la fièvre, mais toujours résolue. Son amie, Mme Artaud, conduit au Châtelet une Victoire aux yeux rougis, au visage blanc comme la craie ou comme la robe à grandes manches qu'elle a revêtue. Sur son passage, le peuple la regarde avec surprise, puis avec sympathie car son aspect fragile et son courage émeuvent tous ces gens. Mais l'entrée des juges ramène le silence. Ils sont sept, en grande tenue et aussi peu rassurants que possible.

En voyant son époux entouré de gendarmes, elle s'efforce de lui sourire pour lui communiquer son courage et sa confiance. Jamais encore elle ne l'a regardé avec autant de passion. Aussi entend-elle à peine le président demander à l'accusé :

— Quel est ton défenseur officieux?
— C'est ma femme.
Le général Catholle se tourne alors vers la jeune femme :
— Avez-vous quelque chose à dire?
— Oui.
Lentement, elle se lève, ferme les yeux un instant, puis, d'une voix qui ne tremble pas, elle commence :
— Citoyens-juges!
Pendant quarante minutes, elle parle, mettant dans sa plaidoirie tout ce qu'elle a d'amour dans le cœur. Elle ne voit plus rien, n'entend plus rien, et même, elle n'a pas vraiment conscience de parler. Il lui semble que quelqu'un d'autre parle à sa place… Un instant, elle ose relever les yeux, croise le regard du président et sent une bouffée de joie l'envahir : deux larmes roulent et se perdent dans la grosse moustache du général Catholle. Alors elle lance passionnément, sa péroraison :
— Vous êtes pères, époux, et il n'y a aucun d'entre vous qui ne soit sensible à la voix de la Nature. Vous ne voudriez pas que, sans aucun avantage pour la Patrie, le meilleur des ménages soit désuni, que le plus doux des liens soit rompu, que des enfants restent orphelins. Vous êtes justes. Vous ne voulez pas immoler une victime innocente. Vous connaissez les droits du malheur, droits aussi sacrés que ceux de la vertu même et, puisque vous m'avez permis de le défendre, mon mari ne peut pas être sacrifié. .
Un pesant silence suit les derniers mots. Les jambes fauchées, Victoire se rassoit, cherche la main de Marie Artaud et la serre. Elle n'ose même pas regarder l'accusé. Les juges d'ailleurs se lèvent. Ils vont délibérer.
Qu'elle est longue, pour l'avocate improvisée, la demi-heure qui s'écoule! Ce n'est pourtant qu'une demi-heure, mais Victoire la vit avec des alternances d'espoir et d'effroi. A-t-elle été assez éloquente? A-t-elle vraiment dit ce qu'il fallait dire? Était-ce trop… ou pas assez…?

Elle manque s'évanouir quand reviennent les juges, mais soudain une voix chuchote à son oreille : « Il est acquitté... » Elle se retourne, folle de joie, et rencontre le sourire du greffier qui vient de la prévenir. En même temps, un tonnerre d'acclamations secoue la salle. Le président vient de rendre la sentence libératrice...

C'est un beau tumulte. Victoire est enlevée, hissée sur des épaules, portée en triomphe. Elle croit cent fois mourir étouffée, mais elle est heureuse au-delà de toutes les limites humaines. Elle a gagné le plus difficile des combats et jamais elle n'a mieux porté son nom... Une foule énorme escorte les époux jusque chez Mme Artaud où ils doivent souper, mais une seule chose compte pour eux : ils vont enfin pouvoir revivre au grand jour.

Pendant une dizaine de jours, Victoire fut l'idole de Paris. Les dames de la Halle vinrent en délégation lui offrir des fleurs et l'embrasser. Le Directoire lui adressa des félicitations et la générale Bonaparte l'invita à déjeuner. Elle eut tous les honneurs, toutes les sympathies, mais elle leur préférait son tranquille bonheur. Quelque temps plus tard, elle et son époux reprirent le chemin de Lamballe. C'est là que mourut Victoire, le 12 juillet 1813. Elle avait alors 46 ans. Son époux lui survécut durant trente-deux ans et, sous la Restauration, il reçut la croix de Saint-Louis, pour services rendus à la cause royaliste, sans doute, mais aussi « parce qu'il dut la liberté et la vie à l'énergie et au courage de son épouse, de glorieuse mémoire... ». La seule croix, sans doute, jamais décernée pour récompenser l'amour conjugal.

10

Les amoureux de Mme Roland

Une femme honnête…

On est le 1er juin 1793 et Paris subit l'une de ces brutales poussées de fièvre dont il est devenu coutumier depuis la prise de la Bastille : la chasse aux girondins est ouverte ! Ces girondins hier encore idolâtrés par un peuple dont la versatilité est le plus grand défaut… à moins que ce ne soit son plus grand charme. Toujours est-il qu'on les poursuit, on les traque et on les arrête dès que l'on peut mettre la main dessus. Des bandes armées, issues de la lie des faubourgs et des rues borgnes de la Cité, parcourent la ville. Les échos menaçants de *Ça ira !* flottent dans l'air chaud et dans les cabarets où les « chasseurs de girondins » viennent chercher un supplément d'ardeur révolutionnaire…

Vers la fin de la journée, un homme d'une quarantaine d'années, aux traits tirés par la fatigue, pénètre dans une vieille maison de la rue des Prouvaires. Ses vêtements élégants mais couverts de poussière racontent ses courses à travers un Paris chauffé à blanc.

En le voyant entrer, un personnage dont les cheveux blancs contrastent avec les habits noirs quitte la chaise basse sur laquelle il était assis :

— L'as-tu vue ? demande-t-il d'une voix mate.

— C'était impossible. On l'a mise à la prison de l'Abbaye, mais je suis allé chez toi, rue de La Harpe. Là, c'était la panique : ta bonne était affolée et ta fille pleurait, mais ne t'inquiète pas, j'y ai veillé : Mme Creusé-Latouche s'occupera bien d'elle. Elle te fait dire de ne pas te tourmenter et de ne songer qu'à Manon...

Jean-Marie Roland baisse la tête et se met à pleurer comme un enfant. Manon ! Il ne pense qu'à elle, et il y pense au point d'avoir oublié sa fille, la petite Eudora. Mais Manon pense-t-elle à lui ? Ou seulement à sa fille ? Plus que probablement, c'est à un autre qu'elle pense dans sa prison... Il ne se rend pas compte qu'il a pensé tout haut, mais Louis Bosc, chez qui il a trouvé refuge, ne répond pas pour apaiser le chagrin de cet homme déjà vieux qui a eu le malheur – ou le trop grand bonheur ? – de rencontrer un jour une adorable jeune fille dont il aurait pu être le père ?

Quand, en janvier 1776, Roland a rencontré la jeune et ravissante Manon Philipon, la fille du graveur du quai de l'Horloge à Paris, il a été immédiatement séduit, tant par la beauté de la jeune fille – elle se décrit elle-même : « La jambe bien faite, le pied bien posé, les hanches très relevées, la poitrine large et superbement meublée, l'attitude ferme et gracieuse, la marche rapide et légère... » – que par une culture tout à fait inhabituelle chez une petite bourgeoise parisienne. Son livre de chevet, c'est *La Nouvelle Héloïse*, dont elle prétend qu'elle l'a consolée de la mort de sa mère. Mais elle lit aussi *Les Mémoires de l'Académie des sciences*, les *Éléments de géométrie*, l'*Ode à la solitude*. C'est un puits de science et de philosophie, mais comme elle est charmante, les amoureux ne lui manquent pas. Et c'est ainsi qu'après ses différents professeurs, elle a refusé tous les commerçants de son quartier en âge de se marier. Il ne pouvait être question pour elle d'épouser un boutiquier.

En revanche, s'il a vingt ans de plus que Manon, Roland est lui aussi versé dans les sciences. Il est inspecteur des Manufactures. C'est aussi un intellectuel, assez assommant d'ailleurs, mais qui a eu l'honneur d'être reçu par Voltaire à Ferney. Ce n'est pas le coup de foudre, bien sûr, mais Manon se donne le temps d'apprécier. Et c'est ainsi qu'elle mettra quatre ans avant de se décider à devenir Mme Roland : ce sera en février 1780, mais le sentiment qu'elle éprouve pour son patient soupirant est d'ordre purement cérébral, car lorsque, fiancé, il se laisse aller à l'embrasser impétueusement, elle dira plus tard en avoir ressenti « un mal affreux ». Et c'est pire encore lorsque, le soir de leur mariage, Jean-Marie initie sa jeune épouse aux joies de l'amour conjugal : « Les événements de la première nuit de mes noces m'ont paru aussi surprenants que désagréables. »

Ce n'est donc pas, tant s'en faut, l'amour fou, et quand un enfant s'annonce, Manon considère qu'elle en a terminé avec les effusions nocturnes. Elle prend l'habitude de considérer son époux comme une sorte de noble vieillard à qui une bonne affection de type filial devrait suffire, alors qu'en fait il se consume d'amour pour elle. Néanmoins, Manon reconnaît qu'il lui a apporté le genre de vie qu'elle souhaitait. Elle peut tenir un salon, qui devient bientôt le plus important salon politique de Paris. Elle est devenue l'égérie des girondins, qu'elle admire passionnément, mais aussi celle de son « vieux mari », qu'elle a poussé tout doucement jusqu'au ministère de l'Intérieur. Dans l'exercice du pouvoir, Roland trouve une sorte de compensation au fait de n'être pas aimé comme il aurait voulu l'être.

De son côté, Louis Bosc, le confident du ménage, a lui aussi aimé Manon, car il était difficile de se défendre de son charme. Mais il a vite compris qu'il n'avait aucune chance d'obtenir d'elle autre chose que de l'amitié. Naturaliste de talent, il s'est plongé dans ses études avec plus d'ardeur que jamais et a passé plus de temps à herboriser dans les bois de Montmorency. Il possède en effet, de ce côté, un petit bien que l'on appelle l'« Ermitage » de Sainte-Radegonde, un prieuré désaffecté où il se sent pleinement heureux et oublie les beaux yeux de Manon.

Il s'y trouvait encore la veille de ce jour où il avait tant couru dans Paris. Le 31 mai, en rentrant chez lui, il avait trouvé le malheureux Roland sur le pas de sa porte, effondré : Manon était arrêtée et son époux n'osait plus rentrer chez lui. Un Roland d'autant plus désespéré qu'il était non seulement apeuré, mais torturé par la jalousie. Il savait bien que, dans sa prison, ce n'était pas à lui que Manon pensait… mais à un autre.

L'autre, c'est François Buzot, le jeune et séduisant député « girondin » (en fait, il est normand) qui possède tout ce qu'il faut pour attirer l'amour. Louis Bosc a souffert, lui aussi, quand il a compris que Manon aimait Buzot, mais il n'a pas eu à endurer l'étrange supplice auquel la jeune femme a condamné son époux, car, se voulant toute loyale et d'une honnêteté romaine, elle n'a pas hésité à avouer à Roland l'amour « passionné » qu'elle éprouvait. Ajoutant, il est vrai, que rien ne pourrait l'amener à transiger avec son honneur d'épouse, mais précisant tout de même que, si son corps demeurait par force au logis, son cœur et son âme appartenaient désormais, et pour toujours, à François.

— Je ne vous tromperai jamais, lui a-t-elle dit. Mais j'ai pour vous trop de respect pour vous leurrer sur la nature exacte des sentiments que je vous porte. Je ne cesserai jamais de vous honorer et de vous aimer comme un père…

Cette belle franchise assena au malheureux un coup dont il ne se releva pas : le lendemain, il donnait sa démission de ministre de l'Intérieur et quittait la place Vendôme pour un petit appartement de la rue de La Harpe, où Manon le suivit sereinement. Là ou ailleurs !

Dans sa jalousie, Roland voyait parfaitement clair : au fond de sa prison, Manon ne cessait de penser à Buzot. Bien mieux : certaine qu'à présent plus rien ne viendrait la tenter – Buzot s'était enfui en Normandie en compagnie de ses amis Pétion et Barbaroux –, elle s'abandonnait, par écrit, aux transports de la passion – payée de retour d'ailleurs –, qu'elle éprouvait pour ce beau garçon de six ans son cadet : « Je remercie le ciel, écrivait-elle, d'avoir substitué mes chaînes présentes à celles que je portais auparavant. Comme je chéris mes fers où il m'est libre de t'aimer sans partage et de m'occuper de toi sans cesse ! »

Comment réussissait-elle à faire parvenir ces lettres à Buzot réfugié à Caen, où il espérait lever une armée pour venir délivrer son amie ? C'est un mystère, mais sans les avoir jamais lues, le malheureux époux en devinait le contenu par la magie de cette effrayante clairvoyance que donne la jalousie.

Craignant que sa souffrance ne le portât à quelque dangereux excès, Louis Bosc réussit, dès le 2 juin, à convaincre le pauvre homme de le suivre à son « Ermitage » de Sainte-Radegonde. Il parvint à lui faire franchir la barrière sous un déguisement et s'institua son gardien. Les deux hommes allaient demeurer là une douzaine de jours…

Mourir d'amour…

Presque chaque matin, tandis que Jean-Marie Roland se cache dans son ermitage, Louis Bosc se rend à Paris déguisé en maraîcher, portant sur son dos une hotte pleine de légumes et de fruits. Il va tout droit alors à la prison de l'Abbaye où Manon Roland est toujours enfermée et trouve moyen de lui faire passer quelques fleurs fraîches cueillies pour elle à l'aurore. Parfois, il réussit à la voir, mais sort toujours de cette entrevue plus abattu que joyeux. En effet, menacée à chaque instant de comparaître devant le Tribunal révolutionnaire et donc de monter à l'échafaud, Manon éclate littéralement de bonheur. On la sent emportée tout entière par sa passion pour François Buzot et elle ne juge même plus utile de donner une seule pensée à son « vieil » époux dont le souvenir paraît devenu importun. Et quand il rentre à Montmorency, Bosc n'a pas le courage de répéter ce qu'il vient d'entendre. Il se contente de dire que tout va bien, mais Roland devine ce qu'on lui tait par charité.

C'est au retour d'une de ces expéditions que le naturaliste croit apercevoir des ombres inquiétantes rôdant autour de chez lui. La traque des girondins est plus acharnée que jamais, et si l'on découvre Roland chez lui, tous deux sont perdus sans recours :

— Il faut que nous te trouvions un autre asile, lui dit-il. Je t'y conduirai et reviendrai ensuite ici. As-tu une idée ?

Oui, Roland a une idée. Il a des amis à Rouen et, dès le lendemain, les deux amis quittent Sainte-Radegonde pour la vieille maison de la rue aux Ours où vivent les demoiselles Malortie, deux vieilles filles aimables et douces, telles que la province savait en fournir. Les battements du Gros-Horloge tout proche rythmaient le cours d'une existence paisible et ni Marie ni Louise n'aurait voulu qu'il en fût autrement. Depuis la mort de leurs parents et surtout depuis celle de Jeannette, leur jeune sœur – la seule qui fût jolie –, elles vivaient repliées sur elles-mêmes, contentes d'être ensemble. Leurs voisins les plaignaient un peu et, les sachant inoffensives, les laissaient tranquilles.

Bien des années auparavant, alors qu'il n'était pas question pour lui d'épouser Manon, Roland avait vécu à Rouen et il avait même noué une idylle avec la jolie Jeannette. On avait parlé mariage, mais un mal soudain avait emporté la jeune fille et Roland avait eu beaucoup de peine. Il avait quitté la ville, mais sans jamais rompre les liens qui l'attachaient aux demoiselles Malortie. Et c'était à elles qu'il avait pensé, au moment où le péril le menaçait, sûr qu'elles ne lui refuseraient pas un asile.

Leur porte, en effet s'ouvre toute grande pour lui et, comme il faisait remarquer que c'est chose grave de recevoir un proscrit, Marie lui dit :

— Vous refuser l'hospitalité serait refuser nos souvenirs et vous faites partie des plus chers. De plus, à nos âges, nous n'avons vraiment plus grand-chose à perdre…

Et Louis Bosc repart seul.

En dépit de l'accueil reçu, les semaines qui suivent sont abominables pour Roland. Il ne peut penser qu'à une seule chose : dans sa prison, Manon ne rêve que d'un autre. Il en est hanté, déchiré, d'autant plus que, dans les rares billets que Manon lui fait passer par Bosc, celle-ci, avec une cruelle insouciance, ne lui laisse rien ignorer de ses sentiments. Et, bien souvent, dans le silence des nuits, les demoiselles Malortie entendent leur locataire aller et venir, parfois en gémissant quand la douleur de la jalousie le tourmente trop… Un jour même, décidé à tout pour se débarrasser d'un rival odieux, il va jusqu'à composer un mémoire qui, mis sous les yeux du Tribunal révolutionnaire, enverrait aussitôt le beau François à l'échafaud. L'idée de cette mort lui est si douce qu'il va jusqu'à en parler à son ami Bosc. Épouvanté, celui-ci prévient Mme Roland et, quelques jours plus tard, il apporte une lettre d'elle : Manon demande, exige que l'écrit accusateur soit brûlé…

Si forte que soit sa haine, Roland est incapable d'échapper à l'influence souveraine de sa femme. L'écrit est brûlé comme elle l'a demandé, mais Roland songe à se tuer. Juste un instant, car sa mort libérerait Manon qui, en admettant qu'elle puisse retrouver Buzot, pourrait enfin se donner à lui…

Cinq mois passent ainsi. Et puis, au matin du 10 novembre, une terrible nouvelle vient troubler le silence de la rue aux Ours : l'avant-veille, Mme Roland est morte sur l'échafaud avec un beau courage. C'est calmement qu'elle a regardé la guillotine et aussi la grande statue de la Liberté élevée sur la place : « Oh ! Liberté, a-t-elle soupiré, que de crimes en ton nom ! » Mais son âme était libre enfin d'aller rejoindre l'homme qu'elle aimait.

Roland pense alors que son heure à lui vient aussi de sonner et il en avertit ses amies en ajoutant que rien ne pourra le retenir. On lui objecte alors qu'il a une fille et qu'elle a besoin de lui… Mais il n'est pas d'accord : s'il se livrait aux bourreaux de Manon, Eudora ne pourrait hériter des biens du condamné qu'il serait alors. Et comme il ne veut causer de tort à personne, il décide de quitter Rouen après avoir mis ordre à ses affaires.

Que répondre ? Que dire à un homme qui considère la mort comme le suprême bonheur ? Et c'est les larmes aux yeux qu'elles le regardent brûler quelques papiers, écrire une lettre qu'il met dans sa poche, puis revêtir sa houppelande, prendre son chapeau et la lourde canne qui ne le quitte jamais et qui cache une épée. Et puis il s'en va. Les demoiselles Malortie le regardent s'éloigner dans la nuit qui tombe tandis qu'une pluie violente se déchaîne ; mais qu'importe à un homme qui va mourir ?

Dans la tempête, Roland marche durant des heures pour s'éloigner le plus possible de Rouen. Au bout de trois lieues et demie, il trouve le village de La Lande et le traverse. Il est dix heures du soir. Il n'y a pas âme qui vive. Roland alors voit un petit bois, s'engage dans le sentier puis sous les arbres. L'ouragan est au plus fort… Alors Roland tire l'épée de sa canne.

Quand on trouve le corps dans la matinée du lendemain, on constate qu'il porte deux coups au côté gauche et l'on trouve dans sa poche une lettre :

« Qui que tu soies qui me trouves gisant ici, respecte mes restes ! Ce sont ceux d'un homme qui est mort comme il a vécu, vertueux et honnête. Un jour viendra, et il n'est pas éloigné, que tu auras un jugement terrible à porter. Attends ce jour, tu agiras alors en pleine connaissance de cause et tu reconnaîtras même la raison de cet avis. Puisse mon pays abhorrer enfin tant de crimes et reprendre des sentiments humains et soucieux. J.-M. Roland. »

Un peu plus bas, il a écrit : « Non la crainte, mais l'indignation. J'ai quitté ma retraite au moment où j'ai appris que l'on allait égorger ma femme et je ne veux plus rester sur une terre couverte de crimes... » Le pauvre Roland tentait, maladroitement, de parer aux couleurs patriotiques sa simple, naturelle et insupportable douleur d'amour.

Il ne savait pas qu'il n'allait guère tarder à retrouver son rival dans l'autre monde. En juin 1794, en effet, Buzot, réfugié avec Pétion à Saint-Émilion après la défaite, à Vernon, de leur armée de la libération, apprit la mort de Manon. Il pleura beaucoup :

— Elle n'est plus ! dit-il. Des scélérats l'ont assassinée.

Mais il n'avait guère le temps de s'attendrir, car sa propre situation n'était guère brillante. Traqué, il savait bien qu'il n'avait guère de chance d'échapper à l'échafaud. Et puis il était las, lui aussi, et il n'avait plus guère envie de vivre dans un monde devenu fou où le rire de Manon ne sonnerait plus.

Alors, quand il sut que sa dernière cachette était découverte, il gagna, lui aussi, un petit bois près de Castillon et là, tirant un pistolet, il se tua d'une balle dans la tête.

Louis Bosc restait seul pour se souvenir d'avoir aimé Manon Roland...

11

Une Reine du théâtre et de la galanterie : Élisabeth Lange

Une femme à vendre

L'homme avait beau s'affubler d'un titre et d'un nom d'emprunt qui ne trompaient personne, il n'en était pas moins un ancien garçon perruquier, natif du Nivernais. Malgré son train royal, le « citoyen comte de Beauregard » n'était ni comte ni Beauregard. En revanche, c'était le plus authentique et le plus fieffé coquin de cette période post-révolutionnaire, cependant fertile en fripouilles de tout poil.

En réalité, il se nommait Lieuthraud, et sa spécialité « financière », c'était la carambouille. Il achetait, en omettant généralement de payer, une foule de choses qu'il revendait fort cher. Mais le début de sa fortune lui avait été fourni par un noble émigré, le vrai comte de Beauregard, qui, en fuyant la France et la guillotine, lui avait confié ses biens, le croyant honnête. Lieuthraud, persuadé que l'autre ne reviendrait jamais, s'était incontinent considéré comme l'héritier des biens en question et n'avait pas perdu une minute pour entrer en leur possession.

Dès lors, il avait le pied à l'étrier et, mis en appétit, il s'était lancé dans les affaires. Il avait acheté, du côté de Moulins, un gisement minier et avait encaissé d'énormes sommes d'argent sans jamais livrer le moindre chargement de minerai, ce qui diminuait d'autant les frais d'exploitation. Mais son dernier exploit tenait du chef-d'œuvre. Grâce à la complicité de certains membres du Directoire, il s'était fait nommer directeur de la fonderie de Moulins, ce qui lui avait permis de se faire payer très cher des canons qu'il n'avait jamais livrés. La justice, que l'on dit en général boiteuse, étant carrément devenue cul-de-jatte au temps joyeux du Directoire, personne ne lui demanda de comptes et notre homme put dormir en paix parmi ses biens mal acquis dont l'importance n'avait d'égale que la somptuosité.

Tous ces menus détails, la belle Élisabeth Lange, vedette incontestée du Théâtre Feydeau, les connaissait pour les avoir entendu vanter comme autant d'exploits. Aussi considérait-elle avec surprise, mi-amusée, mi-avide, le gros homme qui s'était présenté chez elle, ce soir d'hiver 1795, et qui avait eu tant de mal à s'introduire dans le fragile fauteuil de style grec qu'elle lui avait désigné.

Il y avait maintenant un bon quart d'heure qu'il parlait, de ses nombreux mérites d'ailleurs, et sans donner le moindre signe de fatigue, quand, tout à coup, il leva un doigt en l'air et, avec la mine d'un artificier qui va tirer le « bouquet », Lieuthraud-Beauregard déclara vigoureusement :

— Comprenez-moi bien, citoyenne ! Je possède un manoir en Île-de-France, un château en Touraine, un autre en Provence, des terres, des chasses, des étangs, une villa en Suisse, et je viens d'acquérir d'un seul coup la folie de Bagatelle et l'hôtel du prince de Salm[1]. Je suis sans doute l'homme le plus riche de Paris, mais cela ne me suffit pas. J'entends en devenir le Roi. Un Roi sans couronne peut-être, mais qui vaudra bien ceux que nous n'avons plus !

1. Actuelle Grande Chancellerie de la Légion d'honneur.

Élisabeth Lange sourit doucement, bâilla avec discrétion derrière son petit éventail d'ivoire ciselé et s'étendit un peu plus sur le canapé d'acajou sur lequel elle s'était nonchalamment assise... juste assez pour que la fente de sa robe diaphane, bien légère pour un jour d'hiver, révélât un peu plus d'une jambe parfaite.

— Si vous briguez le titre de Roi, monsieur, dit-elle légèrement, peut-être vaudrait-il mieux renoncer à ces appellations, bien démodées d'ailleurs, de citoyen et de citoyenne. Cela ne sent pas du tout la Cour. En revanche, cela sent furieusement le commun et la boutique.

Le financier rougit comme un collégien pris en faute et se mit à jouer nerveusement avec les pointes de la monumentale cravate qui lui mangeait la moitié du visage.

— Je... oui... Vous avez peut-être raison. Donc, mademoiselle, je reprends mon propos dans les termes que vous préférez. En un mot comme en cent, je désire vous faire comprendre qu'à un homme dans ma situation, il faut une maîtresse éclatante, hors de pair, une femme éblouissante. Et aucune femme à Paris ne l'est plus que vous.

— Voilà un compliment direct, mais qui n'est pas sans charme.

— Je dis ce qui est, voilà tout ! Et vous êtes, selon moi, la Reine de Paris. D'ailleurs, je ne suis pas seul dans cette opinion, car beaucoup s'accordent à décréter qu'auprès de vous la belle Tallien et la citoyenne... pardon, la vicomtesse de Beauharnais sont sans véritable éclat. C'est donc vous que je veux !

Mademoiselle Lange considéra son visiteur avec sévérité... et se redressa légèrement, rentrant sa jambe sous sa robe.

— Monsieur ! On ne dit pas non plus de ces choses-là !

Ainsi remis à sa place et ne sachant plus très bien comment poursuivre l'entretien, Lieuthraud-Beauregard prit le parti de brusquer les choses. Après tout, cette fille était l'une des plus galantes de Paris, elle devait être habituée à ce que l'on menât les affaires rondement avec elle. Quittant non sans peine son fauteuil, il vint s'asseoir hardiment sur le canapé même de la belle. La place avait l'avantage d'offrir une vue infiniment meilleure que le fauteuil sur les formes que la robe, largement décolletée à la dernière mode des Merveilleuses, soulignait beaucoup plus qu'elle ne voilait.

— Écoutez-moi bien, dit-il avec quelque rudesse, et ne m'interrompez pas tout le temps. Je suis gentilhomme, il est vrai [en fait, rien n'était moins vrai, comme nous l'avons dit], mais je suis avant tout un homme d'affaires. Les sentiments n'ont rien à voir dans ce que je vous offre et je vous crois femme assez avisée pour ne pas vous en offusquer. Vous êtes belle et désirable, c'est tout ce qu'il me faut. Soyez à moi, en échange, je vous couvrirai d'or, de diamants et de tout ce que la femme la plus exigeante pourrait rêver. Je vous ferai une pension... disons... de dix mille livres par jour?

L'énormité du chiffre suffoqua tout de même un peu la comédienne. Ses yeux s'agrandirent et, si elle ne dit rien, il ne lui en sembla pas moins que l'homme assis près d'elle était fait tout en or. Le pseudo-comte reprit :

— Cela fait trois cent mille livres par mois, songez-y!

— Je sais compter, fit-elle doucement. Mais, si cela vous était égal, je préférerais que nous nous en tenions au terme « par jour ».

— Tiens! Pourquoi donc? Craignez-vous de ne pouvoir être assurée de me plaire d'un mois sur l'autre?

Cette insolence grossière fit lever instantanément Élisabeth. Du haut de sa taille élancée, elle considéra le bonhomme avec un dédain non dissimulé.

— Ne confondez pas, monsieur! Si je désire cet accommodement, c'est uniquement pour préserver au maximum une liberté qui m'est chère. Et il se peut fort bien que je vous prenne en grippe d'un jour à l'autre. Je veux donc pouvoir me dégager au moment précis où j'en aurai envie.

C'était dit avec un demi-sourire, mais le financier n'en fit pas moins une laide grimace. Pourtant, comme il aimait les femmes sachant ce qu'elles voulaient et que celle-ci, avec sa grâce aristocratique, lui en imposait malgré lui, il prit le parti de rire. Après tout, la seule chose qu'il désirât, c'était faire connaître à tout Paris, et même un peu plus loin, que cette ravissante fille était son bien, même momentané. Auprès de cela, les modalités du contrat importaient peu.

— Eh bien, dit-il enfin, c'est entendu. Dès demain, vous recevrez les premiers fonds. Mais maintenant...

À son tour, il se levait, pressé de conclure un marché si séduisant et de lui donner au moins un commencement de réalité, et tendait les bras pour attirer la jeune femme à lui. Mais elle le repoussa doucement et même s'éloigna de lui de quelques pas.

— Un instant, monsieur ! fit-elle avec hauteur. Vous voilà bien impatient, il me semble ? Il y a encore une clause au contrat que j'entends passer avec vous, puisque contrat il y a : vous devrez payer d'avance ! Donc, je vous recevrai avec plaisir demain, après le spectacle... et après l'arrivée de vos premières dix mille livres !

Le sang-froid et l'audace de la comédienne coupèrent le souffle au financier. Les yeux arrondis de stupeur, il la regarda d'un air incrédule. Debout dans sa robe translucide, contre l'une des colonnes de marbre rose qui soutenaient le plafond, elle souriait toujours avec une ironie insolente qui empourpra le front de son acquéreur. Mais ses grands yeux bruns qui semblaient noirs dans ce teint éclatant, la masse soyeuse de ses cheveux châtains que retenait un étroit ruban d'argent entrelacé à la mode antique, la douceur et l'éclat de sa bouche fraîche, tout cet ensemble dégageait une telle séduction que Beauregard ne se sentit pas le courage d'entamer une nouvelle discussion dans laquelle, il le sentait bien, il ne serait pas le plus fort. Il s'inclina autant que le permettait son embonpoint et grogna, d'assez mauvaise grâce d'ailleurs :

— Ce sera comme vous voudrez !

À ce moment, un grand bruit se fit entendre à la porte de la rue, un bruit fait de cris d'admiration des passants, des sabots de plusieurs chevaux frappant le pavé de la rue, puis du tintamarre de la cloche d'entrée bruyamment agitée. Mlle Lange courut à une fenêtre donnant sur la cour de son hôtel. Elle vit le concierge qui se précipitait pour ouvrir le portail devant une troupe de chevaux magnifiques tenus en main par des palefreniers. C'étaient les plus beaux chevaux que la comédienne eût jamais contemplés et, en un instant, sa cour ressembla à un haras.

— Qu'est-ce là? s'écria-t-elle surprise. Ces animaux sont vraiment admirables, mais d'où peuvent-ils venir?

Derrière elle, une voix morose bougonna.

— J'ai pensé que la première chose que vous aimeriez avoir, c'est un attelage digne de vous. J'ai acheté ces pur-sang au comte de Poix. Je suis heureux de constater qu'ils ont l'air de vous plaire.

— S'il en était autrement, je serais bien difficile, fit-elle gracieusement. À mon tour, j'aimerais vous faire plaisir et vous remercier. Vous avez, en effet, les manières d'un Roi, monsieur de Beauregard !

Le financier prit un air modeste qui ne lui allait pas.

— Allons, allons ! C'est une bagatelle qui ne mérite pas que l'on en parle. Et puisque cela vous fait plaisir...

— Parlons-en, au contraire !... Mais pas ici. Je pense que, pour l'entretien que nous allons avoir maintenant, il vaut mieux choisir un lieu plus paisible et plus silencieux. Ces admirables animaux font un bruit d'enfer. Laissons-les s'installer, nous irons les voir ensemble tout à l'heure ! Venez-vous ?

Prenant la main de son soupirant devenu soudain très rouge à la fois d'orgueil et de contentement, elle l'entraîna jusqu'à une porte qu'elle ouvrit, révélant une pièce intime et charmante, toute tendue de soie rose et de mousseline des Indes, dont le centre était occupé par un grand lit couvert de dentelles.

Après tout, ayant reçu un tel présent, Mlle Lange pensait que Lieuthraud-Beauregard méritait une petite compensation et qu'elle pouvait bien réviser légèrement son contrat en l'honneur de cette galanterie.

À cette époque, la belle Élisabeth atteignait ses 23 ans et le moins que l'on puisse dire est que, jusqu'à présent, sa vie passée avait été des plus mouvementées.

Elle était née à Gênes pendant une tournée qu'y effectuaient ses parents, deux comédiens. À 16 ans, la célèbre Montansier, qui dirigeait à la fois une fameuse troupe théâtrale et une très fructueuse affaire de prostitution sous les galeries du Palais-Royal, avait pris la jeune fille sous sa protection et l'avait lancée à la fois au théâtre et dans la galanterie. Plus tard, tandis que sa protectrice achetait le théâtre du Beaujolais *, Élisabeth entrait à la Comédie-Française, dans la belle salle toute neuve que l'architecte Louis venait de terminer. Elle s'y tailla immédiatement une place de premier plan, grâce à sa beauté et à son intelligence, et devint rapidement la coqueluche des puissants du régime. Tandis que la tête du malheureux Louis XVI tombait sur la place de la Révolution et donnait ainsi le signal de la Terreur, Élisabeth Lange menait la plus joyeuse vie qui fût. Cela dura jusqu'au jour funeste où elle créa le principal rôle de *Pamela, ou la vertu récompensée*. La pièce lui valut un grand succès – plus le titre d'arbitre de la mode, car on s'arracha les tuniques « à la Pamela » –, mais eut le malheur de choquer les convictions d'un ardent patriote normand alors en mission à Paris.

---

* Actuel théâtre du Palais-Royal.

Ledit Normand alla, tout courant, se plaindre au Comité de Salut public. Le résultat en fut que l'austère Robespierre, qui n'était guère sensible aux beautés de l'art dramatique, prit sa plume et, en quelques mots, envoya toute la Comédie-Française réfléchir en prison. Melle Lange se réveilla un matin à Sainte-Pélagie en compagnie de Mlle Raucourt, des deux Contat et de la chère Montansier par-dessus le marché.

Mais ses amis veillaient. Il n'était pas question d'envoyer au bourreau une tête aussi charmante. La belle Lange fut d'abord conduite à la fameuse et combien ruineuse pension Belhomme, rue de Charonne, où elle demeura jusqu'à l'arrestation du trop célèbre médecin. Élisabeth dut changer de prison et se retrouva sur les listes du Tribunal révolutionnaire. De nouveau, l'ombre tragique de la guillotine vint barrer son horizon. Mais Barras veillait. Barras invisible et présent, touche-à-tout et tripoteur de génie, qui savait si bien se ménager des intelligences. Le jour même où Lange et la Montansier devaient être transférées à la Conciergerie, alors antichambre de la mort, elles furent tout simplement relâchées et se retrouvèrent dehors, éberluées de leur chance et n'osant y croire.

Avec un tel protecteur, la vie reprit à grandes guides, d'autant plus que le 9 thermidor avait mis fin à la Terreur et qu'à travers Paris s'éveillait une intense soif de plaisirs. Une aussi jolie femme que la comédienne ne pouvait qu'en devenir l'une des Reines. Engagée au théâtre Feydeau, Élisabeth en fit les délices et ne compta plus ses admirateurs. L'un des plus riches d'entre eux, Hopé, mandataire d'une banque allemande, lui offrit un petit hôtel sis au coin de la rue Neuve-Saint-Georges et de la rue Chantereine, non loin de la maison occupée par la belle vicomtesse de Beauharnais, autre maîtresse de Barras. Hopé, de surcroît, combla son amie de présents et lui offrit même une petite fille, qui fut nommée Palmyre et que l'on se hâta de mettre en nourrice.

Mais, ayant donné de tels gages, Hopé pensait pouvoir se montrer exclusif. Il prétendait même contraindre Élisabeth à quitter le théâtre pour se consacrer à lui seul. C'était bien mal la connaître. Elle quitta non pas le théâtre, mais Hopé, pour voler aussitôt vers de nouvelles conquêtes dont la dernière, le faux Beauregard, n'était pas la moins importante, tout au moins sur le plan financier.

Mais, il faut bien avouer, c'était un bien étrange attelage que Lange et Beauregard allaient former et offrir aux yeux surpris des Parisiens. Si vénale que fût l'actrice, elle n'en était pas moins une femme cultivée, fine, élégante. Quant à Lieuthraud-Beauregard, c'était à proprement parler un homme « impossible », malgré ses millions. On n'apprenait guère les belles manières dans l'échoppe d'un perruquier provincial, et l'homme n'était pas assez fin pour se corriger lui-même. Malgré son argent et son titre ronflant, il ne faisait guère illusion. Il s'en était d'ailleurs aperçu à ses dépens quand, avec un formidable aplomb, il avait prétendu à la main d'une fille de noble maison, Mlle de Montholon. La mère de la demoiselle, quoique peu fortunée, avait refusé poliment mais fermement un gendre aussi doré sur tranche, mais trop mal dégrossi.

Élisabeth Lange s'en aperçut vite et parfois, dans les jours qui suivirent, elle pensa qu'après tout, dix mille livres par jour, ce n'était pas trop cher payé pour imposer sa présence et sa vulgarité à une femme aussi brillante qu'elle. Mais par ailleurs, Beauregard-Lieuthraud avait une qualité à laquelle la coquette et vaniteuse comédienne ne pouvait qu'être sensible : il avait le goût et le sens du faste, ainsi qu'en avait témoigné le don des chevaux du comte de Poix.

Pendant l'année qu'elle lui consacra, Mlle Lange put écraser à la fois Paris et ses rivales sous un luxe proprement étourdissant. On citait ses robes, ses bijoux, ses meubles, sa façon de recevoir. Et l'on parla longtemps de la fête que donna le nabab-perruquier pour la pendaison de sa crémaillère à l'hôtel du prince de Salm, fête au cours de laquelle on tira une loterie où il n'y eut que des gagnants et où chaque lot offrait un bijou de prix. Jusqu'à l'aube, dans les jardins du bord de la Seine illuminés par des milliers de lanternes vénitiennes, la plus folle prodigalité coula à plein bord. Et Mlle Lange, enivrée d'orgueil, connut le triomphe.

— Êtes-vous contente ? demanda le financier à sa maîtresse quand le dernier invité eut quitté, tant bien que mal, ce lieu de délices. Cette nuit, vous avez eu tout ce que Paris compte de plus brillant à vos pieds. J'espère que, pour la peine, vous vous déciderez enfin à m'aimer.

— J'aime la vie que vous me faites, mon ami, c'est déjà très joli. N'en demandez pas trop ; vous deviendriez sentimental et rien ne convient moins à un manieur d'argent que le sentiment. Contentez-vous d'être riche. Qu'avez-vous besoin d'amour ? Est-ce que j'en demande, moi ? Seulement je sais faire la part des choses et je sais aussi qu'on ne peut tout avoir. Or, je vous ai accepté…

Cette déclaration à double tranchant fit bien un peu faire la grimace à Beauregard, mais il réfléchit qu'après tout, l'amour, en effet, importait peu. Ce qui comptait, c'était que la plus jolie femme de Paris lui appartînt et que Paris le sût. Cet homme-là n'aimait pas les amours discrètes.

Malgré tout, Mlle Lange ne tint pas plus d'un an. Ce temps révolu, elle résilia le contrat si fastueux qu'elle avait souscrit d'enthousiasme et retourna au théâtre qu'elle avait forcément quelque peu délaissé. Elle en avait assez de son financier, de sa vulgarité et de son physique grossier. Elle avait envie de retrouver les bravos de la foule, la griserie des planches… et aussi les bras d'amants plus jeunes et plus agréables.

En abandonnant le nabab de l'hôtel de Salm, elle faisait d'ailleurs curieusement preuve d'un grand à-propos et d'un flair étonnant (à moins que le toujours cher Barras et ses infaillibles informations n'y fussent pour quelque chose !). Toujours est-il que les jours fastes du pseudo-Beauregard étaient comptés. Le général Bonaparte, croulant sous les lauriers qu'il avait moissonnés à pleines brassées en Italie, rentrait à Paris et, toujours trop curieux à son ordinaire, il allait s'occuper de près des affaires trop fructueuses des coquins, affaires dont son armée avait fait le plus gros des frais. Arrêté en juin 1798, Lieuthraud-Beauregard fut envoyé au bagne pour quatre ans et l'on n'en entendit plus parler.

Lange, qui avait si bien su tirer à temps son épingle du jeu, n'en éprouva pas le moindre chagrin. D'autres amours l'attendaient et elle aimait trop la vie pour s'encombrer de regrets, surtout si mal placés.

Le bal de l'Opéra, qui avait lieu beaucoup plus souvent qu'une fois l'an, avait ses habitués fanatiques. On s'y amusait ferme d'ailleurs, mais, ce soir-là, le bal comptait plusieurs spectateurs occasionnels.

L'un d'eux se nommait Michel Simons. C'était un jeune Bruxellois riche et de bonne famille, mais qui avait eu des malheurs : un mariage désastreux qui venait de se terminer par un divorce, malgré la présence d'une petite fille.

C'était, en principe, pour oublier ses chagrins qu'il était venu à Paris, dans l'espoir d'y trouver un peu de distractions. Mais comme chez lui le sens des affaires demeurait toujours présent, il souhaitait aussi s'occuper d'importantes commandes de fournitures aux armées dans le domaine de la bourrellerie et de la carrosserie. De ce côté, les choses allaient bien. Pourtant, Michel n'en était pas moins mélancolique, ce soir-là, en regardant d'un œil tout à fait désabusé les évolutions des danseurs au bal de l'Opéra où un ami l'avait traîné.

Il y avait beaucoup de monde et tout le monde s'amusait, mais le jeune Bruxellois se sentait étranger, hors de son cadre, et il regrettait presque d'être venu. Il le regrettait même tellement qu'il allait s'en aller quand son ami le rejoignit et se mit en devoir de secouer une tristesse qu'il jugeait inopportune et hors de propos.

— Il y a ici les plus belles femmes de Paris, lui dit-il, et je vous assure qu'elles ne sont guère farouches. Vous n'avez qu'à choisir ! Tenez, regardez, voici la belle Mme Tallien, celle que l'on a surnommée Notre-Dame de Thermidor ! N'est-elle pas tout à fait désirable ?

Une magnifique créature s'avançait, en effet, couronnée de plumes d'autruches et portant un rutilant... et très révélateur costume de sultane, en l'honneur de l'ambassadeur turc, qui était l'autre spectateur inhabituel du bal. Mais Simons secoua la tête.

— Elle ne me plaît pas. Il y a trop d'arrogance en elle, trop d'assurance. Cette femme ne doit pas savoir aimer.

— Alors, regardez encore : voici la merveille des merveilles !

Cette fois, dire que le jeune Belge regarda n'est qu'un euphémisme. Il dévora littéralement du regard celle qui venait d'entrer et qui n'était autre qu'Élisabeth Lange. Il est vrai qu'elle était, cette nuit-là, d'une bouleversante beauté.

Dédaignant le travesti porté par toutes les autres femmes, elle portait une simple robe de mousseline blanche, mais tellement transparente qu'elle ne cachait pratiquement rien de ses charmes. Il est vrai que la simplicité de la robe était relevée par une véritable cascade de diamants, vestiges de Beauregard, qui firent grincer les dents de Mme Tallien. Gracieuse, sûre d'elle, Mlle Lange avançait dans la salle illuminée, suivie du regard par tous les hommes et mentalement fusillée par toutes les femmes.

L'ambassadeur turc, Effendi Pacha, grand amateur, n'était pas le moins admiratif. Agrippant par sa manche Barras qui se trouvait auprès de lui, il demanda :

— Qui est-ce ?

— Qui donc? Oh!... elle? répondit distraitement le Roi de Paris. C'est Lange!

— Comme il est beau! s'exclama le Turc, rendant ainsi ce qu'il devait à la beauté comme à la grammaire.

Mais, sans perdre une minute, il se lança dans la direction de la séduisante apparition et force fut à Barras de le suivre.

Michel Simons, qui s'apprêtait lui aussi à offrir ses hommages à la femme qui le fascinait, s'immobilisa en voyant Effendi Pacha aborder Mlle Lange. Le soupir qu'il poussa avait de quoi ébranler les murs.

— Trop tard! fit-il avec un vrai désespoir. Ce Turc est arrivé avant moi. Pourtant, je voudrais tant la connaître, lui parler! Elle est si belle!... Tenez! ajouta-t-il en saisissant de nouveau le bras de son ami. Regardez, elle lui sourit, elle s'incline... elle accepte son bras... elle le suit! Elle ne va tout de même pas partir avec lui?... Oh! Non. Elle ne va pas s'en aller?...

L'ami obligeant haussa les épaules et sourit.

— Allons, Simons, ne vous mettez pas dans cet état. Mlle Lange est belle, en effet, mais c'est une étoile filante. Ce soir, le Turc a sa faveur. Le charme de l'exotisme, peut-être, ou la simple curiosité féminine. Quant à vous, sachez que ce qui ne se fait pas le soir peut se faire le lendemain. J'admets bien volontiers que la route vous est coupée pour le moment, mais vous avez toute la vie devant vous... et si vous êtes bien sage, demain je vous présenterai.

— Vous feriez cela? Vous la connaissez donc?

— Je connais tout le monde. Mais sachez au moins que si vous souhaitez conquérir la belle Lange, il vous faudra y mettre le prix.

— Avec des yeux comme les siens, on ne peut pas être vénale! protesta le jeune homme avec fougue.

— C'est tout juste ce qu'ont dit, avant de la connaître, tous ceux qu'elle a ruinés! Êtes-vous prêt à en courir le risque?

— Je suis prêt ! Je suis riche et ma fortune est à elle si elle le veut...

L'ami se contenta de soupirer sans répondre. Il commençait à éprouver des regrets d'avoir montré à ce garçon jeune et sympathique la redoutable chasseresse. Mais il n'y avait plus à reculer, maintenant. Michel Simons ne l'aurait pas permis. Et, après tout, il était charmant, lui aussi ! Ce serait drôle si Lange se mettait à l'aimer pour lui-même...

Le rire de l'empereur

Quand, le lendemain du bal à l'Opéra, Michel Simons, pâle d'émotion, pénétra, remorqué par son obligeant ami, dans le salon de celle qui l'avait empêché de dormir le reste de la nuit, il avait oublié tout ce qu'on lui avait dit sur la vénalité de la belle Lange, les mises en garde discrètes de son ami et jusqu'à l'incident, cependant révélateur, d'Effendi Pacha, l'ambassadeur turc. Il souhaitait, dans sa modestie pleine de naïveté, adorer seulement la déesse qu'il s'était donnée en un seul regard, se faire tout petit auprès d'elle, heureux seulement de profiter du rayonnement de tant de beauté.

Mais les cœurs sincères possèdent des armes qu'ils ne soupçonnent même pas et semblent posséder une sorte de génie du miracle : la belle Lange, la femme pour qui se ruinaient tant d'hommes, la courtisane sans scrupules, celle dont le cœur n'avait jamais battu que pour elle-même, tomba amoureuse au premier regard de ce Bruxellois timide dont les yeux bleus la regardaient avec tant d'adoration. Il tremblait même si visiblement en baisant le bout de ses doigts qu'elle ne put s'empêcher de lui dire :

— Est-ce que je vous fais si peur, monsieur ? En vérité, vous ne me semblez cependant pas de taille a avoir peur de quoi que ce soit, ni de qui que ce soit ?

— Je ne crois pas, en effet, avoir jamais eu peur de quelque chose ou de quelqu'un, mademoiselle. Mais devant vous... comment pourrais-je me défendre s'il vous plaisait de me faire souffrir ?

— Vous faire souffrir ? Quelle idée !

— Ce ne serait pas votre faute et vous n'en seriez même pas consciente, mais vous êtes trop belle pour ne pas être dangereuse !

— Eh bien, disons que je ferai de mon mieux pour limiter autant que je pourrai le danger que je représente selon vous.

Et, prenant son bras, elle l'entraîna à travers la vaste pièce pour le présenter à ses invités. À la fin de la soirée, elle l'invita à revenir.

Michel Simons revint, bien sûr, chez Lange. Et de plus en plus souvent. Il attendait la jeune femme dans sa loge durant la représentation, l'emmenait, après le théâtre, souper au Rocher de Cancale, chez Véry ou aux Trois Frères provençaux. Il portait son châle ou son bouquet, la couvrait de fleurs et de billets tendres, faisait ses courses, en résumé se comportait en parfait chevalier servant.

Paris sourit d'abord de cette idylle presque ingénue, mais peu à peu s'intrigua. On ne parvenait pas à croire que le jeune Belge pût être l'amant de la vénale comédienne et demeurer aussi naïvement épris, aussi adorant. On en vint à se dire que, peut-être, il n'était pas encore son amant. Et, en fait, il ne l'était pas, parce qu'il n'osait demander à son idole ce qu'elle était cependant toute prête à lui accorder. Et ce n'était pas le moindre des embarras de l'impétueuse Élisabeth, amoureuse comme une grisette pour la première fois de sa vie. Elle qui, jusque-là, avait administré son corps comme un fonds de commerce, éprouvait maintenant, en face de cet homme réellement épris, des pudeurs de jeune fille. Elle réalisait toute l'horreur de sa conduite passée. De plus, elle ne savait comment lui faire comprendre à quel point elle l'aimait et aussi qu'elle souhaitait lui appartenir tout entière.

C'était de cet irritant sujet qu'un matin de janvier 1797, elle discutait avec Jeannette, sa fidèle servante. Jeannette était connue de tout Paris comme le cerbère qui gardait jalousement la porte de Lange. Un cerbère que l'on ne pouvait attendrir qu'avec des gâteaux d'or, plus exigeant en cela que son confrère antique qui se contentait de miel. On disait de Jeannette qu'elle « ne demandait pas la vie, mais la bourse », et elle passait pour trier sévèrement, sur le volet des finances, les candidats à l'alcôve de sa maîtresse. Mais une chose était certaine : Jeannette aimait Élisabeth comme sa propre fille. Aussi ne comprenait-elle plus rien à l'étrange langage qu'elle lui tenait.

— Il m'a demandé de l'épouser, Jeannette, comprends-tu cela? disait la comédienne. Il veut m'épouser, moi!

Jeannette haussa les épaules et bougonna.

— C'est une idée stupide. Il est jeune, beau garçon, j'en conviens, et riche aussi, je l'avoue. Mais je ne vois pas du tout pourquoi vous l'épouseriez. C'est grave, le mariage, et cela peut vous valoir des tas d'ennuis. Demandez plutôt à la citoyenne Bonaparte...

— Ce ne sont pas des raisons. Je ne vois pas du tout pourquoi je ne l'épouserais pas, après tout. J'ai déjà 25 ans, tu sais, et je ne durerai plus longtemps au théâtre. Alors pourquoi ne pas faire une fin?

— Au théâtre? Mais vous en avez encore pour dix ans au moins. Est-ce que vous croyez qu'il aimerait épouser une comédienne?

— Sûrement pas. Il dit qu'il est assez riche pour nous deux. Aussi ai-je l'intention d'abandonner. Je l'aime, Jeannette, ajouta-t-elle avec une gravité toute nouvelle chez elle. Et si je deviens sa femme, je te jure que je deviendrai irréprochable. Une femme qui ne commettra plus le moindre faux pas !

— Miséricorde ! s'écria Jeannette en levant les bras au ciel. Mais on vous a changée ! Ne savez-vous pas qu'il ne faut jamais dire « fontaine, je ne boirai pas de ton eau » ?

Élisabeth sourit à l'image charmante que lui renvoyait la grande psyché d'acajou et de bronze doré.

— Je le sais, mais je suis toute prête à le dire. Je l'aime, Jeannette, tout est là ! Pour lui, pour son amour, je pourrais faire tous les sacrifices.

— Eh bien, que le Ciel nous vienne en aide, alors !

Avec une intuition bien féminine de ce qui pouvait toucher le plus sûrement le cœur de son ami, Élisabeth commença par lui offrir de faire venir à Paris sa fille, la petite Élise, et de s'en occuper elle-même. Elle avait touché juste : Michel en pâlit de joie.

— Vous feriez cela ? Vous accepteriez de vous occuper de mon enfant ?

— Pourquoi pas ? L'air de Paris lui ferait du bien, puisque vous la dites délicate. Et puis j'aime les enfants, et c'est à moi que vous ferez plaisir, mon ami, en me l'amenant.

— Élisabeth ! Oh ! Élisabeth, je crois que mon amour pour vous ne cessera jamais de grandir. Qu'ai-je fait pour vous mériter ?

Confuse et embarrassée de cette gratitude, elle détourna la tête et parla d'autre chose. Mais, à peine dehors, Simons courut acheter pour sa belle amie et pour Élise le petit mais charmant château de Montalais, sur les hauteurs de Meudon.

Pourtant, alors que les deux amoureux bâtissaient de doux projets et faisaient, avec la petite Élise, des essais de vie familiale, un gros nuage, en forme de vieux Bruxellois à principes, se formait dans le bleu de leur horizon. Le père Simons, bourrelier de son état et d'un sérieux désespérant, n'entendait pas voir son fils épouser une comédienne, ni ses beaux écus passer aux mains d'une gourgandine. Il était d'autant plus furieux contre son fils que la sœur du jeune homme, la douce Caroline, si timide et si bien élevée, venait de s'enfuir du toit paternel pour rejoindre un bel officier de l'armée de Sambre-et-Meuse sans sou ni maille ! Ce sont de ces choses qu'un honnête père de famille ne supporte pas facilement et celui-ci outragé décréta que Michel, tout au moins, resterait dans la légalité familiale. Il mâchonna sa moustache, prit du souffle, fit son sac et grimpa en voiture à destination de Paris, bien décidé à jouer, bien avant la lettre, la grande scène de *La Dame aux camélias* à cette « théâtreuse ».

Mais la vie réserve parfois quelques surprises, même aux pères Duval qui s'ignorent et notre Bruxellois allait en faire l'expérience.

Mlle Lange était nerveuse. Monsieur Simons Père avait fait annoncer sa visite pour quatre heures, il en était trois et demie et, incapable de maîtriser son agitation, la jeune femme arpentait de long en large la terrasse de Montalais. Le moins que l'on puisse dire est qu'elle appréhendait ce qui allait suivre.

Julie Candeille, sa meilleure et peut-être sa seule amie, la regardait aller et venir dans l'envol de sa robe, très convenable cette fois, de mousseline des Indes brodée de flèches et paraissant s'en amuser.

— Tu as tort de t'énerver ainsi, Lisa ! Je me tue à te répéter que tout ira bien.

— Je me demande comment tu peux en être certaine. De même que je ne parviens pas à comprendre pourquoi tu as tant insisté pour assister à cette entrevue désagréable… encore que ta présence me réconforte en quelque sorte.

La belle Candeille, l'une des plus célèbres gloires du théâtre elle aussi, sourit de toutes ses jolies dents blanches et secoua son opulente chevelure dorée.

— Pourquoi tiens-tu tellement à ce que ce soit désagréable ? Moi je jurerais que ce sera tout à fait charmant !

— Charmant quand ce vieil ours vient me réclamer son fils avec menaces à l'appui ? Tu en as de bonnes !

— Mais non, j'ai raison ! D'ailleurs, ne sais-tu pas que j'ai été, jadis, la déesse Raison en personne ? Tu devrais me croire, tout ira pour le mieux !

— Espérons-le !

Et la jeune femme alla se jeter sur une chaise longue, dont elle se releva aussitôt, le feu aux joues : un valet annonçait la visite tant redoutée.

Jean Simons entra avec la mine d'un homme décidé à en finir vite. Ce n'était pas tout à fait le vieillard qu'Élisabeth avait craint, mais un homme grand et fort, entre 50 et 60 ans, avec un visage normalement ouvert et plutôt sympathique. Visiblement, il n'avait pas tout à fait l'habitude de l'expression sinistre qu'il avait revêtue.

— Mademoiselle, dit-il en saluant fort sèchement. Je vous prie d'excuser mon intrusion, mais...

— Permettez d'abord que je vous présente à ma meilleure amie, coupa Mlle Lange d'une voix plus tremblante qu'elle n'aurait voulu. Mlle Julie Candeille, de la Comédie-Française.

Simons, qui n'avait pas remarqué la jeune femme dissimulée par un gigantesque rosier dans un pot de faïence bleue, ouvrit de grands yeux, poussa une exclamation de surprise, puis, abandonnant tout d'un coup son masque de père noble, fonça avec un large sourire sur la jeune comédienne dont il baisa la main avec un enthousiasme qui laissa Élisabeth suffoquée.

— Vous ? s'écria-t-il. Mais quel plaisir inattendu de vous retrouver ici !

— Vous ne m'avez donc pas tout à fait oubliée? minauda Julie.

— Vous oublier? Mais oublie-t-on une étoile lorsqu'on l'a vue de près une seule fois? Notre soirée de Bruxelles est mon plus beau souvenir. Ah ! Mademoiselle Candeille, je ne vous cache pas que je pensais à vous, en roulant vers Paris, mais je ne pensais pas avoir la joie de vous rencontrer si vite !

— Voyons, nous autres comédiennes nous connaissons toutes, fit Julie en clignant imperceptiblement de l'œil en direction de son amie qui, bouche bée, regardait cette scène fabuleuse et tellement inattendue. Je t'avais déjà parlé, Élisabeth, de cette représentation du *Mercure galant* à la Monnaie et de la charmante soirée que j'avais passée ensuite avec M. Simons... Un compatriote, d'ailleurs, puisque je suis moi-même flamande.

— C'est possible, balbutia Lange à qui Julie n'avait rien raconté du tout. J'ai dû oublier.

Mais Simons, lui, n'oubliait pas son hôtesse. Il revint à elle, un grand sourire étale sur son honnête visage de bon vivant.

— Que j'aie d'excuses à vous offrir, mademoiselle, pour avoir ainsi envahi votre demeure, et que de reconnaissance pour la joie que vous me donnez.

Il semblait tout à fait sincère et Élisabeth se demandait si elle ne rêvait pas. Tout de même, étant honnête, elle voulut remettre les choses à leur point de départ. Elle toussota pour affermir sa voix et murmura :

— Vous désiriez, je crois, monsieur, me parler de choses graves?

Mais le temps des orages était passé. Jean Simons, couvant toujours d'un œil ravi Julie Candeille qui lui souriait, adressa à la jeune femme plus morte que vive son plus paternel sourire.

— Je voulais seulement voir, fit-il aimablement, si mon fils vous avait bien dépeinte et si, réellement, vous étiez aussi belle qu'il le proclamait.

— Eh bien?

— Eh bien, je le gronderai pour être resté si fort au-dessous de la vérité. Vous êtes charmante, ma chère enfant, et je lui ferai mon compliment.

Et comme la « chère enfant » se remettait mal, Simons ajouta.

— Vous voilà toute troublée. Il ne faut pas! Pour vous remettre, nous allons dîner tous ensemble, ce soir, chez Véry. Nous discuterons de nos affaires autour d'une table bien garnie. Qu'en dites-vous?

Ce qu'en disait la pauvre Élisabeth? Rien, à vrai dire. Elle était tellement abasourdie qu'elle avait toutes les peines du monde à récupérer son équilibre. Julie la regardait et retenait de son mieux son envie de rire.

— En attendant, dit-elle doucement, tu devrais nous offrir des rafraîchissements. On meurt de chaleur...

Élisabeth rentra dans la maison pour donner des ordres et Simons en profita pour venir s'installer auprès de la belle Candeille :

— Parlons de vous, maintenant, ma toute belle...

Il faut lui reconnaître cette qualité, Jean Simons était l'homme des décisions rapides. Il commença par accorder son consentement au mariage de son fils avec Élisabeth Lange, mais s'arrangea tout de même pour le gagner de vitesse sur le plan du bonheur conjugal. Au mois d'août 1797, c'est-à-dire un mois après sa visite à Montalais, il épousait Julie Candeille. Michel et Élisabeth ne se marièrent qu'en décembre de la même année.

Le jeune ménage mit en location le petit hôtel de la rue Chantereine, témoin des jours agités de la jeune femme, et s'installa, avec la petite Élise qui adorait sa nouvelle mère, dans un magnifique hôtel, situé d'ailleurs dans la même rue, mais un peu plus loin, au numéro 44. C'était une somptueuse demeure, construite vingt ans plus tôt par l'architecte Brongniart pour la danseuse Dervieux, de l'Opéra, et Michel n'épargna rien pour en faire un cadre digne de la beauté de sa femme.

Sa fortune, d'ailleurs, allait croissant. Les relations qu'Élisabeth entretenait avec des hommes aussi influents que Talleyrand lui avaient été fort utiles et il avait conclu, avec l'ancien évêque d'Autun, quelques opérations extrêmement fructueuses pour l'un comme pour l'autre, sinon tout à fait irréprochables. L'or coulait à flot à travers les jolis doigts de Mme Simons.

Mais les temps changeaient. Bonaparte, au plus haut de sa gloire, commençait à faire résonner de son poing nerveux les tables gouvernementales. Le 18 brumaire passé, il marcha à grands pas vers le consulat à vie, qui lui fut offert le 2 août 1802.

Devenu le seul maître, il entreprit de faire sentir le poids de son autorité et mit le nez dans des affaires où le moins qu'on puisse en dire est que sa présence n'y était aucunement souhaitée. Michel Simons eut peur. Certains bruits alarmants étaient venus jusqu'à lui et, comme il avait entendu dire que Louis Bonaparte, frère du général, enviait beaucoup son magnifique hôtel particulier, il lui fit savoir qu'il était prêt à le lui céder au prix coûtant. Il espérait, par cette coûteuse amabilité, désarmer la colère du Premier Consul.

Et, de fait, Bonaparte, touché de ce geste du financier belge qu'il mit sur le compte du dévouement à sa cause, revint quelque peu sur ses préventions et lui accorda momentanément le bénéfice du doute, quitte à le tenir à l'œil pour les jours à venir.

Pendant ce temps, l'ex-Mlle Lange, qui adorait son mari, se montrait la meilleure et la plus sage des épouses. Elle entendait lui demeurer exclusivement fidèle et le montra clairement au peintre Girodet qui s'était permis de concevoir des espérances fondées sur son ancienne réputation.

Michel Simons lui ayant commandé le portrait de sa femme, Girodet était tombé amoureux de son modèle dès la première séance de pose. C'était un garçon orgueilleux, d'un naturel ardent et peu patient et qui, surtout, détestait les obstacles qui osaient s'élever devant lui. Or, la réputation d'honnêteté parfaite de Mme Simons était de trop fraîche date pour faire totalement oublier les frasques de Mlle Lange et Girodet, sur le rapport de quelques bonnes langues, crut triompher aisément d'une forteresse qui n'était sans doute imprenable qu'en apparence.

Il fut donc passablement étonné, le jour où, abandonnant ses pinceaux, il s'était lancé dans une déclaration d'amour enflammée, d'entendre la belle voix de l'ancienne actrice lui signifier gentiment mais fermement d'avoir à garder pour lui des sentiments qu'elle jugeait incongrus, sinon offensants, et cela sous peine de voir interrompre *sine die* les séances de pose. Étonné, mortifié même… mais pas convaincu le moins du monde.

Il revint donc à la charge, une fois, deux fois, et, à la troisième tentative, comme il prétendait appuyer son argumentation d'une attaque directe, il reçut la plus magistrale paire de gifles qu'eût jamais administrée une main fragile de femme.

— Je suis là pour mon portrait, monsieur ! lui déclara Élisabeth indignée. Et, au cas où vous ne vous en seriez pas encore aperçu, je n'aime que mon mari !

— Vous me paierez cette gifle, gronda le peintre furieux. Pour qui donc vous prenez-vous pour arborer une telle vertu ? Croyez-vous que Lange soit déjà oubliée ?

— Il n'y a plus de Lange, entendez-vous ? Mais Mme Simons et je vous prie de le retenir. À moins que vous ne préfériez que je prie mon mari de vous le confirmer. Il tire aussi remarquablement à l'épée qu'au pistolet !

Rageur mais prudent, Girodet n'insista pas. Cependant, la colère qu'il éprouvait était trop grande pour se calmer facilement. Et, le jour de l'ouverture du Salon où le portrait venait d'être exposé, il n'y tint plus. Donnant libre cours à sa fureur, il fonça sur la toile, arracha le tableau de la cimaise et le lacéra furieusement à coups de couteau. Après quoi, il jeta les débris à terre, les piétina et s'enfuit en courant, au milieu de la stupéfaction générale.

La vérité, cependant, oblige à ajouter que la fureur du peintre avait été aggravée par le fait que les Simons, à qui dans sa rancœur il avait demandé un prix vraiment excessif, avaient purement et simplement refusé le portrait. De là, très certainement, le plus fort de l'éclat du salon.

Mais la rage du bouillant Girodet n'était pas encore apaisée pour autant. Il voulait se venger d'une façon encore plus éclatante. Travaillant jour et nuit, il parvint à accrocher avant la fin du Salon, et à la place du tableau détruit, une nouvelle toile, nettement insultante cette fois. Il avait représenté Élisabeth en Danaé, étendue, complètement nue, sur une couche couverte de pièces d'or, avec auprès d'elle un dindon grotesque dont la patte portait ostensiblement l'anneau conjugal. Naturellement, ce fut un beau scandale.

Girodet y perdit une partie de sa réputation et s'attira la réprobation et la méfiance des femmes. On jugea son procédé d'autant plus indélicat que Bonaparte, alerté par le miniaturiste Isabey, ami de Mme Simons, et par Joséphine, qui avait elle aussi quelque amitié pour la jeune femme, fit savoir hautement sa réprobation d'un geste aussi inélégant. Il exigea que la toile scandaleuse fût immédiatement retirée.

Grâce à son invervention, Élisabeth ne souffrit pas trop de l'aventure. Elle en sortit même grandie et, en quelque sorte, anoblie par l'opprobre qu'un homme éconduit avait voulu lui jeter. Vis-à-vis des siens comme vis-à-vis d'elle-même, c'était une victoire et elle comprit qu'elle pouvait, désormais, retrouver sa propre estime. Mlle Lange était bien morte.

Elle crut trouver le couronnement, la consécration en quelque sorte, de son nouvel état de femme respectable au soir du 22 avril 1806.

Bonaparte avait fait place à Napoléon Ier et la France avait un empereur, dont les fournisseurs aux Armées ainsi que les financiers tels que Michel avaient déjà appris à connaître la volonté implacable. Le Blocus continental en avait déjà ruiné quelques-uns et Simons lui-même avait subi des pertes sévères. L'Empereur s'était juré de mettre à genoux ceux qu'il appelait avec mépris les « trafiquants ». Il faisait même d'affreuses scènes à l'Impératrice quand, par hasard, elle rencontrait l'un d'eux, car elle n'avait eu, jadis, que trop de rapports avec les fournisseurs aux Armées.

Avec tout cela, la situation des Simons devenait difficile et il fallait tenter quelque chose pour la relever. L'impératrice Joséphine qui, sous une tête folle, cachait le meilleur des cœurs s'émut des ennuis de son ancienne voisine, avec laquelle d'ailleurs elle avait toujours entretenu les meilleures relations, et crut bien faire en l'invitant à un bal aux Tuileries. Connaissant le goût prononcé de son époux pour les jolis visages, elle pensait que celui-là trouverait peut-être grâce à ses yeux.

Élisabeth se prépara pour ce bal comme pour une bataille décisive. Non qu'elle souhaitât obtenir quelque chose de plus que de la sympathie de la part de l'Empereur, mais elle voulait être en possession de toutes ses armes et, malgré tout, son instinct féminin la poussait peut-être, sans qu'elle en eût vraiment conscience, à tenter cette difficile conquête. La robe rose (Napoléon avait un faible pour les robes roses) qu'elle portait ce soir-là était un poème d'élégance fraîchement sorti des ateliers du célèbre couturier Leroy. Elle avait mis tous ses diamants et en vérité, ainsi parée, elle était fort belle.

Hélas ! Quand Napoléon fit le tour des salons, comme il avait coutume de le faire, il repéra bien vite cette femme ravissante qui s'inclinait devant lui avec tant de grâce. S'arrêtant devant elle, il demanda d'un ton sec :

— Qui êtes-vous, madame ? Je ne vous connais pas !

Les joues soudain brûlantes sous le feu du regard impérial qui la détaillait sans discrétion, Élisabeth plongea dans une nouvelle révérence.

— Mme Simons, sire !

— Ah ! oui, je sais...

Un instant encore, qui parut un siècle à la pauvre Élisabeth consciente de l'énorme silence qui les entourait, il l'examina et l'on put croire, à la flamme de son regard, qu'une nouvelle favorite allait naître. Mais, brusquement, l'Empereur éclata de rire, tourna les talons et sans ajouter un seul mot, s'éloigna, riant toujours...

Jamais, tant que dura sa vie, Élisabeth Simons ne devait oublier ce rire qui avait sonné le glas de ses espérances. Elle s'était relevée sans trop savoir comment et, malade de honte, s'était hâtée de se perdre dans la foule des invités. Si elle avait été plus au fait de la vie de Cour, elle se fût peut-être consolée aisément. Napoléon était célèbre pour la brusquerie avec laquelle il s'adressait aux femmes, allant jusqu'à leur dire froidement les choses les plus désobligeantes, sans que cela tirât tellement à conséquences. Mais c'était la première fois qu'elle venait à la Cour.

La malheureuse pleura toute la nuit et Michel, impuissant devant cette douleur, tenta vainement de la consoler.

— Après tout, il n'a fait que rire, plaida-t-il. C'était grossier, mais pas autrement inquiétant. Nombre de dames ont entendu de lui des choses terriblement dures et cela ne l'a pas empêché de leur sourire peu de temps après.

— Non, Michel, non, c'est fini ! Ce rire, c'était notre perte qu'il annonçait. L'Empereur nous déteste et j'ai été folle de croire qu'il me serait possible d'en faire notre ami. Il ne souhaite que nous abattre !

L'avenir immédiat allait lui donner raison. Trois mois plus tard, Napoléon faisait réviser les comptes de Simons. L'enquête dura deux ans, deux ans d'inquiétudes et d'angoisses avec des alternatives de désespoir et d'abattement. Deux ans pendant lesquels les anciens amis d'Élisabeth, Talleyrand en tête, firent l'impossible pour fléchir la volonté impériale. Rien n'y fit. En 1808, Michel fut condamné à verser au Trésor un million de francs : c'était la ruine.

Dignement, Élisabeth réalisa tout ce qu'elle possédait. Fort heureusement, le régime de séparation de biens sous lequel elle était mariée, dû à une précaution de Simons père, avait préservé sa fortune personnelle. C'était cela qui allait leur permettre de terminer convenablement leur existence.

Élisabeth suivit son mari à Bruxelles, dans la maison de famille de la rue des Blanchisseries, et y demeura jusqu'en 1818. Après quoi, sa santé étant devenue précaire, elle partit avec Michel pour le lac Léman, sur les bords duquel elle acheta le château de Bossey.

Mais elle dépérissait de plus en plus. Les médecins conseillèrent alors le climat plus chaud de l'Italie. Il était déjà trop tard. Le 2 décembre 1825, celle qui avait été l'une des Reines de Paris s'éteignit doucement, à Florence, dans les bras de son cher Michel, ce bourgeois bruxellois pour lequel elle avait voulu être seulement l'ange du foyer.

12

Louise de Pontbellanger ou le double jeu

La discussion durait depuis des heures. Il faisait une nuit lourde et pesante, une de ces nuits d'été chargées d'orage où l'on cherche en vain le souffle et où l'on espère la tempête qui allégera l'atmosphère. Une nuit, enfin, qui allait bien à cet été de 1792 où un monde basculait vers les ténèbres, sans que l'aube d'un autre se fût encore levée. Mais les deux personnes qui s'affrontaient dans le grand salon du château du Vaudeguip, en Allaire, au pays de Redon, ne paraissaient pas se soucier du temps ni des grondements qui roulaient à l'horizon.

C'étaient deux êtres jeunes, beaux et faits pour le bonheur. Elle, 20 ans à peine, petite brune, ravissante, d'une grâce ensorcelante et d'un charme redoutable. Lui, plus âgé de quelques années, vigoureux et blond comme le sont souvent les Bretons, avec des yeux clairs où, pour le moment, se lisaient le désespoir et l'incompréhension. Il se nommait Antoine, marquis de Pontbellanger. Elle, c'était Louise du Bot du Grego, sa femme. Mais, depuis qu'il lui avait fait part de son intention de quitter le pays pour gagner l'Angleterre afin d'y rejoindre le comte d'Artois et les gentilshommes qui se réunissaient autour de lui pour former un embryon d'armée, Antoine avait l'impression d'avoir en face de lui une étrangère.

— Libre à vous de partir, lui avait-elle déclaré froidement. Mais moi, je reste !

— C'est insensé, Louise, c'est une folie pure. La Révolution gagne la province. Même ici, dans notre Bretagne l'émeute progresse : on brûle les châteaux, on pille, on arrête et on massacre ! Que pouvons-nous faire, sinon tenter de rejoindre nos chefs afin de lutter encore si c'est possible, ou bien rester et se laisser massacrer sur place, comme des moutons !

Le joli visage de Louise se fendit d'un sourire moqueur.

— Auriez-vous peur, mon ami ? Cela ne vous ressemblerait guère !

— Je n'ai pas peur et vous le savez bien. Si je crains quelque chose, c'est uniquement pour vous et pour notre enfant. Se battre, mourir pour une cause, c'est une chose normale pour les hommes de notre condition. Ici, nous sommes enfermés entre les armées de la Révolution et la mer. Si nous voulons combattre encore, il faut partir.

— Eh bien, partez, Antoine. Mais ne comptez pas sur moi pour vous accompagner. Je suis trop bien ici ! ajouta-t-elle en se laissant tomber sur une chaise longue où elle s'étira.

— Je ne peux pas partir sans vous, et surtout, je ne le veux pas !

— Vraiment ? Vous avez bien tort. Une femme telle que moi ne craint rien. Elle trouve toujours un défenseur, quel qu'il soit !

Alarmé par la petite flamme qui dansait dans les grands yeux verts de sa femme, Antoine vint se pencher sur elle et plongea son regard dans le sien.

— Louise, demanda-t-il d'une voix altérée, que veut dire cela ?

— Rien d'autre que ce que je dis : je ne veux pas quitter ma maison. Je ne veux pas que mes biens me soient enlevés, confisqués, ma fortune anéantie. Vous n'en avez pas, vous, mon ami, que vous importe donc ? Mais moi, je ne veux pas être ruinée. La belle vie que vous m'offrez !

Subsister misérablement en Angleterre comme tant d'autres, alors qu'ici…

— Ici vous risquez d'être égorgée, tout simplement…

— Moi? Allons donc! Personne ne m'égorgera et je vous promets que je continuerai à mener la vie qui me conviendra. Partez donc, puisque vous y tenez. D'ailleurs, il est bien vrai que vous pourriez être inquiété. Mais moi? Qui voudrait me faire du mal?…

Personne, il le craignait. Aucun homme en tout cas, et ce n'était pas la première fois que la coquetterie de sa femme l'inquiétait. Depuis deux ans qu'il l'avait épousée, il n'avait pas vu un homme s'approcher de Louise sans éprouver un frémissement désagréable.

Elle avait une telle façon de sourire, de regarder, de jouer de l'éventail ou de la prunelle qu'Antoine avait appris à trembler, sans pour autant oser approfondir ses craintes. À cette heure définitive, il osa tout de même poser la question qui le tourmentait.

— Louise, dit-il, vous ne m'aimez plus, n'est-ce pas?

— Vous aimer? Bien sûr que je vous aime, mon ami. N'êtes-vous pas mon mari? Mais j'aime aussi mes terres, mes châteaux, ma fortune… et ma tranquillité. Partez en paix et battez-vous bien. Je saurai veiller sur moi-même!

Rien – ni prière ni même menaces – n'y fit et Antoine de Pontbellanger, le cœur brisé, quitta le Vaudeguip dans la nuit et gagna Saint-Cast, où la barque d'un pêcheur le fit passer en Angleterre. Il ne devait revoir sa femme qu'une seule fois, et dans des circonstances telles qu'à leur suite, il ne chercherait plus que la mort. Mais n'anticipons pas.

Demeurée seule, Louise entreprit d'organiser sa vie. Le départ d'Antoine la comblait de joie car grâce à ce départ, elle allait pouvoir enfin mener la vie de liberté et de plaisir dont elle avait toujours rêvé. Malheureusement pour le pauvre Pontbellanger, sa femme possédait l'âme d'une aventurière malgré la noblesse du sang qui coulait dans ses veines. Ces temps troublés lui plaisaient par ce qu'ils offraient de dangers et de bouleversements d'une société établie.

Après avoir confié son fils à sa mère afin d'avoir les mains plus libres, Louise ouvrit les portes de sa demeure, y reçut tout ce qui pouvait lui sembler agréable ou utile, donnant des gages aux nouveaux maîtres de l'heure, mais conservant des relations normales, du moins en apparence, avec les familles aristocratiques demeurées au pays. Parmi celles-ci, nul n'eût jamais songé à soupçonner la charmante Mme de Pontbellanger, si gaie, si courageuse, si fière des actions de son époux (Antoine se conduisait en héros et, revenu plusieurs fois en Bretagne, s'y était battu courageusement) de jouer double jeu. Cependant, il en était ainsi et Louise, dont les aventures rapides avec certains chefs de la chouannerie ne se comptaient plus, s'entendait comme personne à se faire également des amis chez les « Bleus », mais plus discrètement bien sûr. Pourtant, elle n'en serait peut-être jamais venue jusqu'à la trahison formelle si le destin n'avait mis en face d'elle un jeune général républicain, en qui elle allait trouver à la fois le protecteur puissant dont elle commençait malgré tout à sentir le besoin, et peut-être le seul amour de sa vie : Lazare Hoche.

Quand il vint en Bretagne, en septembre 1794, pour réorganiser l'armée des côtes de Cherbourg, les affaires de Louise se gâtaient. Elle avait de plus en plus de mal à conserver ses biens : n'étaient-ils pas aussi ceux d'un émigré, d'un homme qui combattait ouvertement au premier rang des troupes royalistes semi-clandestines ? Il fallait que la jeune femme donnât de plus en plus de gages à ceux qui la protégeaient et elle commençait à trouver l'existence bien difficile. L'arrivée de Hoche lui fit l'effet d'un don du ciel.

D'abord, c'était un homme fort séduisant; 26 ans, de l'allure, du charme, un charme auquel peu de femmes demeuraient insensibles. N'avait-il pas eu, récemment, quand il était en prison, une aventure fort plaisante avec l'agréable vicomtesse de Beauharnais? Et combien d'autres déjà s'étaient senties faiblir sous son regard bleu? De plus, il avait l'auréole de la gloire, il était tout-puissant, et la femme qui jouissait de sa protection pouvait se dire à l'abri de tout danger. Louise fit tout au monde pour s'assurer cette protection.

Comme Hoche avait installé son quartier général à Lesneven, elle quitta le Vaudeguip pour l'autre propriété qu'elle possédait non loin de là : le château de Trévarez, près de Châteauneuf-du-Faou. De son côté, le général avait organisé une écurie de chevaux toujours prêts à le conduire chez sa belle amie et, chaque nuit ou presque, il courait la rejoindre, passait avec elle des heures grisantes et revenait à l'aube reprendre son commandement. Tout se passait avec discrétion, Hoche ne tenant pas à ce que cette aventure s'ébruitât trop. En effet, si Louise se laissait emporter par la passion, plus loin peut-être qu'elle n'aurait souhaité aller, Hoche gardait la tête froide. La jeune femme lui plaisait, mais il savait aussi à quel point pouvait être précieuse celle qu'il appelait maintenant « sa petite Louise ». Et il devait, plus tard, écrire à l'un de ses amis une lettre qui ne laisse pas d'être accablante pour elle :

« Grâce à elle, les royalistes n'ont pas fait un mouvement ou noué une intrigue que je n'en aie été instruit sur-le-champ… »

Louise est prête à tout pour garder l'amour de Hoche. Il suffit qu'il parle d'une autre femme, qu'il sourie à une jeune fille, pour qu'elle tremble. Il faut qu'il sache bien qu'elle lui est indispensable et lui, assez cruellement, en abuse.

Mais l'histoire marchait inexorablement. L'événement qui allait peser si lourdement sur Louise approchait. Les émigrés d'Angleterre avaient décidé un vaste débarquement sur les côtes bretonnes afin de reprendre avantage et de balayer la Convention expirante. Une escadre aux ordres du commodore Waren devait débarquer, outre les princes français, une armée forte de plusieurs milliers d'hommes, à laquelle devaient se joindre les Chouans de Georges Cadoudal qui battaient le golfe du Morbihan.

Le 27 juin 1795, la flotte de l'amiral Waren, forte de trois vaisseaux de ligne, deux frégates, quatre vaisseaux de trente-six canons, plus un certain nombre de chaloupes canonnières et une soixantaine de bâtiments de transport, débarquait à Quiberon la première division de l'armée royale, comprenant le Royal-Louis aux ordres du comte d'Hervilly, la Légion de la Marine sous le comte d'Hector, la Légion du Dresnay dirigée par le marquis du même nom, le Loyal-Émigrant et un régiment d'artillerie.

Prévenu, Hoche vint en toute hâte s'installer au hameau de Sainte-Barbe, dont il délogea Cadoudal et s'installa dans une chaumière du hameau de Leinnez d'où il découvrait le fort Penthièvre et la presqu'île de Quiberon. Avec ses troupes, il barrait l'étroite bande de terre où s'entassaient maintenant l'armée royale et les troupes de Cadoudal.

À plusieurs reprises, les royalistes tentèrent des percées, mais en vain ; c'était l'impasse. Georges Cadoudal eut alors une idée : former un corps expéditionnaire que l'on embarquerait et qui, par mer, irait rejoindre l'autre bout du golfe du Morbihan, à la presqu'île de Rhuys où l'on débarquerait. Après quoi, tournant le golfe, les troupes viendraient prendre Hoche à revers.

Naturellement, l'idée fut acceptée et le commandement de la troupe, parmi laquelle se comptaient Cadoudal et ses Chouans, fut confiée à un jeune chef plein de valeur : le marquis de Tinténiac. Dans l'état-major de celui-ci, un homme brûlait de balayer les Bleus qui occupaient sa chère Bretagne : Antoine de Pontbellanger.

Mais, si bien préparée qu'eût été l'expédition, le bruit en transpira : un prisonnier républicain évadé vint prévenir Hoche de ce qui se tramait et le général comprit que le danger était sérieux. Il n'avait que peu de troupes, suffisantes pour barrer le chemin aux royalistes, mais trop faibles pour supporter un double assaut sur l'arrière aussi bien que sur l'avant. Sachant aussi qu'il lui était impossible d'empêcher l'embarquement, il comprit que sa seule chance de s'en sentir était d'arrêter l'avance de Tinténiac pour donner aux renforts qu'il attendait le temps d'arriver. Il lui fallait quelques jours, seulement quelques jours... Alors il pensa à Louise.

— Il faut, lui dit-il, retarder Tinténiac par tous les moyens, sinon je suis perdu... Et tu le seras aussi par la même occasion.

Louise promit que Tinténiac, qui d'ailleurs était son cousin, n'arriverait pas à temps...

Cependant, le corps expéditionnaire s'ébranlait. Le 11 juillet, quatre mille Chouans et cent émigrés aux ordres de Tinténiac débarquaient à la pointe Saint-Jacques près de Suscinio, pendant que trois cents autres, cherchant une diversion hors du golfe et aux ordres de Lantivy-Kerveno et de Jean-Jan, prenaient pied vers Lorient sur la plage de Guidel. Mais seule la plus forte troupe inquiétait vraiment Hoche. Tous ces hommes étaient vêtus d'habits rouges apportés pour faire croire à un débarquement anglais, et portèrent dès lors le nom d'« Armée rouge ». À peine débarqué, Tinténiac voulut prendre la direction de Vannes, qu'il s'agissait de contourner.

Mais à peine eut-il franchi quelques lieues qu'il vit venir à lui un messager : les ordres sont changés ! Le marquis, Cadoudal et leur troupe devront prendre la route du nord afin de gagner le château de Coëtlogon, dans les Côtes d'Armor, où de nouveaux ordres leur seront donnés.

La chose paraît tellement extraordinaire au jeune chef qu'il refuse, appuyé par Cadoudal qui grogne.

— Quel mal pourrions-nous faire à Hoche en allant vers Saint-Brieuc ? Ceux de Quiberon nous attendent. Il doit y avoir une erreur…

Mais le lendemain, à Saint-Jean-Brevelay où l'armée fait étape, nouveau messager. Cette fois, c'est un M. de Margadel, commissionné par l'abbé de Villegommau, qui intervient : les ordres sont de se rendre à Coëtlogon et ils émanent du Comité royaliste de Paris. Et ils sont écrits.

— C'est à n'y rien comprendre, dit Cadoudal. Mais il faut obéir. Nous ne savons peut-être pas tout…

L'on se met donc en marche vers Elven, puis vers Josselin, dont on attaqua sans succès la forteresse, ensuite sur Mohon et, enfin sur le château en question, situé à quatre lieues de Loudéac… le jour même où Hoche, renforcé, écrasait les troupes royalistes sur la plage de Quiberon.

À Coëtlogon, belle demeure entourée d'épaisses forêts une surprise de taille attendait l'Armée rouge. Au lieu des chefs dont ils espéraient prendre les ordres, ils virent accourir vers eux… un petit groupe de femmes charmantes, coquettement parées, qui venaient leur annoncer que la table était mise et le souper servi. Il y avait là les dames de Guerniaac, Mlle de Kercadiou… et Louise, en face de qui Pontbellanger se retrouva avec la stupeur que l'on imagine. Les échos, en effet, étaient venus jusqu'à lui de l'aventure tissée entre sa femme et Hoche et, en la voyant apparaître là, souriante et fraîche dans une robe de mousseline blanche, il eut soudain le pressentiment d'un malheur.

Cadoudal, furieux et flairant le piège, avait refusé d'entrer au château, préférant camper dans le bois avec ses hommes. Bien lui en prit. À peine était-on passé à table que les troupes républicaines investissaient le château. Grâce à Cadoudal qui réagit vite, l'assaut des Bleus fut brisé, refoulé, mais Tinténiac fut frappé à mort.

Quand le calme revint, Louise avait disparu et, chez les Chouans de Cadoudal, la colère grondait. Le chef rebelle savait, lui, à quoi s'en tenir sur les relations de la jeune femme et du général républicain et, quand les émigrés voulurent remettre le commandement à Antoine, tout désigné en tant que lieutenant de Tinténiac, le Chouan s'insurgea.

— C'est ta femme qui nous a trahis, dit-il rudement aux malheureux. Tu ne peux pas nous commander. Mes hommes ne l'accepteraient pas.

Et tandis que Cadoudal retournait vers Quiberon, Pontbellanger, avec quelques amis, partit battre la campagne à la recherche des troupes qui avaient attaqué Coëtlogon et abattu Tinténiac. À Médréac, la mort à son tour le frappa, la mort que, aux dires de ses compagnons, il avait délibérément cherchée, incapable qu'il était de porter plus longtemps le poids de sa honte.

Cependant, Louise était retournée à Trévarez pour y reprendre le cours de ses amours avec Hoche. Mais le général n'avait plus beaucoup de temps à passer auprès d'une femme qui, maintenant, lui causait une certaine répugnance. Le sang qu'elle avait sur les mains l'écartait d'elle, le sang des quelque huit cents malheureux prisonniers de Quiberon que, par ordre de Paris on avait froidement massacrés à Auray*. Et le jour où il quitta la Bretagne pour l'expédition d'Irlande fut pour lui le bienvenu. Il ne reverrait pas Louise du Bot et se tournait de préférence vers l'image saine et fraîche de sa jeune femme laissée au pays.

Le départ de son amant laissa Louise désemparée. Elle ne savait plus que faire. Le sol breton devenait brûlant pour elle car elle sentait, presque palpable autour de sa personne, la haine et le mépris. Elle comprit qu'il lui fallait sans tarder trouver un autre protecteur si elle voulait au moins survivre.

* Leurs ossements reposent dans la chartreuse d'Auray.

Un jour de 1797, plus ravissante que jamais, elle se rendit à Quimper, à l'état-major, sous le prétexte d'y obtenir des nouvelles de Hoche, alors parti pour l'armée de Sambre-et-Meuse. Elle y rencontra un ami du général, le colonel Bonté, brave homme sans grande astuce, vaillant militaire sorti du peuple et assez fier des attentions que lui marquait cette jolie femme si distinguée.

Naturellement, il prit lui aussi le chemin de Trévarez et Louise n'eut aucune peine à faire définitivement tomber dans ses filets un homme qui, après tout, ne demandait que cela. En octobre 1797, quelques semaines après la mort de Hoche – qu'elle pleura un peu, mais pas trop –, Louise du Bot épousait le colonel Bonté, trop heureuse d'écarter désormais d'elle ce nom de Pontbellanger qu'elle n'osait plus porter et qui, cependant, lui collait à la peau comme la tunique de Nessus. Devenue Mme Bonté, tout simplement, elle pouvait balayer les remords, les regrets et même les souvenirs, car une tâche exaltante s'offrait à elle : la carrière de son nouvel époux.

Elle n'épargna rien, naturellement, pour qu'il parvînt aux honneurs. Sa bravoure d'ailleurs lui facilitait la tâche et, pour de tels hommes, l'Empire offrait un terrain de choix. Il fit de Bonté un général-baron et de la « petite Louise » une baronne de Bonté que l'on vit en Italie et en Dalmatie, dépensant l'or à pleines mains et menant grand train. Si grand train que les registres de l'Armée portèrent des traces de malversations qui n'étaient bien sûr que les preuves d'amour d'un mari trop épris.

Bonté sut ne pas tomber avec l'Empire, mais la Restauration offrait un climat qui devenait dangereux pour sa femme : les royalistes, les émigrés enfin rentrés n'avaient pas oublié grand-chose et, quand son mari fut nommé à un commandement en Bretagne, Louise prit peur. Elle alla supplier Louis XVIII de donner un autre poste à son mari.

Elle réussit encore – tant était toujours puissant un charme qui avait été fatal à beaucoup – à séduire le vieux

Roi, mais il ne put faire table rase du rapport du comte de Kerrières, commissaire royal à Brest qui la condamnait et jetait sur ses activités passées un jour brutal.

— Je ne briserai pas la carrière de votre mari comme on m'en prie de toutes parts, madame, lui dit-il. Mais il vous faut vous montrer raisonnable et accepter les postes que l'autorité militaire jugera bon de lui confier...

Louise alors retourna en Bretagne. Elle se cloîtra dans ce château de Trévarez qui avait vu les beaux jours de ses amours avec Lazare Hoche. Et c'est là qu'une nuit de janvier 1826 froide et neigeuse, s'éteignit une femme qui n'avait pas 54 ans, mais qui en paraissait bien davantage. Seule, une religieuse veilla auprès d'elle jusqu'à l'ultime minute.

13

Une Anglaise à Paris : l'aventure de lady Eliott

Un appel au secours

— Grand merci, citoyenne ! Ça fait plaisir d'en rencontrer encore des comme toi !

Le gamin, ravi, empoche la pièce d'argent et repart en fredonnant, tandis que la donatrice déchire en hâte le billet qu'il lui a remis. Celle qui l'a écrit, Mrs. Meyler, est une compatriote et amie, et comme elle est fort prudente, il faut qu'il s'agisse d'une affaire urgente pour envoyer un message par commissionnaire à travers un Paris en ébullition. Et, en effet, le billet est inquiétant. Mrs. Meyler fait allusion à un grand service touchant quelqu'un d'important et prie lady Eliott de venir au plus vite lui rendre visite.

L'invitation n'enchante guère la jeune femme. On est le 2 septembre 1792 et elle n'a guère envie de quitter son frais jardin de Meudon pour se plonger dans la fournaise parisienne. Cependant, elle est incapable de refuser son aide. Enfin, un parfum d'aventure n'a jamais été pour lui déplaire, car lady Eliott est quelqu'un de peu ordinaire.

Née Grace Dalrymple, d'excellente famille écossaise, elle a pris dans ses brumes du Nord une beauté rare, blonde, soyeuse, infiniment séduisante et qui, à 25 ans, fait d'elle une des plus jolies femmes d'Europe. Mais, en dehors de sa blondeur et de son teint lumineux, elle n'a pas grand-chose de britannique. Élevée en France, au couvent des Dames de la Consolation, elle y est restée jusqu'à l'âge de 15 ans et ses habitudes sont toutes continentales. Et elle a beaucoup regretté d'être obligée de repartir afin d'épouser sir John Eliott, qui était nettement plus âgé que son propre père.

Seule qualité, il était fort riche, et le père de Grace était ce que l'on faisait de mieux dans le genre écossais. La jeune fille s'inclina, mais, sitôt mariée, elle entreprit de se lancer dans l'agréable vie mondaine, un peu folle, telle qu'on la menait alors à Londres. Elle y connut un vif succès. Les meilleurs peintres se disputèrent l'honneur de faire son portrait : ce fut Gainsborough qui l'emporta. Mais la plus grande conquête que fit lady Eliott fut sans conteste celle du prince de Galles, à qui d'ailleurs elle donna une fille qui fut autorisée à porter le nom de Seymour.

Évidemment, le seul qui n'apprécia pas fut le mari, mais il était difficile de provoquer le prince de Galles en duel. Et tout cela se fût passé le mieux du monde si Grace ne s'était éprise d'un bel officier des Gardes. Cette fois, Eliott ne la manqua pas : il demanda la séparation. Une séparation élégante d'ailleurs : la jeune femme gardait son nom, son titre plus une pension de deux mille livres, mais elle était priée de vivre hors de Londres. Ce qui ne la chagrina nullement, car elle souhaitait vivement retourner en France… ne fût-ce que pour y retrouver certain prince qu'elle avait rencontré, un soir, à Saint-James : Philippe, duc d'Orléans et cousin Louis XVI. Aussi, à peine rendue à Paris, lady Eliott se fit-elle conduire au Palais-Royal.

Devenue, naturellement, la maîtresse du prince, la belle Anglaise (on l'appelait ainsi) se vit nantie de deux maisons : un ravissant petit hôtel situé tout près de la Folie Monceau et une belle maison des champs sur les hauteurs de Meudon. Le tout accompagné d'une rente coquette qui, jointe aux largesses du prince de Galles et à la pension maritale, mirent lady Eliott à l'abri de tout souci financier. Elle put donc mener à Paris une vie charmante que les remous de la Révolution ne troublèrent pas. N'était-elle pas l'amie de celui qui se faisait appeler Philippe Égalité ? Elle n'avait donc rien à craindre.

Le billet de Mrs. Meyler l'inquiète tout de même. Il aurait fallu vivre à cent pieds sous terre pour ignorer ce qui venait de se passer : le sac des Tuileries, l'emprisonnement de la famille royale et le rôle sans gloire joué par son amant dans cette tragédie... Il doit s'agir d'aider quelqu'un d'important et, justement, Grace ne peut faire appel à Philippe, car elle lui a fait comprendre sans ambages ce qu'elle pense de sa conduite. Elle ne peut donc compter que sur elle-même, et c'est sans hésiter qu'elle se lance dans l'aventure. Mais pas n'importe comment ! Elle commence par soigner sa toilette, puis se rend à la mairie de Meudon demander un passeport pour entrer dans Paris afin d'y chercher son cocher qu'elle désire ramener à Meudon. Comme elle est aimable, généreuse et bien connue, elle obtient immédiatement satisfaction. Une seule condition : le passeport n'est valable que pour la journée et elle doit rentrer, comme Cendrillon, avant minuit.

De retour chez elle, elle fait atteler un cabriolet qu'elle mène parfaitement et qu'elle conduit bien souvent. Puis elle prend la direction de Paris. À la barrière de Vaugirard, les sectionnaires de garde se montrent sensibles à son charme, à son sourire, et tentent de la dissuader d'entrer dans la ville où l'on dit que le peuple envahit les prisons pour égorger les aristocrates. Mais elle refuse de se laisser impressionner : son cocher est malade et il faut qu'elle le ramène au bon air de Meudon. Ce qui arrache un grand soupir aux sentinelles : il y en a qui ont de la chance et on serait volontiers malade avec elle !

Mrs. Meyler habite rue de Lancry, ce qui oblige à traverser tout Paris. Or l'aspect de la ville est plus qu'inquiétant. Certaines rues regorgent d'une foule sinistre qui regarde la jeune femme et son cabriolet d'un œil menaçant. Pour les éviter, elle choisit des rues détournées, mais ne peut éviter de traverser le boulevard Saint-Martin, et c'est là qu'elle se trouve confrontée à l'horreur : une troupe affreuse qui promène sous le soleil incandescent le corps dépecé de la malheureuse princesse de Lamballe, belle-sœur du duc d'Orléans. Le choc est si brutal que lady Eliott manque de s'évanouir et doit lutter un moment contre la nausée. C'est la colère qui la ranime. Une colère folle contre Philippe qui hurle avec les loups et qui a été incapable d'empêcher ça ! Un instant, elle songe à rebrousser chemin, mais elle pense à cet inconnu pour lequel on l'appelle : si elle l'abandonne, connaîtra-t-il peut-être un sort comme celui-là ?

Il est près de 7 heures du soir quand elle arrive enfin chez son amie, ce qui compromet son retour avant minuit. En outre, elle est morte de fatigue. La porte ouverte, Mrs. Meyler, une femme âgée qui a été jadis très belle et qui s'en souvient, se jette dans ses bras. Elle est venue, en dépit de tout ! Comment la remercier ? Mais Grace s'inquiète tout de suite : qui faut-il sauver ?

Rien moins que le marquis de Champcenetz, gouverneur des Tuileries, que l'on a cru mort après l'attaque du palais, mais qui, seulement blessé, a pu s'enfuir. Et comme on ne l'a pas retrouvé parmi les morts, on le cherche. C'est peut-être l'homme que le peuple déteste le plus à cette heure, car c'est lui qui a commandé le feu. Mais le seul mot de « peuple » arrache à lady Eliott une grimace de dégoût. Après ce qu'elle vient de voir, ce n'est guère étonnant… Et un instant plus tard, elle voit s'incliner devant elle un homme d'une cinquantaine d'années, grand et maigre, avec un visage froid, mais dont les traits nets et les yeux bleus ne sont pas sans charme. En dépit de son aspect distant, il se montre ému des dangers qu'une si jolie femme vient de courir pour lui venir en aide.

On décide de partir vers 9 heures. La nuit venue, les rues seront vides et on pourra franchir la barrière avant minuit. Pour l'instant, la seule chose à faire est de se restaurer.

Un peu avant 9 heures, le marquis endosse la livrée de cocher apportée par la jeune femme. Il s'appelle désormais Cyprien Lenormand. La rue de Lancry est tranquille, déserte. Le marquis monte dans le cabriolet, prend les rênes. Lady Eliott s'installe auprès de lui. Le fouet claque et la légère voiture s'éloigne rapidement... Tout marche bien et l'on atteint en une heure la barrière de Vaugirard. Mais là, les difficultés commencent.

Lady Eliott retrouve le même sectionnaire qu'à son premier passage et il se montre content qu'elle ait pu retrouver son cocher. Mais elle ne pourra pas rentrer à Meudon, car les ordres ont été changés : interdiction formelle d'ouvrir cette nuit la barrière, sous quelque prétexte que ce soit. Personne ne doit quitter la ville jusqu'à nouvel ordre.

La jeune femme sent fléchir son courage. Que va-t-elle faire ? Et le jeune homme de conseiller :

— Tu m'as dit que tu avais une maison à Monceau ? Eh bien, retournes-y, et vite, car à partir de 10 heures les patrouilles arrêteront tous ceux qu'on trouvera dans les rues sans permission. Ton cocher en sera quitte pour attendre deux ou trois jours avant de respirer le bon air de Meudon. Il n'a d'ailleurs pas l'air en si mauvais état.

Mieux vaut ne pas prolonger le dialogue. Sur un signe de sa soi-disant patronne, Champcenetz fait tourner l'attelage et l'on repart dans la direction conseillée.

De l'usage judicieux d'un matelas…

Quand la barrière de Vaugirard est assez éloignée, le marquis de Champcenetz arrête la voiture et déclare qu'il veut descendre. Sa belle compagne a déjà couru suffisamment de dangers pour lui, un inconnu, et il refuse que cette situation se prolonge. Il trouvera peut-être à se cacher, ne serait-ce que dans les carrières de Chaillot ? Mais lady Eliott refuse : justement parce qu'elle s'est déjà exposée à de nombreux périls, elle entend bien, en Écossaise têtue, aller jusqu'au bout de son entreprise. La seule chose à faire est de regagner, en effet, sa maison de Monceau.

Évidemment, il faudra faire très attention car elle a, là-bas, des domestiques dont elle n'est pas sûre, en dehors de Jane, l'une de ses femmes de chambre anglaises. Mais de toute façon, on n'a pas le choix.

En atteignant les Invalides, l'attelage s'arrête de nouveau pour laisser passer des troupes qui défilent. Ce spectacle inspire à la jeune femme une nouvelle décision : ils vont laisser la voiture là et continueront à pied pour être moins remarqués. Et, comme le marquis objecte que ce serait dommage, elle écrit quelques mots sur une feuille arrachée d'un carnet et le glisse dans le harnachement du cheval. Ces quelques lignes disent que l'attelage appartient au duc d'Orléans et qu'une récompense sera donnée à qui le ramènera.

Puis, bras dessus, bras dessous, le couple s'en va traverser la Seine au pont Tournant.

Par les Champs-Élysées déserts, on gagne la nouvelle église Saint-Philippe-du-Roule derrière laquelle s'étend le vaste domaine de Monceau. Mais, en approchant de sa maison, lady Eliott constate qu'en dépit de l'heure tardive, des bruits de voix se font entendre et qu'il y a de la lumière. Mécontente, la jeune femme reconnaît la voix de sa cuisinière qui est, hélas ! une jacobine enragée. Si cette femme voit le marquis, il est perdu. Aussi Grace va-t-elle entrer seule, puis elle enverra Jane chercher son hôte. En attendant, elle le cache dans une maison en construction en face de la sienne.

La cuisinière, en effet, reçoit quelques amis. L'arrivée de sa patronne la remplit de confusion, mais lady Eliott, sans lui laisser le temps de s'expliquer, déclare qu'elle était en souci de ses bons serviteurs abandonnés à eux-mêmes dans ce Paris en folie. Elle est même venue à pied, ce qui touche grandement le cœur de la cuisinière, qui déclare aussitôt qu'elle va lui faire quelque chose à manger. Mais la jeune femme a surtout besoin de repos et les « invités » se retirent avec discrétion.

Mais il était écrit qu'on n'en avait pas fini avec les émotions de la nuit. À peine la cuisinière est-elle partie « chercher un poulet chez le duc d'Orléans » que la nuit s'emplit de cris et de bruits d'armes : c'est une patrouille qui visite les diverses propriétés de Monceau. Mais Grace pense qu'elle n'a rien à craindre. Elle rejoint sa chambre où elle retrouve Jane.

Vivement, elle envoie celle-ci chercher le marquis dans la maison en construction. Puis, tandis que la soubrette se hâte, elle arrache de son lit draps et couvertures et considère un instant son matelas. Quand Jane revient avec le marquis, elle leur demande de l'aider à tirer un peu le lourd matelas, juste assez pour ménager une sorte de niche entre son épaisseur et le mur :

— Étendez-vous là ! dit-elle à Champcenetz. Ensuite Jane et moi allons refaire le lit en prenant soin de laisser pendre draps et couvertures afin que, si l'on entre ici, on ne remarque pas le débordement du matelas. Après quoi, je me coucherai…

Une fois le marquis installé, tandis que Jane refait le lit, lady Eliott se déshabille, puis choisit la plus fine, la plus transparente de ses chemises de nuit. Ensuite, elle s'installe et sourit à Jane en lui ordonnant d'éteindre. Elle sent, elle est certaine que, cette fois, elle n'échappera pas à une visite domiciliaire et, en effet, Jane est à peine descendue que l'on entend, en bas, des bruits de voix, des pas qui montent l'escalier. Enfin, on frappe à la porte.

— Madame, crie la cuisinière. J'apporte le poulet et de la salade… mais je ne suis pas seule !

— Ce n'était pas la peine de vous donner tant de mal, ma bonne Célestine. Entrez et allumez !

La cuisinière paraît, tremblante, un plateau dans les mains. Derrière elle un groupe d'hommes de mine peu encourageante :

— Qui sont ces gens ?

Le chef de la bande explique : on a vu un homme sortir de la maison en construction et entrer ici. Il est conseillé vivement de le livrer si l'on veut éviter de graves ennuis. Grace hausse les épaules. Un fugitif chez elle, dans une maison qui appartient au « citoyen Égalité » dont elle-même est… la bonne amie ? Mais l'homme ne veut rien entendre, on va fouiller toute la maison, à commencer par cette chambre… et par ce lit !

Fouiller son lit ? Lady Eliott, donnant tous les signes d'une grande agitation, rejette ses draps et se lève, offrant alors à la vue de ces hommes un spectacle d'une telle qualité qu'ils en tournent tous au rouge brique. Et, en même temps, elle se met presque à pleurer :

— Je t'en prie, éloigne au moins tes hommes, citoyen ! J'attendais cette nuit la venue du citoyen Égalité… et il est si jaloux ! Songe à ce qui se passerait s'il arrivait ?…

Et, comme si elle découvrait seulement la légèreté de sa tenue, elle se précipite vers les rideaux de son lit pour s'y abriter. L'homme se met alors à rire et se hâte de la rassurer. Il ne voulait pas l'effrayer. Ses hommes vont seulement explorer ses armoires et regarder sous son lit. Et la visite a lieu, d'autant plus rapide que lady Eliott a ordonné à Jane de faire servir « à ces bons citoyens » le meilleur vin de sa cave afin qu'ils puissent boire à la santé du duc régicide. Ils vont d'ailleurs s'enivrer copieusement.

Demeurée seule, Grace se hâte de délivrer le marquis. Il est grand temps, car il est évanoui. Elle réussit à le tirer de sa cachette lui fait respirer des sels et lui jette de l'eau au visage. Quelques minutes de plus et il était étouffé...

Quand il ouvre les yeux, elle lui fait signe de se taire. La patrouille est encore dans la maison, mais personne n'entrera plus dans sa chambre. Il va se restaurer, boire un peu de vin, puis se reposer.

Mais Champcenetz n'a pas tellement envie de se reposer. Il déborde de reconnaissance... et aussi d'un sentiment moins austère. Depuis qu'il a rencontré Grace, dans la journée, il est fasciné par elle, et plus encore à présent qu'elle se révèle à lui dans tout l'éclat de sa beauté. Car, dans sa hâte de le délivrer, la jeune femme a oublié de passer un peignoir...

On ne sait lequel des deux éteignit les chandelles, mais un moment plus tard, quand Jane entrouvrit la porte pour s'assurer que tout allait bien, la chambre était plongée dans l'obscurité mais peuplée de tant de soupirs qu'elle se retira sur la pointe des pieds en souriant.

Le lendemain, quand le duc d'Orléans vint s'inquiéter de ce qui s'était passé dans la nuit, lady Eliott, après lui avoir fait entendre ce qu'elle pensait de ses « bons amis les Parisiens », lui intima simplement l'ordre de préparer la fuite du gouverneur des Tuileries, qui resterait caché chez elle jusqu'à ce que tout soit prêt. Et Philippe, assez penaud et très désireux de retrouver une maîtresse aussi charmante, s'inclina.

Durant deux semaines, Champcenetz demeura le jour dans le grenier de la maison, la nuit dans le lit de son hôtesse. Ensuite tous deux gagnèrent Meudon où l'idylle se poursuivit pendant deux mois, au bout desquels arriva un passeport en règle et une livrée aux armes du duc d'Orléans, les seules qui fussent encore respectées. Et c'est ainsi qu'un jour d'automne, lady Eliott conduisit à Saint-Denis, d'où partait le coche de Boulogne, cet invité inattendu auquel, à son grand regret, elle s'était attachée... Les adieux furent pénibles. Champcenetz voulait à tout prix l'emmener avec lui, mais elle ne voulait pas rentrer en Angleterre. Plus tard peut-être?...

Ils ne devaient jamais se revoir. Deux ans plus tard, le marquis de Champcenetz mourut de misère à Londres. Quant à la charmante lady Eliott, arrêtée en même temps que Philippe Égalité et emprisonnée à Sainte-Pélagie puis aux Carmes, elle fut l'une des dernières victimes de cette Terreur qu'elle avait toujours refusé de prendre au sérieux.

14

Le roman de la belle Pamela

Les roses de Kildare

Mourir à 18 ans n'est pas un sort enviable. Pourtant quand un mousquet français le coucha sur les ruines de sa redoute, à Yorktown, lord Edward Fitzgerald, deuxième fils du duc de Leinster et officier du 19e Foot Guards, n'éprouva ni surprise ni regret, mais la bizarre impression de tomber sous le coup d'une sorte de justice immanente. En bon Irlandais, il ne pensait pas grand bien de la cause anglaise aux Amériques et ses sympathies allaient beaucoup plus à la bande dépenaillée des *Insurgents* de Washington qu'aux superbes régiments écarlates du Roi George III. Et s'il n'avait été retenu par de très légitimes considérations familiales, il eût volontiers rejoint ces autres Irlandais, Dillon ou O'Brien, qui combattaient juste en face sous l'uniforme blanc des hommes de Rochambeau.

Néanmoins, en recouvrant ses esprits dans une cabane perdue dans les marais de la Chesapeake, lord Edward rendit grâce à Dieu de l'avoir conservé en vie, encore qu'il souffrît beaucoup. Et, pendant qu'il y était, il rendit également grâce au brave Noir qui l'avait recueilli, mourant, et l'avait traîné jusque dans son misérable logis pour l'y soigner.

— Quand on a emporté les cadavres pour les enterrer, expliqua Tony, j'ai vu que vous respiriez encore…

— Et tu as pensé que je n'avais rien à faire avec les morts ! Merci, mon ami !…

Ce fut le début d'une amitié sans paroles. Edward s'attacha à son sauveur, Tony s'attacha à son rescapé et, comme il était seul au monde, il ne vit aucun inconvénient à devenir son serviteur de confiance quand, définitivement remis, le jeune Fitzgerald décida de visiter quelque peu le pays dans la terre duquel il avait bien failli laisser ses os pour une cause à laquelle il ne croyait pas.

Flanqué de Tony, Fitzgerald voyagea au Canada, puis explora les rives du Mississippi avec une joie sans cesse grandissante… et de moins en moins l'envie de rentrer chez lui. La liberté toute neuve de ce gigantesque pays avait quelque chose de grisant !…

Pourtant, il fallut bien se résigner à rentrer au pays. La paix, signée à Versailles, envoyait les régiments anglais – ou ce qu'il en restait – dans leurs foyers et, après tout, Fitzgerald éprouvait maintenant un désir obscur de revoir son Irlande et sa famille…

Mais la joie du retour se trouva singulièrement amoindrie par un fait inattendu : il ne reconnut pas l'Irlande et ne comprit pas tout de suite que cela tenait au fait qu'il n'était plus le même homme. Ce qu'il avait vu, ce qu'il avait vécu outre-Atlantique lui avaient ouvert les yeux sur le drame vécu par sa propre patrie du fait de ce même Roi d'Angleterre qui venait d'essuyer une si rude défaite. Aussi, quand, après un congé convenable, il dut rejoindre son régiment reconstitué, Edward s'aperçut qu'il n'éprouvait plus aucune joie à revêtir l'éclatant habit rouge dont il avait jadis été si fier…

Peut-être se fût-il lancé sans plus attendre dans un combat sans espoir s'il ne lui était arrivé ce qu'il arrive à tout garçon normal : il tomba amoureux.

Cela aurait pu être un amour paisible, tranquille, aboutissant à un beau mariage, à des enfants, au bonheur sans histoire. Mais Edward portait en lui le romantisme et l'ardeur intacts de son sang Irlandais qui ne lui permettaient pas de brûler sagement pour une gentille amie de sa sœur Sarah. Il s'éprit follement d'une créature idéale, fragile comme une églantine et visiblement destinée à ne pas connaître la vieillesse : la transparente Elizabeth Linley, fille du compositeur Linley, une ancienne actrice qui avait eu toute l'Angleterre à ses pieds. Elle avait épousé en 1773 le directeur du théâtre Drury Lane, le dramaturge Richard Sheridan, devenu secrétaire d'État aux Affaires étrangères depuis qu'il avait été saisi à la fois par le démon de la politique et par son amitié pour Fox.

Or, Elizabeth était malade. La tuberculose rongeait cette admirable créature dont les forces déclinaient chaque jour un peu plus et qui cherchait, dans l'amour passionné du jeune Irlandais, un dernier sourire de la vie.

Des liens passionnés unirent donc Elizabeth Sheridan et Edward Fitzgerald, si passionnés même que le mari ne les ignora qu'en surface et qu'ils retinrent Edward au bord de la désertion.

Car, en France, l'histoire était en marche. Les premiers grondements de la Révolution, passant la Manche, étaient venus accélérer le rythme cardiaque de l'ancien combattant d'Amérique. Les états généraux, la prise de la Bastille le bouleversèrent profondément, et sans les tendres liens qui l'unissaient à Elizabeth, Edward se serait précipité avec enthousiasme en France pour se joindre à ces gens qui, instruits eux aussi par les événements d'Amérique, secouaient si victorieusement le joug de la tyrannie. L'odeur de la liberté l'y attirait au moins autant que celle de l'aventure. Seulement, il y avait Elizabeth, qui approchait chaque jour un peu plus du tombeau, et le jeune homme, impuissant et navré, usait tous ses jours au chevet de sa bien-aimée.

Un soir de 1791, Sheridan, rentrant chez lui, vint réveiller sans le savoir le désir du jeune homme de gagner enfin la Terre promise.

— Ma chère, fit-il en baisant la main de sa femme, il m'arrive une aventure qui me laisse tout étourdi ! Savez-vous que je viens de rencontrer votre portrait vivant ?

— En vérité ?

— Mais oui. Vous avez un sosie à peu près parfait en la personne d'une jeune émigrée française d'une extraordinaire beauté. Elle se nomme Pamela et elle est la fille adoptive de cette Mme de Genlis qui se disait « gouverneur » des enfants du duc d'Orléans. Le mot « adoptive » cacherait d'ailleurs pudiquement celui de « bâtarde », car la dame Genlis l'aurait eue tout simplement du Prince. Quoi qu'il en soit, elle vous ressemble, et c'est grande pitié de constater son dénuement, car ces dames n'ont pas emporté grand-chose en quittant la France.

— Ces dames ?

— La jeune Pamela accompagne sa mère qui accompagne elle-même Mme Adélaïde d'Orléans, sœur du Prince. Une quatrième jeune femme, Mlle de Sercey, complète ce groupe au bord de la pauvreté.

— Ainsi, cette Pamela me ressemble ? fit Elizabeth avec un triste sourire.

— Au point qu'elle pourrait être votre sœur.

— Mais plus jeune… et en meilleure santé ! Eh bien, Richard, quand je ne serai plus là, ce qui ne saurait tarder, vous n'aurez qu'à l'épouser, ne fût-ce que pour l'arracher à la misère !

Naturellement, Sheridan et Fitzgerald protestèrent que leur divine Elizabeth était irremplaçable. Mais au fond de lui-même, le jeune Irlandais unit sans trop savoir pourquoi l'image de la Française inconnue avec celle de la liberté toute neuve de son pays. Que faisait-elle en Angleterre, d'ailleurs, puisque son père, ce duc d'Orléans que les Anglais regardaient désormais d'un œil soupçonneux, se donnait tant de mal pour donner des gages à la Révolution ?

Remettant à plus tard la solution du problème, Edward, pour tromper son attente, s'affilia à une loge maçonnique et y agita avec bonheur les idées libertaires venues de France. Cela lui valut d'ailleurs quelques duels avec certains officiers de son régiment et avec des civils qui ne partageaient pas ses idées exaltées. Ce fut au point que sa propre famille en vint à s'inquiéter.

— Il est devenu fou avec ses Français ! se plaignait sa sœur Sarah. S'il continue, il ne sera bientôt plus possible de le voir !

Et le frère aîné, Henry, deuxième duc de Leinster, de rétorquer :

— Les idées de liberté font beaucoup trop de chemin dans la tête d'Edward. Il serait bon de le ramener à une plus saine compréhension des choses, car je ne vois pas comment on peut admirer ces enragés de Français...

La famille perdait son temps : Edward était tellement pris par la passion de la liberté qu'il en était arrivé à un point de non-retour. Aussi, quand la tendre Elizabeth mourut, au mois d'août 1792, le chagrin réel du jeune homme fut-il tempéré par une sorte de soulagement : les seuls liens qui le retenaient en Angleterre venaient de se rompre, car il comptait pour rien son appartenance à l'infanterie britannique. Il était libre maintenant de rejoindre enfin les apôtres de la liberté. Et puis Mme de Genlis et sa troupe avaient regagné la France, rappelées par Philippe d'Orléans qui pouvait maintenant assurer leur sécurité. Or Edward désirait ardemment apercevoir le sosie de sa chère défunte.

Dans les derniers jours du mois d'août, n'y tenant plus, Edward se fit confier par sa loge maçonnique un message pour la loge française à laquelle appartenait La Fayette et, bouclant son portemanteau, s'embarqua enfin à Douvres, toujours flanqué du fidèle Tony, son ombre noire.

La semaine n'était pas achevée qu'il foulait avec bonheur le pavé, pourtant singulièrement brûlant, d'un Paris livré aux excès sanglants de septembre 1792. Paris qui avait jeté la famille royale dans la tour du Temple et qui massacrait sans jugement les captifs de ses prisons. Mais Edward, toujours suivant son rêve, s'en alla tranquillement s'installer dans une agréable auberge du passage des Petits-Pères, l'hôtel White, où l'attendait d'ailleurs l'un de ses meilleurs amis, le journaliste américain Thomas Paine. Celui-ci, banni d'Angleterre à la suite d'une sévère polémique avec Pitt, s'était réfugié en France où, le 6 de ce mois de septembre, il était admis à siéger à la Convention.

Aux côtés de Paine, Fitzgerald, positivement enivré, se mêla au peuple et ses bruyantes manifestations, assista aux séances de la Convention et même y chanta, non seulement le tout nouveau *Chant des Marseillais*, mais encore le sinistre *Ça ira !* avec tant d'ardeur et de conviction que l'écho en parvint jusqu'en Angleterre. Ce bel exploit vocal valut au jeune Edward d'être rayé, dans les quinze jours, des cadres de l'armée. Mais qu'importait l'armée anglaise à un Irlandais en pleine mutation ? Jamais il ne s'était senti aussi heureux !

Quelque chose, cependant, manquait à son bonheur : rencontrer la jeune fille qui ressemblait tant à Elizabeth. Et il fit part de ce profond désir à Thomas Paine.

— Si vous voulez rencontrer la pupille de la citoyenne Genlis, la chose est bien facile, lui répondit celui-ci. Allez plus souvent au théâtre, car ces dames ne manquent aucune représentation intéressante. Tenez ! Justement, ce soir, on joue une nouvelle pièce, *Lodoiska*, au théâtre Feydeau. Allons-y avec notre ami Reid. Il connaît bien Mme de Genlis et vous présentera volontiers.

Ce qui fut dit fut fait et, le soir même, tapi au fond d'une loge, l'apprenti révolutionnaire put contempler, de loin d'abord, la plus ravissante fille qu'il eût jamais vue : longue, souple, des yeux de rêve sous une masse de cheveux bruns aussi doux que de la soie, une peau laiteuse, transparente, une grâce de créole... et, en plus, les traits charmants, les traits parfaits qu'Edward avait bien cru ne revoir que dans l'au-delà ! La jolie Pamela était bien réellement le sosie d'Elizabeth, mais un sosie plus jeune... Plus beau que le modèle, parce que doué d'une intense vitalité....

Ébloui, fasciné, lord Edward garda durant tout l'acte ses jumelles vissées à ses yeux et braquées sur l'apparition miraculeuse. À l'entracte, il supplia Reid de le présenter.

— Faites cela pour moi, mon ami, et je vous en serai reconnaissant toute ma vie !

L'autre eut un sourire sceptique.

— C'est bien long, une vie entière ! Je me contenterais d'une reconnaissance de quelques jours. Mais avant de vous mener vers ces dames, laissez-moi vous rappeler quelque chose : votre mère est la duchesse de Leinster... et l'on ignore officiellement qui est au juste cette trop jolie fille !

Edward balaya l'objection avec superbe : quand bien même sa mère eût été Reine, cela n'eût rien changé à la chose !

Quelques minutes plus tard, il saluait Mme de Genlis et tombait éperdument amoureux de Pamela. Le lendemain, admis à rendre visite à ces dames, il se présenta, le cœur battant la chamade, à la porte de l'hôtel qu'elles habitaient rue de Bellechasse. Le duc d'Orléans l'avait fait construire pour y loger ses enfants et leur « gouverneur » en jupons afin que les premiers pussent y recevoir l'éducation « moderne » imaginée par le second. Maintenant, la plupart des enfants étant élevés, Mme de Genlis consacrait la majeure partie de son temps à la rédaction de romans élégiaques et d'une lecture particulièrement accablante dont elle s'obstinait à gratifier ses contemporains.

Huit jours après avoir franchi le seuil d'une demeure aussi intellectuelle, lord Edward Fitzgerald s'inclina cérémonieusement devant Mme de Genlis pour lui demander la main de Pamela comme « le bien le plus précieux qu'il osât jamais espérer ». Seulement, au lieu de se passer rue de Bellechasse, comme on aurait pu l'imaginer, cette scène émouvante eut pour cadre la salle relativement modeste d'un relais de poste de Tournay.

La raison de ce brusque déplacement résidait dans la toute dernière loi votée par la Convention et visant les émigrés. La mort dans l'âme, le duc d'Orléans, devenu le citoyen Égalité, s'était vu contraint de l'appliquer à sa sœur Mme Adélaïde, à Mme de Genlis et à Pamela, trop récemment rentrées d'Angleterre pour y échapper. Il les avait donc fait partir précipitamment pour la Belgique en leur conseillant d'y attendre dans le calme le décret d'exception que son zèle révolutionnaire ne pouvait manquer d'obtenir pour sa famille. Pamela maintenant comptait dans la famille en question depuis que le duc d'Orléans lui avait constitué une dot par-devant notaire.

Mais le départ avait été si soudain et si discret que Fitzgerald l'avait appris trop tard. Il avait donc sauté sur un cheval et s'était lancé à leur suite pour offrir en même temps à Mme de Genlis la protection de son courage et à Pamela, son bras et son cœur.

Sa brusque déclaration surprit à peine Mme de Genlis. Cette situation était tout à fait dans la ligne de ses romans. En outre, le prétendant offrait non seulement un cœur chaud et loyal, mais un beau nom, une situation mondaine respectable et une jolie fortune. Pamela, pour sa part, trouvait plus de charme à l'aspect physique du jeune homme. Edward, malgré une taille moyenne, était un beau garçon, bien fait, vigoureux, avec un visage aux traits agréables et de magnifiques yeux bleus. Elle avait soupiré de joie en le voyant déboucher dans la cour de l'auberge, sur un cheval écumant et couvert de poussière. Maintenant, les yeux brillants comme des étoiles, elle attendait la réponse qu'allait donner sa « tutrice ». Or, cette réponse lui fit venir les larmes aux yeux.

— Je ne peux, *my lord*, consentir à ce mariage !...

Mourir pour l'Irlande !

La comtesse de Genlis n'était pas femme à négliger de donner des explications lorsqu'elle prenait une décision déplaisante. Pourtant, elle commença par regarder sa fille adoptive, vit des larmes dans ses yeux et lui sourit.

— Ne pleure pas, Pamela, et remonte dans ta chambre. J'ai à parler avec lord Edward seule à seul. Allons ! Obéis-moi ! Tu sais très bien que je ne désire au monde que ton bonheur.

La mimique de la jeune désespérée laissa clairement entendre qu'en dehors d'un mariage avec le jeune Irlandais, ce bonheur risquait d'être gravement compromis. Mais, habituée à obéir au doigt et à l'œil, elle quitta la pièce et remonta rejoindre Mlle de Sercey.

— J'ai peine à croire que votre refus soit irrévocable, madame ! articula Edward qui l'avait regardée sortir avec adoration. N'ai-je pas tout ce qu'il faut pour assurer ce bonheur dont vous êtes si légitimement soucieuse ?

— Soucieuse, en effet... mais « légitimement » est de trop, sir Edward ! Dois-je vous rappeler que Pamela, si je la considère comme ma fille adoptive, n'a en réalité ni nom, ni naissance, ni réelle fortune, en dehors d'une dot que Monseigneur le duc d'Orléans a bien voulu lui offrir, mais qui ne saurait satisfaire le chef d'une grande et noble famille? Or, je l'aime trop pour supporter de lui voir mener une vie méprisée, en marge à cause de la désapprobation de la famille où vous souhaitez l'introduire. La duchesse votre mère...

— Ma mère souhaite avant tout mon bonheur! coupa Edward avec plus d'ardeur que de politesse. Elle aimera, j'en suis certain, Mlle Pamela dès le premier regard et n'aura aucune peine à la considérer comme sa fille!

— Vous êtes comme tous les amoureux, mon cher ami : vous imaginez que le monde entier considère votre bien-aimée avec les mêmes yeux que vous. Je reconnais que Pamela est charmante, beaucoup plus jolie que la moyenne, assez bien élevée, et qu'elle peut tenir sa place dans le salon le plus difficile. Mais encore une fois, cela ne suffit pas! Et je refuse de vous accorder sa main dans ces conditions.

— Madame, madame! Vous me mettez au désespoir!... Que faudrait-il faire pour obtenir votre consentement ? Il doit tout de même exister un moyen, j'imagine? Vous ne pouvez aussi froidement nous condamner l'un et l'autre au désespoir, puisque j'ai cru comprendre que mes sentiments étaient partagés...

— Ce n'est pas de gaieté de cœur, croyez-moi! Quant à ce moyen que vous évoquez, j'en vois un... un seul!

— Lequel? Dites vite!

— Si vous m'apportez le consentement de la duchesse de Leinster, le consentement écrit j'entends, nous verrons ce qu'il est possible de faire. Jusque-là, je vous interdis de revoir Pamela!

— N'est-ce que cela? Je cours, madame, je vole auprès de ma mère... et je reviens tout aussi vite vous demander de tenir votre parole. Dans deux semaines je serai de retour!

— Nous verrons! Je vous souhaite bon voyage, *my lord* !

Une heure plus tard, Edward Fitzgerald quittait Tournay à bride abattue, passait la Manche à Calais et rejoignait sa mère dans la petite ville de Turnbridge où elle faisait une cure thermale.

Les choses n'allèrent pas aussi simplement que l'avait annoncé l'amoureux. C'était une excellente mère que la duchesse de Leinster et, en effet, son fils n'avait avancé que la vérité en proclamant qu'elle souhaitait uniquement son bonheur… comme d'ailleurs celui de ses autres enfants (elle en avait eu dix-sept !). Mais la naissance incertaine de Pamela lui fit tout de même froncer légèrement le sourcil. Le sang d'Orléans, soit ! Mais rien ne le prouvait et surtout, il était impossible de l'annoncer sur un faire-part. En outre, comme toutes les mères pourvues de fils séduisants, elle avait deux ou trois candidates tenues bien au chaud sous sa manche.

— J'avais rêvé pour vous d'une très noble… et très belle alliance, Edward ! soupira-t-elle. Tenez-vous tellement à cette jeune fille ?

— Plus que je ne saurais le dire, mère ! Et quand vous la verrez, je crois que vous comprendrez. Et puis, la bâtardise n'est pas d'une extrême rareté dans nos familles… et le sang de Pamela est presque royal !

On ne peut discuter sainement avec un garçon épris à la folie. La duchesse comprit qu'un refus serait pour Edward un véritable crève-cœur très capable de le jeter dans les pires excès. Si cette Pamela, en fuite avec sa famille, était capable de l'arracher à ses lubies révolutionnaires, il valait mieux le laisser l'épouser. Et, sans plus se faire prier, elle donna ce fameux consentement écrit en forme de demande en mariage, qu'Edward, fou de bonheur, rapporta en Belgique aussi vite que le permettaient les marées et les jambes de son cheval.

Rien ne s'opposait plus au bonheur des deux jeunes gens, et l'on s'occupa à la hâte du mariage. Celui-ci eut lieu le 27 décembre 1792 dans un château des environs de Tournay que le prince de Salm-Salm, évêque de la ville, avait mis à la disposition de Mme de Genlis. Le duc d'Orléans aurait souhaité y assister, officialisant ainsi quelque peu la situation fausse de Pamela; mais on était alors en plein procès de Louis XVI et le futur régicide se devait d'être à son banc de député à la Convention. Mais ses deux fils aînés, Louis-Philippe, général de la Révolution sous Dumouriez bien que duc de Chartres, et Antoine, accessoirement duc de Montpensier, vinrent signer le contrat. Leur présence fit rayonner de satisfaction Mme de Genlis, mais les jeunes époux ne voyaient qu'eux-mêmes et, s'ils rayonnaient eux aussi, c'était pour une raison beaucoup moins snob et beaucoup plus touchante : ils étaient heureux !

— Je vous aimerai toujours, Edward, murmura Pamela en mettant sa main dans celle du jeune homme.

— Je vous aimerai toujours, Pamela, affirma Edward en serrant cette main.

Tous deux allaient tenir parole et ce jour de mariage fut, en effet, le début d'un bonheur rare, né d'un véritable amour partagé et qui ne devait plus se démentir.

À peine marié, Edward n'eut qu'une hâte : faire admirer sa ravissante épouse à sa famille et à tout Londres. Dès le 2 janvier suivant, tous deux étaient en Angleterre. Pamela remporta aussitôt de grands succès mondains. Sa beauté faisait sensation.

Elle aurait même pu prétendre au titre de Reine de la *season* si elle en avait eu le temps. Mais à Dublin, le Parlement irlandais se réunissait et Edward considérait qu'il était de son devoir d'être présent. Après un mois de bals, de réceptions et de triomphes, lord et lady Fitzgerald partirent pour l'Irlande.

Lord Edward trouva son pays natal en pleine agitation. Travaillée par la franc-maçonnerie, stimulée par l'exemple des Jacobins français (Fitzgerald n'était pas le seul, tant s'en faut, à révérer la Révolution française !), la faction qui s'attachait à la liberté de l'Irlande se remuait énergiquement. On organisait des émeutes qui entretenaient le pays dans un état de troubles permanents, réveillant l'espoir au cœur d'un peuple opprimé depuis deux siècles. Partout des hommes se levaient, rejoignaient les quelques meneurs dont les noms, vénérés comme ceux des saints, circulaient sous le manteau, mais à la vitesse du vent. Les échos en parvinrent vite jusqu'au Parlement et les révoltes trouvèrent aussitôt en Edward Fitzgerald un chaud défenseur.

Un peu trop chaud même aux yeux de la gentry locale, et singulièrement à ceux des vieilles aristocrates puritaines qui donnaient le ton et faisaient régner une sorte de dictature sur les salons de Dublin. Qu'un ancien officier rayé des cadres de l'armée anglaise pour idées subversives osât prôner jusqu'au bord de la mer d'Irlande les idées sanglantes de la Révolution française, cela ne se pouvait supporter !

Les mauvaises langues alors s'en donnèrent à cœur joie. Qu'Edward fût le fils de la plus grande dame de la région comptait pour rien. On se hâta de faire ressortir le côté scandaleux de son mariage : n'avait-il pas épousé la bâtarde du sinistre duc d'Orléans dont les mains étaient désormais rougies du sang de son cousin, Louis XVI ?

Pamela connut bientôt les avanies, les phrases perfides, les dos qui se tournent, voire les insultes. Il est vrai que, peu douée sous le rapport de l'intelligence, elle semblait s'ingénier à s'attirer les ennuis.

Ainsi, un soir où elle s'était rendue à un bal sans son mari, celui-ci la vit-il revenir une heure à peine après son départ, presque défigurée par les larmes. Tout de suite, il s'affola :

— Que vous est-il arrivé, mon cœur ? Que vous a-t-on fait ?

— Oh ! Edward ! Si vous saviez !... Les gens sont d'une affreuse impolitesse ! Plus jamais je n'irai à un bal !

— Mais enfin pourquoi ? Que vous a-t-on dit ?

— On s'est moqué de moi ouvertement... et cela, pour quelle raison ? Je vous le donne en mille !... À cause de ma robe ! La maîtresse de maison m'a priée, fort impertinemment, de rentrer chez moi sous prétexte que sa maison n'était pas un lieu convenable pour étaler un deuil hypocrite.

Edward, alors, regarda mieux sa femme et fronça les sourcils. Pamela n'avait-elle pas imaginé de s'habiller de noir de la tête aux pieds, avec seulement un nœud de ruban rose dans ses cheveux ? L'effet sur elle, était ravissant mais tout ce noir, si peu de temps après la mort du Roi que son père avait envoyé à l'échafaud, avait choqué.

La frivolité de Pamela la rendait bien incapable de comprendre ce genre de nuances, aussi Edward se garda-t-il bien de lui expliquer sa faute, se contenant de calmer cette femme-enfant qui le suppliait de l'emmener hors de cette affreuse ville. Il lui expliqua qu'il lui fallait demeurer encore un peu de temps, mais il resta soucieux.

L'agitation grandissait et, peu à peu, c'était lui que les rebelles portaient à la tête de leur mouvement. En outre, tant que le Parlement resterait en session, sa présence y serait indispensable, ne fût-ce que pour y galvaniser les opposants à la tyrannie anglaise dont le nombre grossissait lentement. Pamela alors accepta de patienter. Elle n'avait pas beaucoup de tête, mais beaucoup de cœur, et elle aimait trop Edward pour le contrarier. Elle se contenta donc de rester chez elle.

Au mois de mai, enfin, la punition s'acheva. Le Parlement en congé, le jeune couple put gagner Frescati, la superbe propriété de la duchesse de Leinster située au bord de la mer. Là, au milieu des vertes prairies, les deux époux vécurent des jours pleins de douceur. Cette vie champêtre dans le parfum des aubépines leur convint d'autant mieux que Pamela attendait son premier enfant.

Sa santé était bonne, mais il lui fallait prendre quelques précautions et Edward eut besoin de tout son amour pour atténuer le choc des graves nouvelles venues de France. La Révolution sombrait dans le sang. Mme de Genlis, Mme Adélaïde et Henriette de Sercey avaient dû fuir Tournay pour aller qui en Suisse, qui à Hambourg. Plus terrible encore, le duc d'Orléans avait fini par monter, le 9 novembre, sur ce même échafaud où son vote avait conduit le Roi.

Une véritable épouvante saisit Pamela. À aucun prix il ne faillait qu'elle revînt à Dublin où, très certainement, on lui jetterait maintenant des pierres ! Et comme la duchesse voulait vendre Frescati, elle supplia son mari de rester avec elle dans cette douce campagne qu'elle aimait.

Toujours aussi amoureux, Edward oublia momentanément le combat qui lui était si cher pour ne pas aggraver la douleur de sa femme. Il loua pour eux deux le charmant château de Kildare, un manoir dans un bosquet de roses, où, à l'été 1794, Pamela allait donner le jour à un petit Edward.

« Mon bonheur est extrême, écrivit-il à sa mère. L'enfant est une chère petite chose, très jolie maintenant, bien qu'il n'en fût pas de même au début... »

Ils allaient demeurer ainsi trois années au milieu des roses de Kildare, elle élevant leur fils, lui cultivant son jardin comme Candide.

Mais au bout de ce temps, Edward dut reconnaître l'inanité de ses efforts pour vivre dans la paix campagnarde. Ses amis le reprirent, ainsi que son généreux désir de liberté, son amour pour son pays et son goût de l'action. En 1796, de toute l'Irlande opprimée monta un grand cri de douleur contre la tyrannie anglaise.

Alors Edward et Pamela quittèrent Kildare. Le jeune homme voulait demander l'aide du Directoire français pour une expédition militaire en Irlande. Et comme Pamela était de nouveau enceinte, il l'emmena avec lui, refusant de la laisser exposée aux dangers de Dublin. Il la déposa à Hambourg, chez son amie Henriette de Sercey, qui avait épousé récemment un gros négociant de la ville. C'est là d'ailleurs que naquit peu après une petite Pamela.

Par Francfort et Bâle, Edward gagna Paris où il exposa à Barras son plan d'insurrection : les Irlandais n'attendaient que des armes et de l'argent pour balayer l'Angleterre hors de leur pays. D'abord méfiant, Barras se laissa convaincre par la parole ardente du jeune homme. Hoche prit la tête de l'expédition emmenée par trois navires, le *Fraternité*, *les Droits de l'Homme* et le *Justice K*, qui quittèrent Brest tandis que Fitzgerald rejoignait en hâte la Légion irlandaise. Pour un moment Pamela retrouva Kildare en compagnie de sa belle-sœur Lucy, qu'Edward avait priée de veiller sur sa famille.

Hélas ! le débarquement n'eut pas lieu. La tempête dispersa la petite flotte, dont les restes regagnèrent la France non sans peine. Mais l'Angleterre se livra à de pénibles représailles. Le pays s'emplit de troupes qui circulaient jour et nuit. La tête d'Edward fut mise à prix. Il dut se cacher à Dublin, chez des amis où Pamela, de temps à autre, réussissait à aller l'embrasser secrètement. Mais chaque nuit, sous un déguisement, il sortait de sa cachette et gagnait la campagne pour y organiser la résistance…

C'est toujours le sort des héros que de susciter la trahison. Les mille livres offertes pour la tête de Fitzgerald tentèrent un libraire de Belfast qui trouva ce moyen simple et pratique de se libérer d'une cause à laquelle il avait donné des gages, mais qui commençait à l'inquiéter.

Dénoncé par lui, Edward vit, une nuit, des soldats envahir la cachette souterraine où il dormait, accablé de fatigue. Il réagit rapidement, se battit vaillamment, frappa deux de ses adversaires, en tua un, mais une balle l'atteignit à l'épaule et le nombre eut raison de son courage. On l'écroua à la prison de Newgate, d'où l'on ne sortait que pour aller à l'échafaud.

Affolée par la nouvelle de son arrestation, Pamela alla solliciter du gouverneur anglais la permission de voir son époux en prison. Mais, bien loin de la lui accorder, ce fonctionnaire impitoyable lui indiqua que le Conseil privé la déclarait indésirable et qu'elle avait deux jours pour quitter l'Irlande. Elle devait aller à Londres.

C'est là qu'elle apprit l'affreuse nouvelle : le 4 juin 1798, en entrant dans le cachot du prisonnier, le porte-clefs le trouva étendu sur son grabat. Il était mort… mais mort de quoi ? De sa blessure mal soignée, d'une fièvre soudaine, d'un poison que l'on aurait pu lui faire avaler ? Le gouvernement anglais jugea-t-il plus sage d'éviter une exécution publique, dangereuse dans l'état actuel des choses ? Il était difficile d'envoyer à la potence le frère d'un duc de Leinster… même si ce duc était en fuite.

À Londres, d'ailleurs, la duchesse venait de mourir et Pamela, craignant pour sa vie, dut s'enfuir de nuit, avec ses enfants, gagnant à grand-peine Hambourg, d'où il lui serait peut-être possible de recommencer une nouvelle vie.

Mais une vie qui n'aurait plus jamais, pour l'embellir, le parfum des roses de Kildare…

L'amie d'enfance

Par un soir de neige, glacé et venteux du mois de novembre 1798, une femme, qui semblait parvenue aux extrêmes limites de la résistance humaine, marchait péniblement dans les rues de Hambourg, un bébé dans les bras, et deux autres enfants accrochés à sa robe qui pleuraient de froid et de faim.

De temps en temps elle s'arrêtait, interrogeait les façades des maisons comme si elle cherchait à reconnaître l'une d'elles. Mais toujours elle repartait d'un pas qui semblait s'alourdir de plus en plus. Elle se savait si piteuse qu'elle n'osait pas s'adresser aux passants, craignant peut-être qu'on ne lui offrît une aumône. Car cette femme, jusque dans son dénuement, gardait une allure, des traces d'élégance et surtout une beauté qui, certainement, n'étaient pas celles d'une mendiante.

Pourtant, un marin qui passait et qui, depuis un moment, l'observait se décida à l'aborder :

— On dirait que vous cherchez quelque chose…

— Oui. Je cherche la maison de Herr Matthiessen, l'armateur.

Un sourire éclaira le visage du marin.

— Oh ! Vous devez être française ! Émigrée, peut-être ?

— Oui… mais je vous en prie, si vous connaissez cette maison, montrez-la-moi. J'y suis venue, pourtant, jadis… Mais j'ai peur d'avoir oublié.

— Tout le monde la connaît ici, car c'est la maison d'un homme très riche. Tenez, c'est celle-là… avec le haut pignon doré, tout près du mont des Lombards… Mais prenez plutôt mon bras : je vais vous conduire. Vous semblez si faible… si lasse.

Un instant plus tard, le poing du marin agitait vigoureusement le lourd heurtoir de bronze doré. Une servante en tablier et bonnet de dentelle vint ouvrir.

— Je désire voir Mme Matthiessen, dit la Française.

La servante jaugea d'un œil méprisant le costume misérable de l'inconnue, l'enfant qu'elle tenait dans ses bras, ceux qu'elle traînait dans ses jupes et haussa les épaules.

— Madame n'est pas là ! dit-elle sèchement.

Elle allait refermer la porte, mais le pied du marin se glissa rapidement dans l'ouverture.

— Allons, la belle, vous êtes sûre ? Quelque chose me dit qu'elle n'est pas si loin.

— En tout cas, elle ne reçoit pas des gens comme vous ! Elle a ses pauvres !

— Elle a aussi ses amis ! coupa la jeune femme. Dites-lui que lady Fitzgerald désire la voir.

Les yeux de la servante s'arrondirent.

— Lady... Pardonnez-moi ! En ce cas je vais prévenir madame.

Elle disparut dans un envol de jupons tandis que le marin reprochait doucement :

— Vous m'avez dit que vous étiez française ?

— C'est vrai, je le suis. Mais mon époux était irlandais... Merci de votre aide, monsieur. Je n'ai rien à vous offrir...

— Souriez-moi... et vous m'aurez amplement remercié !

Il disparut en courant, laissant la jeune femme surprise, un peu émue et secrètement ravie de constater que son charme était intact en dépit de son aspect misérable... C'était réconfortant.

Une exclamation retentit derrière elle.

— Pamela ! Vous ici ?... Mon Dieu, mais que vous est-il arrivé ?...

Instantanément, Pamela de Genlis, fille adoptive de la célèbre Mme de Genlis, « gouverneur » des enfants du duc d'Orléans, et que l'on disait fille bâtarde du défunt Philippe Égalité, se retrouva en train de sangloter dans les bras de son amie d'enfance, Henriette de Sarcey ex-élève elle aussi de Mme de Genlis, et devenue l'épouse de l'armateur Matthiessen.

Le premier moment d'émotion passé, Henriette fit asseoir son amie auprès du feu, appela des servantes pour leur confier les enfants, et commanda un thé copieux.

— Comment êtes-vous à Hambourg ? demanda-t-elle en s'installant en face de son amie. Comment y êtes-vous surtout dans ce triste équipage ? Où est lord Edward ?

Cette dernière question fit jaillir de nouvelles larmes.

— Nous avons eu tant de malheurs, Henriette, depuis que nous nous sommes quittées. Edward est mort... mort en prison, sans que l'on puisse savoir de quoi au juste. On m'a dit qu'il s'était suicidé, mais je n'en crois rien. Il nous aimait tant...

La voix s'étrangla, mais Mme Matthiessen coupa court à la douleur revenue par une autre question.

— Mais vous ? Quel a été votre sort ?

— J'ai reçu l'ordre de quitter l'Irlande. Je me suis alors réfugiée à Londres où j'espérais trouver de l'aide.

— Pourquoi n'être pas venue directement ici ?

— Je n'en avais pas le temps. J'étais sur le point de mettre ma fille au monde. Alors je me suis cachée. Personne ne voulait aider la veuve d'un rebelle irlandais... Nous avons vécu tant bien que mal et, après la naissance, nous avons pu gagner la côte. À Arklow, un bateau a bien voulu nous conduire jusqu'ici...

— Et qu'est-il advenu de la famille de votre mari, de sa mère ?...

— La duchesse de Leinster est morte. Les autres sont en fuite, dispersés... Oh ! Henriette, vous n'imaginez pas comme je suis malheureuse...

— Ne pleurez plus, Pamela ! Vous voici au port ! Ici vous serez bien. Hans, mon époux, est bon et généreux. Il vous traitera comme sa sœur et nous saurons bien, à nous deux, vous faire oublier... Allons, venez à présent que je vous montre votre chambre. Vous avez besoin de vous reposer.

Prenant son amie par la taille, Henriette se dirigea vers le grand escalier de chêne sculpté qui montait aux étages. Mais, au bout de quelques marches, elle s'arrêta.

— Savez-vous, dit-elle en souriant, que votre vie ressemble à un roman ? Vous savez, à l'un de ces fameux romans que notre « bonne mère » écrivait avec tant d'ardeur rue de Bellechasse. Cela me rappelle assez *Adèle et Théodore*, ou encore *Les Veillées du château*...

Pamela fit la grimace. Bien qu'elle fût, selon toute évidence, la fille naturelle de Mme de Genlis, elle gardait rancune à celle-ci de son éducation trop moderne et de l'espèce de théâtre perpétuel dans lequel elle l'avait fait vivre. Car, si elle était ravissante, Pamela n'était pas follement intelligente... Elle demanda néanmoins :

— Savez-vous où elle est, en ce moment ?

— À Berlin, je crois... Ce n'est pas tellement loin et si...

— Si je veux la rejoindre ? Sûrement pas ! Je vous en prie, Henriette, ne lui dites surtout pas que je suis chez vous. C'est une femme épuisante et j'ai tellement besoin de repos.

Ce repos, lady Fitzgerald en eut tout son content dans la fastueuse demeure des Matthiessen. Elle y reçut aussi une hospitalité aussi large que généreuse, car ses amis la plaignaient sincèrement d'être si charmante et si malheureuse.

À l'invitation de ses hôtes, tout Hambourg défila dans leurs salons pour y rencontrer la jeune et ravissante veuve d'un héros irlandais. Et le succès de Pamela fut tel que le bruit en parvint jusqu'à Berlin où Mme de Genlis avait, effectivement, établi ses pénates. L'éducatrice passionnée y menait une vie même confortable et tout a fait conforme à ses aspirations car, n'ayant plus de princes à élever, elle s'était rabattue sur le fils de sa logeuse après avoir décrété qu'un génie sommeillait au fond de ce petit Allemand plutôt mélancolique. Elle avait donc entrepris de réveiller le génie en question et pris en main l'éducation du garçon en se jurant d'en faire un prodige.

Le prénom du garçon, qui s'appelait tout bêtement Karl, lui étant apparu fort peu euphonique et totalement dépourvu de romantisme, elle l'avait rebaptisé Casimir et lui apprenait les belles manières, l'orthographe et surtout la harpe pour laquelle, selon elle, Casimir était tellement doué. Elle espérait qu'avant peu toute l'Europe partagerait ses vues et n'aurait rien de mieux à faire qu'acclamer Casimir à chacune de ses apparitions publiques. Le plus fort est qu'elle réussit presque et que Casimir fit une carrière assez honorable, grâce à l'entregent et l'habileté publicitaire de son mentor.

En apprenant que sa ravissante Pamela, son premier chef-d'œuvre, était à Hambourg, elle se hâta de la réclamer. Entre le talent de Casimir et la beauté de la jeune veuve, Mme de Genlis se faisait fort d'obtenir une grande réussite, sur les plans tant mondain que financier, et elle écrivit à sa fille « adoptive » de venir la rejoindre.

Or, non seulement Pamela n'avait pas la moindre envie de la rejoindre, mais, en lisant sa lettre, elle éclata en sanglots et supplia Henriette de la garder encore.

— Je ne veux pas aller à Berlin ! J'en deviendrais folle !...

Henriette la rassura.

— Si vous ne le souhaitez pas, il ne saurait être question de vous envoyer là-bas. D'ailleurs, ici, vous n'avez que des amis et des admirateurs.

C'était vrai. Pamela, qui n'avait plus aucune envie de jouer les chiens savants dans la ménagerie de Mme de Genlis, était très entourée à Hambourg et ne comptait plus ses amoureux. Le plus passionné en était d'ailleurs le consul des États-Unis, un certain Pitcairn.

C'était un homme d'une quarantaine d'années, d'assez belle prestance, fort sérieux et même fort grave, mais qui rachetait cette tendance à l'austérité par une très belle fortune qu'il était tout prêt à déposer aux pieds de lady Fitzgerald.

Or, Pamela, les premiers temps de grande douleur passés, avait repris goût à la vie. Sa petite âme légère n'était guère capable de supporter le poids d'un deuil éternel, seul digne d'un héros. Elle se savait jolie, désirable et, comme elle n'avait d'autres ressources que celles procurées par la générosité de son amie Henriette, elle se prenait à souhaiter retrouver, avec une fortune et un empire complet sur un époux amoureux, une pleine et entière indépendance.

À cette fin, elle se mit à écouter de plus en plus complaisamment les graves déclarations du consul et lorsque Mme de Genlis, inquiète d'être sans nouvelles, vint à Hambourg avant de rentrer enfin en France, seul pays à la hauteur de ses activités intellectuelles, elle trouva Pamela pratiquement fiancée.

La bonne dame profita de son passage à Hambourg pour produire Casimir dans quelques concerts et proposa à Pamela de la ramener en France où « l'existence devait avoir beaucoup plus de charme qu'en Allemagne » et où elle n'aurait aucune peine à trouver d'autres occasions.

Mais la jeune femme déclina l'invitation.

— Vous êtes bonne de vouloir vous charger de moi de nouveau, mais je me dois à mes enfants et les aventures ne me tentent plus. L'homme avec lequel je vais prochainement me marier est bon, respectable et respecté. Il m'aime et je pense trouver auprès de lui le calme et le repos dont mon cœur blessé a tant besoin.

C'était là un langage que Mme de Genlis pouvait comprendre d'autant mieux que les termes en étaient empruntés presque mot pour mot à l'un de ses romans, *Palmyre et Flamine*. Elle versa une larme, souhaita beaucoup de bonheur à sa fille adoptive et reprit « le chemin de la mer et de l'aventure » – entendez par là qu'elle prit le bateau –, tandis que Pamela mettait sa petite main dans celle, beaucoup plus grande, de M. Pitcairn.

Ce mariage-là dura environ une année. Tout juste le temps pour Pamela de donner une fille à son nouvel époux. Cela fait, « le calme et le repos dont son cœur avait tant besoin » commencèrent à la lasser prodigieusement.

Hambourg par la même occasion lui parut aussi le comble de l'ennui. Comme quoi les choses et la manière de les voir peuvent changer selon les circonstances !...

Quoique Pamela Pitcairn eût pu en penser, le goût de l'aventure, si fermement ancré chez lady Fitzgerald, n'était pas mort en même temps que le pauvre cher Edward (qu'elle n'avait d'ailleurs jamais réussi à oublier, il faut bien lui rendre cette justice). Ce goût se réveilla dangereusement au contact de la vie si terriblement paisible, si affreusement austère que l'on menait chez monsieur le consul des États-Unis.

Et puis, il faut bien l'admettre, l'éducation effarante qu'elle avait reçue chez Mme de Genlis et que son intelligence ne pouvait assimiler, l'influence des romans de sa protectrice dont sa jeunesse avait été nourrie se faisaient de plus en plus sentir à mesure que s'écoulaient les courtes années de la jeunesse.

Pour elle, Edward Fitzgerald avait été le prince charmant, le héros de légende en qui s'incarnaient toutes les perfections, tous les rêves. Il avait été l'amour lui-même et, à présent, Pamela en venait à se demander comment elle avait pu imaginer que l'ennuyeux Pitcairn, avec ses citations bibliques et ses redingotes sévères, pourrait, même un instant, le remplacer. À l'usage, elle s'apercevait de son erreur.

Le jour où Pitcairn lui annonça son intention de repartir pour les États-Unis où le rappelaient ses affaires, Pamela s'effondra. Elle vit poindre devant elle un menaçant horizon peuplé de femmes collet monté, de prêches du dimanche, de trousseaux de clefs pendues à la ceinture et de confitures confectionnées au milieu d'une ribambelle d'enfants. À moins qu'on ne l'emmenât vivre dans l'une des ces tribus sauvages dont Mme de Genlis avait nourri son imagination enfantine ?... Et ce genre d'aventure-là, Pamela n'en voulait à aucun prix.

Et, un beau soir, sans tambours ni trompettes, Mrs. Pitcairn s'embarqua pour l'Angleterre en compagnie de ses quatre enfants, se bornant à informer son mari de l'impossibilité où elle se trouvait de continuer une vie commune sur un territoire ainsi déshérité et oublié du ciel que les États-Unis.

En Angleterre, elle espérait parvenir à retrouver la famille d'Edward Fitzgerald. Tout au moins ce qui pouvait en rester…

Un ange nommé Casimir

On ne sait trop comment M. Pitcairn, consul des États-Unis à Hambourg, réagit à la nouvelle de la désertion de sa femme disparaissant en direction de l'Angleterre avec ses quatre enfants. Il fallut attendre un certain temps avant qu'une réclamation vînt de son côté.

On ne sait pas davantage comment Pamela réussit à subsister à Londres. Retrouva-t-elle l'un des membres de la famille d'Edward Fitzgerald, son premier mari ? C'est possible, mais ce n'est pas certain et, si cela fut, cette aide ne dura pas longtemps. Elle avait emporté peu d'argent de Hambourg, et ce peu fut sans doute rapidement englouti.

La seule certitude que l'on ait la concernant se situe dans les premiers jours du mois de février 1808. Elle se trouvait alors à Douvres, à peu près sans ressources et à la veille de se voir jetée à la porte de la modeste auberge des quais du port où elle avait trouvé refuge avec ses enfants.

Pourtant la Providence qu'elle mettait si souvent à rude épreuve par son étourderie semblait toujours décidée à lui venir en aide et, selon ce qui était devenu une habitude, entreprit de lui susciter une fois de plus le sauveur de la dernière minute.

Cette fois, ce ne fut pas un marin rencontré dans une rue couverte de neige, mais un fort élégant voyageur qui, les autres auberges étant bondées, poussa du bout de sa canne la porte de l'hôtellerie où Pamela était descendue.

Tout de suite, il remporta le plus vif succès auprès du patron et de la domesticité, car ses habits étaient de grande classe, un serviteur attentif l'accompagnait et les sacoches que l'on descendit d'une voiture luxueuse portaient la marque du bon faiseur.

Dans la cour de l'auberge, ce fut un concert de salutations et de courbettes que la pauvre Mrs. Pitcairn, debout sur la galerie de bois du premier étage, put contempler avec tristesse. Le gros aubergiste qui, tout à l'heure, lui avait signifié durement son congé pour le lendemain et qui allait la jeter à la rue faute d'argent était tout sucre et tout miel. Ce soir, d'ailleurs, elle savait qu'elle n'aurait même pas droit à son souper et elle ne savait pas comment elle pourrait nourrir les enfants qui, entassés dans sa chambre, pleuraient... Si seulement, pensait-elle, le seigneur qui venait d'arriver et qui paraissait si riche voulait bien s'intéresser à elle...

Et, tout à coup, elle étouffa une exclamation de surprise, ouvrit de grands yeux, cherchant à s'assurer qu'ils ne la trompaient pas. Le nouveau venu, ce dandy blond, quelque peu maniéré avec ses cheveux longs et sa badine à pommeau d'or, elle venait de le reconnaître : c'était Casimir, le fameux et bien-aimé Casimir de Mme de Genlis, le virtuose de la harpe, le célèbre Casimir Baecker qui semblait, lui, au moins avoir fameusement réussi. Alors elle n'hésita plus et se précipita.

Casimir venait de s'installer à la meilleure table près de la cheminée et attendait son souper quand il vit s'approcher de lui une femme qui ne lui parut pas inconnue et dont les yeux étaient pleins de larmes mal contenues.

— Me reconnaissez-vous? dit cette femme. Nous nous sommes rencontrés à Hambourg, voici quelques années.

Vous étiez avec ma mère adoptive, la comtesse de Genlis et...

Il ne la laissa pas continuer. Il était déjà debout et s'inclinait.

— Lady Fitzgerald : vous ici? Mais par quel étonnant et merveilleux hasard ai-je la joie de vous retrouver ici?

— C'est aimable à vous de considérer ce hasard comme merveilleux car, pour moi, le destin a été assez cruel, ces derniers temps, et j'ai cent fois regretté de n'être pas partie pour Paris avec vous et cette chère amie lorsqu'elle m'en avait priée à Hambourg...

Mais elle n'avait pas besoin de se donner tant de mal, car Casimir était déjà tout disposé à l'aider.

— Si je peux vous être bon à quelque chose, lady... Pamela n'est-ce pas?... Je vous supplie d'user de moi comme d'un frère. Je vous vois, il me semble, dans un grand embarras et si je vous y laissais, Mme de Genlis ne me le pardonnerait jamais, avec raison d'ailleurs. Mais d'abord prenez place près de moi et dites-moi tout!

C'était un bon garçon que ce Casimir, et qui savait pratiquer la reconnaissance. N'ignorant pas qu'il devait sa brillante carrière à Mme de Genlis, il écouta patiemment le long récit de sa « presque sœur », lui offrit à souper, ordonna que l'on montât un repas chez les enfants puis, au terme du récit, informa son invitée de ce qu'il s'apprêtait à prendre la mer à destination de la France le lendemain même, à bord du yacht que le prince Esterhazy, l'un de ses amis, avait mis à sa disposition.

— Je vous emmène, conclut-il. Vous partirez avec moi.

— Ce ne sera pas possible, mon ami. Une meute de créanciers m'assiège dans cette auberge même d'où l'on va cependant me chasser demain. Ils ne me laisseront pas quitter l'Angleterre et je serai immédiatement jetée en prison. Occupez-vous seulement de mes pauvres enfants si vous le pouvez.

— Je vous dis, moi, que vous partirez avec moi... et sans donner un sou à ces croquants. La seule chose à faire est que vous quittiez l'auberge cette nuit. Voici cinquante louis pour payer votre dépense ici. Ensuite allez préparer vos enfants que je vais faire conduire au bateau tout de suite. Quant à vous, je vous ferai embarquer vers minuit sous un déguisement de garçon que je vais emprunter à mon domestique...

Et il en fut ainsi. Déguisée en valet, Pamela fut embarquée clandestinement, descendue dans la cale du voilier et littéralement enfouie sous les bagages afin qu'en cas de visite du navire par la douane on ne la découvrît pas. Puis le bateau fit voile vers la France où, quelques heures plus tard, il débarquait tout son monde, officiel ou clandestin.

La France, Pamela ne l'avait pas revue depuis seize ans. Elle l'avait quittée en pleine Terreur, mais à présent un certain Napoléon Ier y régnait. Aussi l'émigrante ne pouvait-elle se défendre d'une certaine angoisse en touchant le sol de ce pays qu'elle avait aimé, où elle avait été heureuse et qui, à présent, lui était parfaitement étranger.

Conseillée par Casimir, elle y fit une entrée prudente. Elle et son protecteur descendirent à Calais à l'hôtel Desaint, lui sous son propre nom, elle sous le pseudonyme de Mme Dufour, femme de chambre de la princesse Starhemberg. C'était une première étape, mais pour gagner Paris, dans la France impériale, il fallait un passeport et il n'était guère facile de s'en procurer pour une « étrangère », d'autant que la loi sur les émigrés rentrés en fraude était des plus sévères.

Mais la fidèle Providence de Pamela se mit une fois encore à l'ouvrage. Grâce à Fouché, son ministre de la Police, Napoléon avait l'œil sur tout ce qui se passait dans son empire et il ne tarda guère à apprendre qui se cachait au juste sous le pseudonyme de Mme Dufour, Il donna alors à Fouché l'ordre de lui faire tenir aussitôt un passeport qui lui permettrait de gagner Paris en toute sûreté.

— Une femme si bien renseignée sur l'Angleterre, sur l'Irlande et sur Hambourg, sans compter les États-Unis, doit pouvoir nous être fort utile, déclara-t-il. Veillez à la bien employer !

Et c'est ainsi que Pamela Pitcairn-Fitzgerald-etc. revit enfin ce Paris qu'elle avait adoré et où elle avait eu, jeune fille, tant de succès. Paris... où Madame de Genlis, qui faisait elle aussi fort démocratiquement partie de l'immense service de renseignement de Fouché pour arrondir ses fins de mois, vivait en toute quiétude dans un superbe appartement de l'Arsenal, où elle continuait à exercer ses redoutables activités au bénéfice d'un orphelin recueilli par elle et qu'elle avait baptisé Alfred, en souvenir de son célèbre roman *Sainclair, ou la victime des sciences et des arts*. Celui-là la consolait des perpétuelles absences du bien-aimé Casimir astreint à courir le monde avec sa harpe.

Reçue par Fouché, Pamela se vit offrir un traitement du même genre, sous la forme d'une pension confortable qui lui serait versée en échange des renseignements qu'elle pourrait fournir ou glaner autour d'elle. Et ce fut alors le début d'une période pleine d'agréments.

Installée près de la rue du Mont-Blanc dans une élégante demeure, Pamela se mit à mener joyeuse vie. Elle avait, bien entendu, refusé l'invitation de Mme de Genlis qui lui offrait de s'installer près de l'Arsenal, n'ayant aucune envie de reprendre la vie commune avec une femme trop autoritaire et en qui elle voyait plus une maîtresse d'école qu'une mère.

D'ailleurs, pour la première fois de sa vie, Pamela se retrouvait fabuleusement libre, veuve et unique maîtresse de ses biens comme de sa personne.

En effet, la famille Fitzgerald s'était, cette fois, fermement manifestée et lui avait offert une pension, mais à condition qu'elle renvoyât les enfants qu'elle avait eus de lord Edward et qui devaient être élevés selon leur rang, car le nouveau duc de Leinster avait recouvré ses biens. De son côté d'ailleurs, le consul Pitcairn avait réclamé sa fille et exigé de l'emmener en Amérique, et Pamela, n'ayant plus d'enfants à charge, pensa que rien ne l'empêchait plus de s'amuser et d'essayer de redevenir l'une des Reines de Paris.

Malheureusement pour elle, le temps avait coulé, même si elle refusait de s'en apercevoir. Ses 20 ans étaient loin à présent et elle n'était plus du tout à la mode. En outre, son intelligence peu étendue ne lui permettait guère de briller au firmament des grandes espionnes et, comme elle ne rendait guère de services, ses ressources, peu à peu, s'amenuisèrent. Le temps des huissiers revint et, un beau jour, elle s'aperçut qu'il ne lui restait plus que la seule pension servie par les Fitzgerald… et 30 000 francs de dettes.

Elle trouva la solution… dans l'un des romans de Mme de Genlis, *Linval ou la Tombe harmonieuse* : c'était la fuite… mais une fuite très astucieuse, du moins le pensait-elle.

Pamela disparut donc et alla s'installer sous un faux nom à cinq lieues de Paris, chez des paysans où elle faisait de la peinture en chantant des romances à longueur de journée. Le dimanche, jour férié pour tout le monde même pour les huissiers, elle grimpait en charrette, se faisait conduire à Paris où elle s'amusait toute la journée, puis, à la nuit close, repartait pour sa campagne. Cette situation d'ailleurs ravissait Mme de Genlis qui, étrangement, y retrouvait, elle, un autre de ses romans, *La Femme impertinente par air*, et qui applaudissait tout bas cet étrange comportement sans pour autant se priver de le critiquer tout haut :

— Quelle folie, s'écria-t-elle avec des trémolos dans la voix, de sacrifier ainsi la paix de sa vie à de vains airs. Pamela eût pu trouver auprès de moi infiniment de paix et de bonheur, mais elle a préféré cette aventure insensée. Quel malheur de manquer de raison pour une femme !

Elle y était peut-être un peu pour quelque chose si sa fille adoptive avait pris la manie de calquer sa conduite sur celle des héroïnes de ses invraisemblables romans, mais ni l'une ni l'autre ne semblait s'en rendre un compte bien exact.

Cette fois, la Providence de Pamela prit l'aspect pompeux de la Restauration. Ce fut le retour des Bourbons qui la sauva des huissiers de Napoléon. Non seulement elle rentra à Paris la tête haute et reçut un agréable appartement à l'Abbaye-aux-Bois, mais encore l'intendant du duc d'Orléans – qui était peut-être son demi-frère – reçut l'ordre de payer toutes ses dettes passées et de veiller à son bien-être à venir.

Rien ne s'opposait plus désormais à ce que Pamela goûtât enfin cette paix qu'elle n'avait jamais cessé d'appeler de ses vœux. Hélas ! il fallait compter avec ce redoutable goût de l'aventure et du romanesque qui lui tenaient toujours si fort à cœur.

Pamela avait à présent 43 ans. Sa beauté se fanait et la sagesse eût voulu qu'elle se contentât de ce que la chance lui apportait sans chercher à atteindre des sommets hors de sa portée. Mais elle avait un rhumatisme à la tête qui n'arrangeait rien côté intelligence.

C'est ainsi que, non seulement elle laissa dire, mais encore incita son entourage à répandre le bruit qu'elle était très réellement la fille de feu Philippe Égalité (ce qui était sans doute vrai, mais toute vérité n'est pas bonne à dire). En outre, elle prit la douce habitude de se faire traiter en princesse du sang, ce qui eut pour résultat d'indisposer non seulement la famille d'Orléans – et singulièrement Mme Adélaïde –, mais aussi Mme de Genlis, qui était bien un peu, cependant, à l'origine des prétentions de sa fille « adoptive », mais qui tenait par-dessus tout à sa situation et au respect de ses nobles élèves. Pamela se retrouva donc encore une fois en difficulté, cependant qu'un certain nombre de portes se fermaient devant elle.

Mais comme elle gardait encore quelque charme, elle en usa pour se procurer un nouveau protecteur : ce fut le duc de Caumont La Force, qui venait d'être nommé gouverneur de Montauban et qui lui offrit le poste, agréable et flatteur, de dame de compagnie de la duchesse sa femme.

Cela ne dura malheureusement qu'un certain temps : tout juste celui durant lequel la duchesse trouva le courage de supporter une dame de compagnie qui passait son temps à se promener au jardin en robe courte, coiffée d'un chapeau à fleurs, tenant une houlette à la main et suivie d'un mouton enrubanné. L'ensemble, naturellement, faisait pâmer de rire tout Montauban, à commencer par la garnison, et Mme de Caumont, ne sachant trop à quel saint se vouer, en venait à se demander comment elle se débarrasserait d'un tel phénomène, quand il fallut rentrer à Paris : la France venait encore de changer de gouvernement. On était en 1830 et Louis-Philippe était Roi des Français.

Malheureusement pour Pamela, elle n'avait plus rien à attendre du nouveau souverain. Elle avait lassé tout le monde à force de jouer les héroïnes de roman, et Mme de Genlis venait de mourir, à 84 ans.

Il ne restait plus à sa fille adoptive qu'à en faire autant et à quitter un monde où elle n'avait plus sa place.

Pauvre et malade, elle s'était installée dans une petite chambre de la rue Richepanse. La vie lui avait accordé une ultime faveur en lui faisant retrouver un ancien ami, le conventionnel Barère qui, au temps jadis, lui avait servi de tuteur. Ce fut auprès de lui qu'elle mourut, le 8 novembre 1831… en prononçant le nom d'Edward, l'époux qu'en dépit de ses folies, elle n'avait jamais cessé d'aimer, et en évoquant le doux parfum des roses de Kildare qui avaient vu son bonheur de jeune femme.

Plus tard, ses enfants réclamèrent son corps et c'est au bord de la Tamise, sous des roses précisément, qu'ils firent reposer celle qui avait été la belle Pamela.

15

La belle Mme de Beauharnais ou l'art de vivre en prison

Au soir du 21 avril 1794, une poignée de sectionnaires hirsutes et crasseux à souhait s'arrêtaient devant l'ancien et vénérable couvent des Carmes, rue de Vaugirard, ravalé au rang sans gloire de prison depuis qu'en vertu des lois révolutionnaires la moitié des sans-culotte de la France avait entrepris de se débarrasser de l'autre moitié. Ces valeureux guerriers encadraient étroitement une femme qui semblait plus morte que vive.

Le gradé qui commandait la troupe se fit ouvrir le guichet derrière lequel apparut une figure à peu près aussi avenante que la sienne.

— Un cadeau pour toi, citoyen ! déclara-t-il. Et du beau monde : une vicomtesse, s'il te plaît !

— Encore ! grogna l'autre. Et où veux-tu que je la mette, ta vicomtesse ? Mes cellules débordent...

— Bah ! Elle n'est pas si grosse. Tu lui trouveras bien une petite place. D'autant que tu aurais tort de te plaindre : si tes cellules sont pleines ce soir, on y sera plus à l'aise demain. Le Tribunal révolutionnaire fait ce qu'il peut pour faire de la place. Seulement il y a d'autres prisons dans Paris et on n'a jamais qu'une guillotine. Faut avouer qu'une deuxième serait pas de trop ! Allez, toi, entre là-dedans ! ajouta-t-il tandis que la porte s'ouvrait avec un grincement qui passa comme une râpe sur les nerfs à vif de la prisonnière.

C'était une très jolie femme de 30 ans, fort élégamment habillée d'une robe de soie rayée blanche et verte, avec un grand fichu et des manchettes de mousseline immaculée. Elle avait une chevelure brune avec de chauds reflets d'or roux et des yeux de velours qui, pour l'heure, laissaient couler des flots de larmes. Elle venait, il est vrai, de subir une secousse nerveuse fort désagréable car, au moment où elle se préparait à se mettre au lit, son charmant petit appartement de la rue Saint-Dominique avait été envahi par ces brutes grossières. On l'avait arrachée à ses enfants, Eugène (12 ans et demi) et Hortense (11 ans), en lui laissant tout juste le temps de les embrasser et de revêtir la robe qu'elle venait de quitter. Encore avait-elle dû opérer ce changement de costume sous l'œil plus qu'intéressé de ses bourreaux. Puis on l'avait traînée, frissonnante et terrifiée, jusqu'à cette horrible prison, à la lumière de torches qui jetaient sur toutes choses des traînées sanglantes.

Demeuré seul avec la « nouvelle », le concierge prit son livre d'écrou, sa plume, chaussa ses bésicles et se mit en devoir d'inscrire l'entrée. Mais quand elle murmura son nom, il leva les yeux pour la regarder par-dessus ses lunettes.

— Beauharnais ? On a déjà ça ici !...

— Oui... hoqueta-t-elle en tamponnant ses jolis yeux avec un mouchoir minuscule. C'est mon mari... mon pauvre mari !

— Mais oui, c'est ça ! Alexandre ! fit l'homme avec bonne humeur. Un de ces sacrés fichus généraux bons à rien, sur les agissements desquels la République s'est enfin décidée à ouvrir les yeux ! Eh bien j'aime autant te prévenir tout de suite, citoyenne : si tu crois que vous allez pouvoir roucouler, tous les deux, tu vas déchanter. Chez moi : les femmes d'un côté, les hommes de l'autre ! C'est la règle et je la respecte. Alors, où c'est-y que je vais te mettre, toi ?... Voyons !... Ah ! tiens ! chez la citoyenne

Custine ! J'avais oublié que celle qui était avec elle a changé d'hôtel ce soir et qu'elle est toute seule ! Allez viens, je vais te conduire : on aura bien soin de toi, en attendant que le citoyen Sanson prenne le relais.

Cette aimable déclaration eut le don de redoubler les pleurs de la malheureuse qui le suivit en sanglotant. Elle pleurait même si fort qu'il finit par s'en émouvoir.

— Faut pas pleurer comme ça, sacrebleu ! Tu ne seras pas si malheureuse ici. Je ne suis pas un mauvais bougre ! Et puis je sais comprendre les choses : tiens, tu demanderas plutôt à ton mari ! Eh, voilà un qui sait prendre le temps comme il vient ! Au fait... tu pourras aussi demander à la citoyenne Custine. Paraîtrait qu'ils s'entendent assez bien tous les deux !

C'est ainsi que Marie-Josèphe-Rose de Beauharnais, née Tascher de La Pagerie, apprit que son général de mari était devenu l'amant de la jolie Mme de Custine. Mais elle n'en éprouva ni dépit ni colère car, depuis longtemps déjà, les liens existant entre les deux époux n'étaient plus représentés que par les enfants et une certaine amitié.

Quatorze ans plus tôt, en effet, Rose, qui n'avait encore que 16 ans, avait été unie, à peine débarquée de sa Martinique natale, à un homme qui ne l'avait pas séduite outre mesure et avec lequel, d'ailleurs, elle n'avait vécu que onze mois en tout et pour tout. Elle ne s'y était pas tellement attachée, d'autant moins qu'affligé d'une jalousie maladive et d'une insupportable tendance à la pédanterie, Alexandre de Beauharnais était le moins fidèle des époux. Il ne savait pas résister à un jupon passant à proximité. Aussi, en 1785, la jeune femme obtenait-elle une séparation légale qui lui avait donné une certaine liberté. Depuis, les choses entre eux en étaient au même point.

Malgré tout, en pénétrant dans l'étroite cellule où habitait Mme de Custine, Rose s'avoua qu'elle aurait préféré une autre compagne. Car, sachant que la mort rôdait autour d'elle comme autour des autres habitants de cette sinistre demeure, la jeune femme eût peut-être trouvé quelque réconfort à un rapprochement avec son époux. Son tempérament créole la classait parmi ces femmes-oiseaux s'effarouchant facilement et que leur faiblesse pousse à rechercher toujours le soutien vigoureux d'un homme.

Or, non seulement l'homme dont elle portait le nom ne lui serait d'aucun secours, mais encore il allait lui falloir endurer de le voir, sous son propre nez, s'occuper exclusivement d'une autre. Ce qui était vraiment le comble de l'infortune !

Néanmoins, en regardant Delphine de Custine, Rose s'avoua qu'elle était véritablement charmante. C'était l'une de ces blondes lumineuses, d'une beauté et d'un éclat tels que le chevalier de Boufflers, qui était l'amant de sa mère et qui s'y connaissait en femmes, l'avait surnommée « la Reine des roses ». En plus de cela, elle avait le plus charmant caractère et elle accueillit cette Rose qu'on lui amenait avec une gentillesse qui, tout de suite, toucha le cœur sensible de la belle créole et lui fit sécher ses larmes.

— Vous vous abîmez les yeux et c'est bien dommage. Vous verrez, ce n'est pas si désagréable de vivre ici. Il y a une charmante compagnie, des hommes tout à fait remarquables. Nous avons même des héros : votre époux bien entendu, mais aussi le grand Lazare Hoche, cet extraordinaire soldat. En vérité la Convention doit avoir perdu la tête pour emprisonner ainsi ses meilleurs serviteurs. On n'imagine pas pareille sottise et si noire ingratitude !

Rose approuvait. Comme tout le monde, elle avait entendu vanter la gloire de Hoche et, comme tout le monde aussi, elle avait déploré son arrestation : 26 ans, quand on est beau, séduisant, brave et galant, ce n'est vraiment pas un âge pour mourir !...

Cette opinion se trouva vigoureusement confirmée quand le lendemain, après des retrouvailles sinon très chaleureuses, du moins décentes avec Alexandre, la future impératrice des Français se vit présenter Lazare Hoche, par son mari d'ailleurs. Le jeune général était encore plus aimable que sa légende. Non seulement il était beau, avec un visage blond et agréable porté sur un grand corps vigoureux – visage que ne déparait nullement une balafre au front due à un coup de sabre reçu en duel –, mais encore il s'habillait à merveille, chose à laquelle Rose était sensible. Et enfin, toute sa personne dégageait une extraordinaire impression d'autorité.

Et Rose, dont la vertu n'était pas fort solide, eut à peine posé les yeux sur lui qu'elle décida de s'attacher cet homme exceptionnel, pensant, avec une logique bien féminine, que ce serait une très spirituelle façon de se venger des préférences d'Alexandre. Sans avoir l'air d'y toucher, elle interrogea sa compagne de chambre.

— Quel charmant garçon ! Je suis bien certaine que toutes les femmes ici sont folles de lui...

— Il est vrai qu'il a beaucoup de succès. Mais jusqu'à présent les sourires ont été décochés en pure perte. Il n'est marié que depuis quelques semaines, vous savez, et figurez-vous qu'il semble décidé à rester fidèle à sa femme...

C'était la pure vérité. Un mois avant son arrestation, qui avait eu lieu à Nice, Hoche avait épousé à Thionville la jolie fille du directeur des Vivres de la ville, Adélaïde Dechaux, qui n'avait que 16 ans. La lune de miel avait été singulièrement écourtée par la dénonciation du rival de Hoche, Pichegru. Et l'ancien général en chef de l'armée de la Moselle, le héros de Geisberg et de Landau, était venu, dix jours avant Rose, réfléchir chez les Carmes aux inconvénients qu'il y a à servir un gouverneur versatile, beaucoup trop porté sur les cancans et ne sachant visiblement pas ce qu'il voulait.

Dire que l'annonce de ce mariage si frais enchanta Rose serait excessif, mais elle avait, en son charme créole, une assez solide confiance. En outre, si la bataille était un peu difficile, la victoire n'en serait que plus exaltante.

Afin d'être bien dans son rôle, elle commença par s'éprendre réellement de Hoche, car c'était une femme qui ne faisait jamais les choses à moitié. Puis, jouant de sa faiblesse et de sa grâce inquiète d'oiseau des îles, elle parvint non seulement à intéresser sérieusement le héros, mais encore à lui faire oublier momentanément sa chère Adélaïde. En un rien de temps, Hoche tomba bel et bien amoureux de Rose et, comme le geôlier était véritablement un homme qui savait comprendre les choses quand on lui parlait un certain langage, Lazare et Rose n'eurent aucune peine à se donner à eux-mêmes les preuves les plus tangibles de cette grande passion qui venait d'éclore entre eux.

Pendant trois semaines, le général et la créole menèrent une vie si remplie et si agréable que Rose, avec sa belle insouciance martiniquaise, en vint presque à oublier quelque peu le danger qui planait toujours sur sa tête folle. Pourtant, presque chaque soir, l'aboyeur des morts venait avec sa terrible liste et ne repartait pour la Conciergerie qu'avec son contingent de malheureux condamnés d'avance à l'échafaud.

Hélas ! Vingt-six jours exactement après leur première rencontre, Rose eut la douleur d'entendre appeler le nom de son amant : à son tour, il partait pour la Conciergerie, où l'on ne restait guère que le temps de passer devant le sinistre tribunal. Elle lui fit des adieux déchirants, persuadée qu'elle était de ne jamais plus le revoir en ce bas monde et, malgré les exhortations de Delphine, la jeune femme retomba dans ses terreurs. L'amour était parti : il ne restait plus que la peur !

Pour tenter de desserrer son angoisse, Rose tenta de s'intéresser à un autre militaire, le général Santerre, ex-brasseur et ex-terreur du faubourg Saint-Antoine. Elle y réussit à peu près. Santerre n'avait ni le charme ni l'élégance de Hoche (qui avait pourtant été palefrenier dans les écuries royales), mais il avait une carrure et une voix rassurantes. Et c'était de cela que la pauvre Rose avait le plus besoin : être rassurée.

Mais sa peur devint de l'épouvante quand, le 22 juillet, elle vit partir son mari pour le Tribunal révolutionnaire. Elle n'avait plus pour lui qu'une affection fort tiède, mais elle n'en pleura pas moins amèrement en lisant la lettre qu'en quittant la prison il lui avait laissée.

« Je n'ai aucun espoir de te revoir, mon amie, ni d'embrasser nos chers enfants. Je ne parlerai point de mes regrets. Ma tendre affection pour eux, l'attachement fraternel qui me lie à toi ne peuvent te laisser aucun doute sur le sentiment avec lequel je quitterai la vie. Adieu. Je te presse ainsi que mes deux enfants, pour la dernière fois de ma vie, contre mon sein… »

Le pauvre Beauharnais n'avait guère de chance car, à quatre jours près, il eût été sauvé. En effet, tandis que Rose pleurait à creuser les cailloux et que les autres attendaient la mort dans la résignation, une femme faisait en sorte de sauver tout le monde et de mettre fin à la Terreur.

Ancienne amie de Rose, la belle Thérésia Cabarrus, marquise de Fontenay et maîtresse du conventionnel Tallien, incarcérée à La Force, avait trouvé le moyen de faire savoir à son amant, en termes lapidaires, qu'il lui fallait choisir entre deux têtes : la ravissante tête de Thérésia ou celle de Robespierre. Tallien adorait sa maîtresse : le 9 thermidor, Robespierre fut abattu. Les prisons s'ouvrirent, le cauchemar s'évanouit…

Or, Lazare Hoche n'était pas mort. La Convention, craignant peut-être une émeute, n'avait pas osé envoyer le héros des armées à l'échafaud de la place du Trône, ce qui avait permis à l'histoire d'avancer de quelques pas. Le 4 août, il était libéré et, fou de joie, prenait sa plume pour écrire à sa jeune femme :

« Je suis libre, Adélaïde ! Rendons grâces au ciel. Je m'en vais à Thionville à pied, comme il convient à un républicain... »

L'intention était noble, la phrase héroïque, mais le passage à l'acte ne suivit pas. Non que le grand Lazare craignît les fatigues d'une longue route à pied sous le soleil d'août, mais il se trouvait que, le 6 août, l'irrésistible Rose était sortie des Carmes avec le soulagement que l'on imagine et avait regagné joyeusement son appartement de la rue Saint-Dominique, où elle avait retrouvé en bonne santé ses enfants qu'une voisine au cœur chaleureux avait gardés. Et Lazare prit lui aussi le chemin de la rue Saint-Dominique.

Les deux amants renouèrent avec enthousiasme le fil de leurs entretiens passionnés et s'y complurent si longuement que la jeune Mme Hoche se mit à éprouver des doutes sur les raisons du retard de son époux. Avec l'impitoyable logique de la jeunesse, Adélaïde estimait que, même à pied et même en temps de canicule, il ne fallait pas quinze jours à un républicain pour couvrir la distance Paris-Thionville.

Elle écrivit donc, annonçant son arrivée et, en retour, reçut une lettre, un brin affolée et quelque peu comminatoire, dans laquelle son époux, sous de fumeux prétextes, lui interdisait formellement de venir le rejoindre. Il ajoutait, pour plus de sûreté, que ce voyage était inutile car lui-même n'allait pas tarder à rejoindre son foyer.

Mais les hommes proposent et le dieu des armées dispose. Le 21 août, Hoche était nommé commandant en chef de l'armée des Côtes de Cherbourg et, du coup, se retrouvait militaire de la tête aux pieds... et mari sérieux par la même occasion.

Comme il n'était plus question pour lui d'aller faire un tour à Thionville, il écrivit incontinent à la jeune Adélaïde le poulet galant que voici et dont le fumet militaire ne laisse pas d'en faire un poème de littérature conjugale.

« Aussitôt la présente reçue, pars de Thionville et marche jusqu'à Paris ! Viens, mon amie, embrasser un mari malheureux. Apporte avec toi tous mes effets, excepté ceux que je laissai lorsque je partis pour Nice. Apporte mon épée, mes pistolets, le fusil dont le chien est cassé. Que Perrier me rejoigne. Et si j'ai encore un cheval, qu'il parte lui aussi pour Paris. Tu descendras chez mon cousin rue Neuve-Saint-Eustache, numéro II. Fais diligence ! »

En bonne épouse de soldat, la petite Mme Hoche s'arma incontinent en guerre et, traînant épée, pistolets et fusil au chien cassé, « marcha » sur Paris comme on l'y invitait. Elle ne fit d'ailleurs qu'y toucher terre, car la rue Neuve-Saint-Eustache étant devenue une sorte de succursale Beauharnais en même temps que le logis personnel du général, celui-ci jugea plus prudent d'offrir à sa jeune épouse une partie de campagne. Il l'emmena à Saint-Germain, où elle ne risquait pas de voir surgir Rose et où tous deux purent s'offrir vingt-quatre heures de lune de miel réchauffée. Il faut avouer d'ailleurs qu'en revoyant son Adélaïde, dont les charmes lui étaient un peu sortis de l'esprit, Hoche sentit se réveiller ses sentiments endormis. Elle était vraiment exquise, et si jeune ! Il en vint à penser qu'une femme comme elle était un bienfait des dieux, qu'il serait stupide d'y renoncer par un divorce, comme Rose l'en suppliait.

Laissant Adélaïde à Paris après lui avoir fait des adieux passablement ardents, il s'en alla prendre congé de Rose ; celle-ci pleura, sanglota, jura à son beau général qu'une attente éternelle ne lui ferait pas peur, et fit tant et si bien que ce fut avec un certain soulagement que Hoche prit, le 1er septembre, le chemin de Caen.

Mais, avant de quitter Paris, Hoche avait promis à Rose d'emmener avec lui le jeune Eugène, âgé de 13 ans maintenant, pour le faire débuter dans le métier des armes pour lequel le jeune garçon montrait un goût très vif. Et le 22 août, Eugène de Beauharnais embrassa sa mère, après quoi, flanqué du cousin François Hoche qui devait rejoindre le grand Lazare, il prit le chemin de la Normandie, heureux comme peut l'être un jeune garçon intelligent et brave qui voit s'ouvrir devant lui le chemin de la vie.

Restée seule à Paris, privée de son beau général, Rose se prit à réfléchir. Tous deux s'aimaient de plus en plus, si elle en croyait les lettres brûlantes qu'il lui adressait avec régularité, lettres dans lesquelles il donnait des nouvelles d'Eugène, mais surtout entretenait sa chère Rose de la chaleur et de la constance de son amour pur. Or, sur ses Côtes de Cherbourg, Hoche se couvrait de gloire. Il était réellement l'homme dont elle avait toujours rêvé et, petit à petit, dans l'esprit sans préjugés de la belle créole, une idée se fit jour. Pourquoi ne pas renoncer à sa chère liberté ? Pourquoi ne pas épouser Lazare, auprès duquel la vie aurait non seulement les couleurs tendres de l'amour partagé, mais encore les rayons chaleureux de la gloire ? Bien sûr, il était marié, mais il avait si peu vécu avec sa femme ! Et puis cette femme n'était encore qu'une enfant. Elle n'avait rien de ce qu'il fallait pour retenir un homme tel que celui-là.

Aussi, quand, en janvier 1795, Hoche lui envoya son aide de camp pour qu'elle lui remette le tabac de luxe qu'il aimait et qu'elle avait acheté pour lui, donne-t-elle en même temps une lettre dans laquelle cette idée était, sinon développée, du moins habilement suggérée. Elle lui conseillait en même temps de venir la voir, se plaignait de sa longue absence. Elle était toute prête à faire un petit voyage dans ce lointain pays.

Hoche aimait Rose, mais n'avait aucune envie de se lancer dans une procédure de divorce. Tout d'abord parce qu'il n'était pas las le moins du monde de sa petite Adélaïde, bien au contraire. Ensuite, il pensait, avec une belle logique masculine, qu'il n'y avait aucun inconvénient à ce qu'un homme pourvu d'une femme charmante eût, de surcroît, une très capiteuse maîtresse. Et, comme il estimait avoir plus à se faire pardonner par Adélaïde que par Rose, ce fut la première qu'il invita à venir passer quelque temps auprès de lui à Rennes.

Or, la jeune femme qu'il vit débarquer le 24 mars 1795 était tout à fait différente de celle qu'il avait quittée le 1er septembre. Le séjour à Paris avait profité à Adélaïde, qui avait visité les boutiques de mode et s'était mise au courant des dernières nouveautés. Elle n'était plus une gamine, mais bien une ravissante jeune femme, très élégamment vêtue et en pleine possession de ses moyens. Hoche ébloui clama son enthousiasme à l'adresse de son beau-père.

« Ma femme est très grandie. Elle est charmante. Je l'aime, mon bon ami, plus que je ne l'ai jamais fait ! »

Et, durant deux mois, le général et la générale donnèrent le spectacle du couple le plus tendrement épris qui fût. Cela n'empêchait d'ailleurs aucunement Hoche d'écrire, sans rire ni rougir, la lettre suivante à son inoubliable Rose :

« Il n'est plus de bonheur pour moi sur la terre. Je ne puis aller à Paris pour voir la femme qui cause tous mes chagrins… »

Si l'on ajoute à cela quelques aventures aussi galantes que locales avec de belles dames de la région, entre autres la très belle Louise de Pontbellanger, qui, pour lui, allait trahir la cause royale, on peut estimer qu'entre notre héros et don Juan, il y avait bien quelques affinités.

Mais Rose n'était pas femme à se laisser berner. Quand elle apprit que Mme Hoche attendait un enfant, elle piqua l'une des rares colères de son existence et rappela Eugène à Paris. Hoche en fut désolé, d'autant plus que

Rose s'éloignant de lui, elle lui devenait automatiquement d'autant plus chère. D'ailleurs, par des amis communs, il recevait d'elle des nouvelles inquiétantes. Rose devenait l'une des femmes les plus en vue du Directoire. Elle fréquentait tout ce que le régime comprenait de gens riches ou connus. Avec ses amies Fortunée Hamelin et Thérésia Tallien, elle était une Reine de Paris, grâce en partie aux bonnes grâces du directeur Barras et de quelques autres. Les Côtes de Cherbourg commencèrent à paraître étrangement fades à leur général en chef.

Quand Hoche, enfin de retour à Paris, vint faire visite à Rose dans le petit hôtel de la rue Chantereine où elle avait élu domicile désormais, les retrouvailles prirent assez vite un tour orageux. Rose reprochait à son héros de lui avoir préféré Adélaïde et Lazare reprochait à Rose sa conduite « dissolue ».

— Ne peux-tu demeurer fidèle à un seul homme ? s'écria-t-il. Ne comprends-tu pas que je t'aime et que je te veux à moi seul ?

— À toi seul ? C'est tout de même un peu trop facile. Si tu veux que je sois à toi sans partage, tu n'as qu'à m'épouser.

— Tu sais très bien que je suis marié. De plus, ma femme ne mérite pas que je lui fasse cet affront. Elle est jeune, elle m'aime, elle attend un enfant.

— Si tu ne l'avais pas fait venir quand je te demandais de m'appeler auprès de toi, elle n'attendrait pas d'enfant. Maintenant, il n'y a aucune raison pour que je mène une vie de nonne en attendant que tu veuilles bien t'occuper de moi.

— Une vie de nonne ? ricana Hoche. Tu n'en es pas là ! Combien sont-ils à tourner autour de toi ? L'autre soir, chez les Tallien, tu as même ajouté à la collection ce ridicule petit général corse, ce va-nu-pieds qui ne parle même pas le français sans accent.

— Laisse mon petit Bonaparte tranquille ! Il m'aime, lui, et il n'a pas besoin d'un harem autour de lui. Si je consentais à l'aimer, il s'estimerait le plus heureux des hommes.

— Eh bien, aime-le donc ! Vous ferez en vérité un couple admirable.

Il n'est jamais bon de mettre une femme au défi. Il avait suffi que Lazare dénigrât Bonaparte pour que Rose, immédiatement, lui trouvât « un certain charme ». De plus, l'amour ardent que lui témoignait cet étrange garçon, dont des gens aussi informés que Barras ou Talleyrand prédisaient qu'il irait loin, flattait Rose et la touchait. Quelle femme n'est sensible à une véritable adoration ? Le petit général corse, avec une autorité tranquille, ne lui avait-il pas, un beau jour, déclaré qu'il n'aimait pas son prénom de Rose qui, selon lui, ne lui allait pas ?

— Vous n'avez rien d'une rose, mais bien d'une fleur exotique, mystérieuse et troublante. Je vous appellerai désormais… Joséphine ! Mon frère s'appelle Joseph et j'aime ce prénom.

Et, chose étrange, ni Rose ni ses amis ne protestèrent. En un rien de temps, Mme de Beauharnais devint, pour tous, Joséphine.

Cependant, elle balançait encore entre ses deux généraux. Hoche, désespéré réellement de la voir lui échapper, n'avait pas remis les pieds à Thionville malgré la grossesse d'Adélaïde. Il lui écrivait des lettres affectueuses, mais ne pouvait se résoudre à quitter ce Paris où vivait la cruelle Joséphine qui, bien entendu, s'était refusée à reprendre d'intimes relations. La coquetterie de la jeune femme le rendait fou et, cependant, il ne pouvait se résoudre à sacrifier sa petite épouse. La naissance de l'enfant allait précipiter les choses.

Apprenant que, le 15 janvier, Adélaïde avait donné le jour à une petite fille, Hoche, qui venait d'essuyer une nouvelle rebuffade cachée sous un délicieux sourire, trempa sa plume dans l'encre de la vengeance et écrivit à sa femme :

« Bonne Adélaïde, je te remercie cent fois de m'avoir rendu père. C'était le bonheur auquel j'aspirais le plus. Ton enfant est une fille : chéris-la, dans un an elle aura un frère… »

Et cette fois, bien décidé à mettre ses projets à exécution, Hoche prit la route de Thionville. Mais pas à pied !

De son côté, Joséphine estimant qu'il avait choisi, décida qu'il était temps pour elle de passer à l'offensive et, le 8 mars, en présence de Me Raguideau, notaire, elle signa son contrat de mariage avec le général Bonaparte, qu'elle épousa civilement le lendemain au cours d'une épique cérémonie menée à l'allure d'une charge de cavalerie. Bonaparte n'avait pas de temps à perdre : deux jours après, il partait prendre le commandement de l'armée d'Italie.

Durant toute l'année 1795, Hoche et Bonaparte allaient faire assaut de gloire, officiellement pour la patrie, secrètement pour la femme qu'ils aimaient tous deux. Tandis que Bonaparte remportait Millesimo, Montenotte, Lodi et entrait à Milan, Hoche écrasait Stofflet et le héros vendéen Charette qui acheva devant un peloton d'exécution une vie digne d'un chevalier médiéval.

Les sentiments de Hoche envers Joséphine offraient un curieux mélange de colère et d'amour. S'il lui faisait réclamer ses lettres d'amour par l'intermédiaire d'un ami – « … Je ne me soucie pas que son mari connaisse mon style amoureux à l'égard de cette femme. Comme elle a “des héros de son temps obtenu les faveurs”, je la méprise… » –, il n'en demeurait pas moins affectueusement attaché au jeune Eugène, désormais lié à Bonaparte par des sentiments qui devaient devenir franchement filiaux, et affectait de regretter qu'on l'eût soustrait à son influence, ce qui lui eût permis de partager sa gloire.

Quant à Joséphine, d'autant plus détendue qu'elle oubliait aussi bien Hoche que Bonaparte dans les bras du bel Hippolyte Charles, elle écrivait avec sa désarmante gentillesse envers un homme qui maintenant la vilipendait :

« J'ai appris avec satisfaction que Hoche avait fini une guerre que lui seul pouvait finir. Que de droit il a la reconnaissance nationale ! Il a écrit à Bonaparte pour le complimenter sur les succès de l'armée d'Italie… »

Il l'avait fait, en effet, pensant ainsi combler de joie celui qu'il considérait toujours comme un apprenti et ne se représentant guère ce qui allait suivre. Il était déjà assez pénible de se trouver égal en gloire avec lui.

L'histoire désormais était en marche et allait balayer les amours tumultueuses de Joséphine. L'aigle prenait son vol, tandis que la gloire de Hoche allait replier ses ailes.

À Passeriano, où elle était allée rejoindre son mari, la générale Bonaparte apprit la triste nouvelle : le 19 septembre 1797, devenu commandant en chef de l'armée de Sambre-et-Meuse, Lazare Hoche était mort à Wetzlar, d'une crise d'hémoptysie, se rappelant peut-être la prédiction que lui avait faite Bonaparte, lisant dans sa main au cours d'une soirée chez Tallien :

— Vous mourrez dans votre lit, général…

Cette prédiction étrange, Joséphine, superstitieuse à l'excès, s'en souvenait bien. Mais elle n'en écrasa pas moins une larme au souvenir de l'homme qu'elle avait aimé et qui, au temps de la grande peur, avait su lui rendre douce la plus affreuse prison…

16

Le sacrifice de Marie Morin

La fiancée du supplicié

Cette nuit du 24 juillet 1799 était douce et sans nuages, mais sombre, car la lune en était absente. Seules les étoiles mettaient des points brillants très haut dans le ciel. Il n'y avait pas de vent et, autour de la ferme d'Auberoche qui s'élevait – et s'élève toujours ! – non loin d'Avranches, le silence était total.

Bien que le village de Saint-James ne fût distant que d'une demi-lieue, cette ferme se situait, totalement isolée, au bord d'un plateau surplombant la petite rivière du Beuvron. D'épais taillis semblaient prendre à tâche de la retrancher encore davantage du monde des vivants. On aurait dit, quand les chandelles s'y éteignaient, une maison abandonnée, car aucun bruit ne s'y faisait jamais entendre, pas même l'aboiement rassurant d'un chien. Farouche partisan de la République, le maître d'Auberoche dédaignait ce genre de protection.

Et pourtant !... Quand, dans la maison endormie, la grosse horloge sonna 11 heures, des yeux avertis auraient pu voir quelques formes humaines se glissant silencieusement de taillis en taillis et gagnant la grange, un peu à l'écart.

La porte, bien graissée, s'ouvrit sans le moindre grincement puis se referma quand la dernière silhouette s'y fut engagée. Alors seulement battit un briquet et une chandelle fut allumée, révélant une dizaine de visages rudes aux peaux tannées, aux traits durs sous de grands chapeaux de feutre : une assemblée de paysans qui, sans un mot, après avoir simplement échangé un signe de reconnaissance, allèrent s'asseoir sur des fagots sous les grosses solives poussiéreuses d'où pendaient des toiles d'araignée. Une fois assis, ils demeurèrent immobiles, à l'exception de leurs doigts qui parfois, égrenaient machinalement un chapelet. Un seul ressortit pour guetter au-dehors, tandis qu'un autre se levait et demeurait près de la porte. On n'entendit plus que les bruits lointains et fondus de la forêt nocturne et, plus loin encore, le doux froissement de la mer.

Soudain, par deux fois, le cri sinistre de la chouette vrilla la nuit. Aussitôt, l'homme de la porte ouvrit le vantail, puis se recula pour livrer passage à deux ombres enveloppées dans de grands manteaux sombres malgré la chaleur. L'une était plus petite et plus gracieuse que l'autre : c'était une femme.

À peine entré, l'homme rejeta son manteau, révélant la silhouette élégante et le visage intelligent d'un garçon de 20 ans. Il était fort différent des autres hommes et tout, en lui, annonçait un gentilhomme. Ses cheveux bruns étaient simplement noués d'un ruban noir sur la nuque et il portait, passés dans sa ceinture, une paire de pistolets dont les crosses d'argent, un instant, accrochèrent la lumière pauvre.

Son regard aigu se posa tout à tour sur chaque visage.

— Tout le monde est là ? demanda-t-il.

Ce fut l'homme de la porte qui répondit :

— Tout le monde, monsieur le chevalier ! Sauf Beau-Soleil, qui est de garde au-dehors et que vous avez vu en entrant.

De nouveau, celui que l'on avait appelé monsieur le chevalier arrêta son regard sur chacun de ces hommes. Ils étaient tous là, en effet : Brûle-Moustaches, Bras-d'Argent, Beauséjour, Cadetroux, Flaire-l'Andouille, Franc-Cœur, Pomme-d'Or,Gueule-d'Empeigne.Sans-Quartiers,Va-sans-Peur et Tranche-Montagne. Et il savait aussi quels noms réels se cachaient sous les pseudonymes pittoresques des Chouans. Lui-même portait celui de Bellavidès, mais son nom réel, c'était le chevalier Jean-Jacques de La Huppe-Larturière. Il était aussi le chef de ces hommes et de quelques autres qui formaient les Chasseurs du Roi de l'Avranchin, une branche de l'espèce d'armée rebelle qui s'était levée à l'appel de Louis de Frotté.

Son examen terminé, Bellavidès s'approcha de la chandelle et tendit la main à celle qui l'accompagnait et qui, en laissant tomber son capuchon sur ses épaules, avait dévoilé la tête blonde et les beaux yeux bleus d'une jeune femme de 25 ans.

— Muguette a voulu m'accompagner, dit-il, car elle a quelque chose à vous dire et vous le dira tout à l'heure. Mais venons-en au fait ! Vous savez tous pourquoi je vous ai réunis cette nuit, mais il n'est pas inutile de le répéter : nos amis Blandamour et Cœur-de-Roi sont prisonniers des Bleus, qui les tiennent enfermés dans un cachot du Mont-Saint-Michel. Avant peu, ce sera pour eux l'échafaud. Mais pour l'instant, les Bleus espèrent encore en tirer des renseignements et se contentent de les garder sous clef. Nous ne pouvons pas permettre qu'on les tue. D'abord parce qu'ils sont nos frères, ensuite parce que leurs vies sont précieuses, surtout Blandamour, sans qui ceux de Fougères pourraient refuser de marcher : personne ne sait, comme lui, rallier les hésitants, raffermir les cœurs qui fléchissent et enlever les décisions. Il nous le faut... et vite !

— Pourquoi « vite »? fit quelqu'un.

— Parce que M. de Frotté est revenu d'Angleterre avec des instructions précises : toute la Normandie doit se soulever prochainement en accord avec ceux de Vendée et ceux de Bretagne. À ce moment, Blandamour et son lieutenant Cœur-de-Roi doivent être avec nous. Cela veut dire qu'ils doivent avoir quitté le Mont avant trois semaines.

Il y eut un murmure qui traduisait une sorte de respectueuse angoisse. Puis l'un des plus vieux parmi les Chouans, celui qui répondait au sobriquet de Sans-Quartiers, se leva et grogna d'une voix sombre :

— On ne s'évade pas du Mont, à moins d'avoir des ailes d'oiseau, tu le sais bien ! Nous savons ce qu'il en est de Blandamour et de Cœur-de-Roi : ils sont gardés dans une cellule de l'ancien logis des abbés. Elle surplombe le chemin de ronde d'une hauteur de trente pieds et elle est visitée régulièrement trois fois par nuit ! Comment veux-tu les tirer de là ?

La jeune femme blonde que l'on avait appelée Muguette s'avança davantage dans la lumière de la chandelle.

— C'est justement ce que je suis venue vous dire, fit-elle d'une voix douce. J'ai un plan, Sans-Quartiers, et je le crois bon. Mais ce plan, je ne vous le révélerai pas, car du secret dépend la réussite.

— Qu'es-tu venue faire ici, alors ? fit le vieux Chouan.

— Vous demander de me faire confiance et de vous tenir prêts à marcher quand je vous ferai signe.

Sans-Quartiers tourna son regard gris vers Bellavidès et interrogea rudement.

— Ce plan, tu le connais ?

— Non ! Mais j'ai confiance en elle… et vous aussi, car vous connaissez son dévouement à notre cause. Mais vous avez le droit de dire ce que vous en pensez.

D'un même mouvement, les Chouans se levèrent et il y eut de nouveau un murmure : ils se consultaient à la fois de la parole et du regard. La jeune femme alors s'impatienta.

— Qu'avez-vous à craindre ? Je serai seule en cause et, si vous me laissez faire, je vous promets que dans trois semaines nos amis seront auprès de vous.

Un autre Chouan, Pomme-d'Or, parla alors.

— Le Mont est mieux gardé que ne l'était la Bastille ! Il est truffé de mouchards ! Il y en a autant que de coques dans les grèves qui l'entourent. Comment entreras-tu ?

— C'est mon affaire ! Voulez-vous, oui ou non, me laisser les mains libres ?

Il y eut un court silence, puis Sans-Quartiers vint vers elle :

— On te fait confiance, Muguette ! Mais sois prudente et ne t'offense pas si nous avons hésité ! Nous tenons à Blandamour, mais nous tenons aussi à toi ! Prends garde !

— N'aie pas peur ! Je saurai me garder !

— Eh bien, conclut le chef, puisque nous sommes d'accord, séparons-nous ! Je vous appellerai quand le moment sera venu !

L'un après l'autre, les Chouans sortirent dans la nuit qui les avala. Le chef et la jeune femme demeurèrent seuls. Bellavidès, alors s'approcha de sa compagne et lui prit la main.

— Pourquoi ne veux-tu rien me dire, Marie ? N'as-tu pas confiance en moi ?

— Si, Bellavidès ! Mais je te connais : si je te disais mon plan, tu voudrais peut-être me retenir.

— Parce que... je t'aime ?

Elle approuva de la tête.

— Parce que tu m'aimes ! Mais tu sais que je ne veux plus qu'on me parle d'amour ! Mon cœur est mort...

Les mots étaient graves, mais le ton n'avait rien de grandiloquent. Une simple et tranquille constatation ! Tout en parlant, elle relevait son capuchon sur ses tresses blondes, s'enveloppait plus étroitement de son manteau et se dirigeait vers la porte. Le visage crispé, Bellavidès tenta de la retenir encore.

— Quand te reverrai-je ?

Elle se retourna, la main sur le loquet de la porte, et lui sourit.

— Quand tout sera fini ! Ou alors... tu ne me reverras pas ! Adieu, chevalier !

À son tour, la nuit l'engloutit sans même laisser au jeune homme l'écho de ses pas légers. Il demeura seul un moment, songeur, puis, sur un soupir résigné, il souffla la chandelle et quitta la grange.

Au-dehors, il retrouva Beau-Soleil, l'homme de guet, et le prit par le bras. Les deux hommes s'enfoncèrent dans les taillis. La ferme retrouva sa solitude et les fermiers, au fond de leurs lits, continuèrent de dormir sur leurs bonnes consciences républicaines, sans imaginer un seul instant que leur grange pouvait servir de lieu de réunion à la plus dangereuse bande de Chasseurs du Roi de la région. Personne d'ailleurs n'aurait eu l'idée de venir les chercher à cet endroit, car il est bien connu que la meilleure des cachettes, c'est encore la maison de l'ennemi qui peut l'offrir.

Pendant ce temps, Muguette, ou plus exactement Marie Morin, regagnait son logis pour se préparer à exécuter sans tarder ce plan si mystérieux qu'elle avait ourdi.

Ce n'était pas une grande dame, Marie. C'était une simple paysanne du village de Vergoncey, une de ces belles Normandes à l'éclat laiteux, aussi rose et dorée qu'une aurore. Mais elle avait le cœur d'une duchesse. Depuis l'adolescence, elle « chouannait », autant par amour du Roi que par haine des Bleus, avec lesquels la jeune fille avait un vieux compte à régler – un compte en forme de cœur brisé qu'au fond aucun paiement, si sanglant fût-il, ne pourrait jamais acquitter.

En 1793, après le siège de Granville, le fiancé de Marie, simple menuisier de son village (situé à moins de deux lieues de Saint-James), avait recueilli deux Chouans blessés que les Bleus poursuivaient. On les avait trouvés chez lui. Les républicains avaient alors achevé les deux hommes avant de s'en prendre à celui qui leur avait donné asile.

Quand Marie, le lendemain, était entrée chez son fiancé, elle avait trouvé seulement son cadavre qui, affreusement mutilé, se balançait à la poutre maîtresse de sa petite maison...

Les yeux secs, mais le cœur curieusement figé dans sa poitrine, elle l'avait dépendu, lavé, enveloppé d'un drap et finalement enterré elle-même, sans le secours de personne et surtout pas du curé. C'était un « jureur », un de ceux qui avaient prêté le serment national, et Marie ne voulait pas de ses prières impies. Quant aux gens du village, ils auraient eu trop peur si elle leur avait demandé de l'aider.

Quand elle eut accompli, de ses mains, la triste besogne, Marie avait juré, sur la terre fraîche de la tombe, de tirer vengeance des Bleus autant qu'elle le pourrait. Jusque-là, son action pour le Roi s'était bornée à des prières, mais désormais, elle savait qu'il lui faudrait combattre comme un homme. Cela ne lui faisait pas peur, car elle avait toujours été courageuse de nature et, dès le lendemain, elle rejoignait les Chouans pour se mettre à leur disposition.

Elle trouva deux autres femmes, l'une de Grandville, Angélique Tourneur, dite Pipette, et l'autre de Doucey, Anne Le Moussu, dite Manon. À elles trois, elles organisèrent une sorte de réseau de renseignement et de poste clandestine qui, bientôt, s'avéra des plus précieux. Mais la capture des chefs chouans avait changé momentanément les habitudes de « Muguette ». Elle avait décidé qu'il était temps pour elle de passer à l'action directe. Il lui fallait maintenant pénétrer au Mont-Saint-Michel pour en arracher les captifs...

Il avait bien changé, le Mont, depuis que les armées de la République s'en étaient emparées ! Les moines en avaient été chassés, leurs trésors pillés, les prières proscrites, et saint Michel avait été proprement mis à la porte. De la plus célèbre abbaye normande, il ne restait qu'une magnifique carcasse vide, des salles livrées aux courants d'air, une église aux vitraux brisés, à l'autel défoncé et aux statues décapitées.

Quand l'archange de bronze qui couronnait la Merveille avait été jeté à bas de son piédestal, l'île-monastère s'était vu rebaptiser du nom sans originalité de Mont-Libre. Après quoi, sans rire, on en avait fait le plus innocemment du monde une prison d'État !

Les quelques familles qui y demeuraient avaient, elles aussi, trouvé que leur existence avait beaucoup changé... surtout au point de vue financier. Plus de grands pèlerinages drainant vers les auberges et les échoppes les grandes foules pieuses ! Plus de grandes cérémonies auxquelles participait tout le pays alentour ! Les boutiques ne vendaient plus rien. Les hôtelleries étaient vides et leurs enseignes découpées et peintes rouillaient, grinçant lugubrement par les nuits de tempête.

Pourtant, dans le désastre général, il y en avait une qui surnageait. Elle était située tout près de l'entrée de la nouvelle prison et, depuis des siècles, elle s'était appelée « La Licorne ». Mais cette enseigne pourtant innocente avait paru sans éclat à son propriétaire, qui avait cru bon de la peindre en rouge pour mieux étaler son civisme. Devenue « La Licorne rouge » au mépris de toutes les règles de la zoologie légendaire, l'auberge du père Natur était la seule qui fût encore active au flanc du Mont. Et cela grâce à l'étonnante souplesse d'échine de son patron.

C'était un personnage fort peu intéressant que Natur ! De plat serviteur des abbés, il était devenu au fil des jours un révolutionnaire sanguinaire, un mouchard et un traître ! Naturellement, le jour du pillage de l'abbaye, il était au premier rang et, depuis, il gagnait beaucoup d'argent en servant à boire aux hommes de la garnison et aux geôliers de la prison, tout en leur donnant de temps à autre un renseignement intéressant sur les activités locales. Tout cela n'avait pas échappé, bien sûr, à ses voisins. Natur s'était vu appliquer le sobriquet de « Tourneveste » et le surnom lui allait si bien qu'il se l'était collé à lui et qu'on ne l'appelait plus autrement. Ce qui ne l'empêchait pas de dormir.

Il eût même été parfaitement heureux dans sa licorne révolutionnaire s'il n'avait eu un souci majeur : l'impossibilité absolue de garder une servante ! Si elles étaient vieilles et respectables, les soldats boudaient la maison et accusaient Tourneveste de ne pas se pencher suffisamment sur le moral des troupes. Si elles étaient jeunes et jolies, les soldats étaient contents, mais celles-ci se refusaient à satisfaire la clientèle sur un plan plus intime. Tourneveste alors se fâchait, se livrait à des voies de faits et les servantes s'enfuyaient sans demander leur reste.

Tout cela, Marie Morin le savait. Elle savait aussi qu'au moment où le Mont détenait les Chasseurs du Roi, Tourneveste était sans domestique et se rongeait les sangs. Naturellement, il allait se rendre à la « Louée aux servantes » de Saint-James qui avait lieu le 26 juillet, c'est-à-dire le surlendemain de la réunion d'Auberoche. Et cela aussi Marie le savait, grâce à sa cousine Ambroisine Chevrel, dite Broisine, une jeune couturière en journées qui habitait le Mont avec son père, l'ancien sonneur de cloches du monastère. Le père Chevrel était vieux et paralysé. Aussi ne l'avait-on pas expulsé comme les autres serviteurs des moines et il vivait toujours, avec sa fille, dans sa petite maison proche du chemin de ronde, juste en dessous des prisons.

Le 26 juillet, Marie-Muguette se rendit elle aussi à la Louée aux servantes de Saint-James dans l'espoir de se faire engager par Tourneveste, ce qui ne serait sans doute pas difficile.

Elles n'étaient guère nombreuses, ce jour-là, les filles qui cherchaient à se placer. Les temps étaient durs, les places parfois dangereuses, et puis, dans ces temps de liberté, chacun pensait qu'il pouvait être d'un mauvais effet de se déclarer du bois dont on fait les esclaves. Aussi, dès le premier coup d'œil au maigre ensemble, Tourneveste s'était-il senti quelque peu découragé. La plupart des filles qui étaient là le connaissaient déjà et le reste n'avait rien d'affriolant. Mais comme il lui fallait à tout prix une servante, il se résignait déjà à aborder une forte commère un peu trop rouge et même vaguement moustachue, mais visiblement solide, quand il s'aperçut qu'elle en cachait une autre. Et celle-là, non seulement il ne l'avait jamais vue, mais encore elle avait de quoi faire venir l'eau à la bouche d'un connaisseur. Il fondit sur elle comme le vautour sur sa proie.

— Tu veux une bonne place, la fille ?

— Dame ! fit Marie. Je ne serais pas là sans ça ! Mais pour la place, c'est selon : je ne veux ni quitter le pays ni travailler la terre !

— Tu ne feras ni l'un ni l'autre chez moi. Je tiens une auberge au Mont-Libre. Tu auras un travail agréable, une belle clientèle et une bonne paye.

— Voyons la paye !

— Je te donnerai une pistole par mois... plus tes pourboires ! Et tu es trop belle fille pour qu'ils ne pleuvent pas dans ton tablier !

— Tu es plus galant que généreux, citoyen ! Mais j'aime encore mieux ça qu'une ferme ! Tope là ! Quand est-ce que je commence ?

— J'ai la charrette. Je t'emmène après le marché si tu veux. Comment t'appelles-tu ?

— Rosalie. Eh bien, c'est entendu. Je partirai avec toi.

Et le soir même Marie transformée en Rosalie faisait, le cœur battant, son entrée au Mont dans la carriole de

Tourneveste. Celui-là rayonnait positivement. Avec une fille pareille, les soldats allaient s'écraser chez lui et il entendait déjà les pistoles tinter au fond de sa caisse.

Marie, elle non plus, ne disait rien. Tandis que la carriole remontait l'étroite ruelle en pente en direction de la Licorne rouge, elle regardait, dressées au-dessus de sa tête, les murailles formidables de la vieille abbaye. Le soleil couchant les rougissait dramatiquement, ajoutant encore à leur côté sinistre. Et Marie ne pouvait s'empêcher de songer à ces hommes qui, derrière l'une de ces étroites fenêtres grillées, n'attendaient plus que la mort. Il fallait, il fallait à tout prix qu'elle réussît à les tirer de là ! Il le fallait pour eux, mais aussi pour elle-même, car lâcher Blandamour et Cœur-de-Roi, c'était lâcher aux trousses des Bleus les molosses les plus acharnés qui se pussent trouver ! Il fallait conserver à ses ennemis de tels adversaires...

La nuit terrible

L'entrée de la fausse Rosalie dans la maison de Tourneveste, l'aubergiste de la Licorne rouge au Mont-Saint-Michel, prit la tournure d'un événement. On n'avait encore jamais vu servante aussi jolie à l'auberge. Aussi toute la garnison se précipita-t-elle assidûment autour des tables de Tourneveste.

Le plus intéressé fut un garçon d'une trentaine d'années, assez beau d'ailleurs, mais qui le savait un peu trop. Il se nommait Pierre Mézières et, à la prison, il occupait le poste de gardien-chef. C'était lui qui était tout spécialement chargé des détenus politiques. Il devait à ces hautes fonctions, et à une solde plus importante que celle des autres, une place privilégiée dans l'amitié de Tourneveste. Pour Rosalie-Muguette-Marie, il était exactement l'homme avec lequel il lui fallait entrer en relation.

Aussi quand il émit un sifflement admiratif la première fois qu'elle vint lui servir à boire, répondit-elle par un sourire. Du coup, Mézières, enhardi, passa un bras autour de la taille de la jeune fille et voulut l'attirer à lui. Mais d'une souple torsion des reins, « Rosalie » se dégagea.

— Bas les pattes, citoyen ! dit-elle gentiment et avec un nouveau sourire, si radieux que le gardien-chef ne se formalisa pas.

Bien au contraire, il lâcha prise et frisa sa moustache avec suffisance.

— Pardonne-moi, citoyenne ! Mais j'avais envie de faire connaissance avec une aussi jolie fille que toi.

— Je n'y vois pas d'inconvénients. Mais nous pouvons faire connaissance de plus loin… du moins pour le moment. Nous ne nous sommes jamais vus encore et je ne sais même pas qui tu es !

— Je m'appelle Mézières, et je suis le chef des gardiens du Mont-Libre !

La jeune fille esquissa une petite révérence ironique.

— Je suis bien honorée, citoyen ! Et qu'est-ce que ce sera pour toi ? Tu ne me l'as pas encore dit.

— Du vin blanc ! Et dis à ton patron que je veux lui parler.

Tourneveste accourut, remontant de sa cave avec une bouteille poussiéreuse dont il voulait faire hommage à son ami le gardien-chef.

— Jolie, ta servante, lui dit Mézières. Il y a longtemps que tu n'en avais pas trouvé une si fraîche ! Mais elle a l'air de se défendre.

— Oh ! Elle a l'air comme ça parce qu'elle ne connaît pas. Il faut lui laisser le temps de s'habituer. Mais je la crois bonne fille !

Dans la bouche de l'aubergiste, cette appréciation était tout un programme. Mézières se dit qu'il allait trouver une occupation bien agréable en faisant le siège de la belle Rosalie. Surtout si ce n'était qu'une question de temps, parce que, du temps, il en avait à revendre. Presque autant que ses prisonniers ! Il se promit de venir chaque jour boire au moins un verre à la Licorne rouge.

Le samedi suivant, « Rosalie » profita de ce qu'elle avait à faire dans cette partie du Mont pour faire un saut chez sa cousine Ambroisine Chevrel, la fille du vieux sonneur. Elle ne tenait pas à ce que Tourneveste, méfiant comme il était, sût qu'elle avait une parente au Mont, car il aurait pu trouver la chose bizarre, persuadé qu'il était que sa nouvelle servante n'avait jamais mis les pieds sur l'île-monastère avant son entrée chez lui.

Chez Ambroisine, « Rosalie » ne fit qu'entrer et sortir, juste le temps de dire à la jeune couturière :

— Demain après-midi, je compte aller pêcher des coques à marée basse du côté de Tombelaine. Viens me rejoindre et je te dirai ce que je viens faire ici. J'ai besoin de toi. Mais n'oublie pas que tu ne me connais pas...

« Broisine » n'avait pas besoin qu'on lui explique longuement les choses. D'ailleurs, Marie n'ignorait pas que toutes ses sympathies, comme celles d'ailleurs du père Chevrel, allaient aux Chouans. Sans poser la moindre question, elle accepta le rendez-vous.

— J'y serai ! promit-elle en riant. Nous ferons connaissance !...

Bien qu'il fût d'une avarice à faire paraître Harpagon comme un panier percé et comptât chichement à sa servante ses moments de repos, Tourneveste ne vit aucun inconvénient, ainsi que l'avait prévu la jeune fille, à la laisser se rendre à la pêche des coques lorsqu'elle lui eut dit qu'elle comptait en faire une soupe miraculeuse dont elle tenait la recette de sa grand-mère.

— Va, ma fille, et rapportes-en autant que tu pourras ! Plus la soupe sera abondante et plus la clientèle sera satisfaite.

Voilà comme il comprenait les loisirs ! C'était un vrai plaisir d'avoir une servante aussi entendue aux choses du négoce, se dit Tourneveste en s'en allant faire sa sieste dominicale, tandis que « Rosalie », armée d'un panier et d'un râteau, descendait vers la grève.

Vers 3 heures, alors que la mer était au plus bas et que le soleil chauffait les vastes étendues de sable, les deux jeunes filles semblant marcher au hasard, absorbées par leur récolte, se rejoignirent comme par hasard. À quiconque les aurait observées depuis le Mont, il eût paru normal que deux pêcheuses de coques se parlent et, au milieu de cette immense solitude marine, leur conversation ne courait aucun risque d'être entendue.

Jambes nues, les cotillons relevés et un panier au bras, elles continuèrent à gratter le sable de conserve et, en même temps, Marie fit part à sa cousine de sa détermination d'arracher Blandamour et Cœur-de-Roi de leur prison.

— D'après ce que j'ai pu savoir, ajouta-t-elle, leur cachot doit se trouver à peu près au-dessus de ta maison.

— Juste au-dessus ! précisa Broisine. Mais ce que tu ne sais pas, c'est qu'ils sont trois dans ce cachot. Il y a aussi Chavoy, un Chouan de Coutances que l'on a mis avec eux. En outre, Blandamour possède une corde que j'ai pu lui faire passer et à l'aide de laquelle je lui envoie parfois, la nuit, des messages et un peu de nourriture.

L'ex-Muguette regarda sa cousine avec stupeur.

— Ma parole !... Mais tu chouannes, toi aussi ? Je ne te savais pas si bonne conspiratrice, Broisine !

Broisine devint toute rouge et détourna la tête pour cacher un embarras révélateur. Mais il était trop tard. Marie avait déjà compris que dans l'ardeur royaliste de sa cousine entrait une bonne part de sentiments personnels. Broisine était amoureuse, à n'en pas douter ! Et très certainement de Blandamour...

Elle s'en réjouit, car elle était désormais certaine d'avoir une alliée incorruptible dans la fille du sonneur. D'ailleurs, celle-ci murmurait hâtivement :

— Dis ce que tu veux ! Je ferai tout ce que tu décideras ! Moi aussi je veux les sauver !

— Alors, écoute bien…

Rapidement, Marie mit Broisine au courant de ce qu'elle en attendait et qui se résumait en peu de mots : dans la nuit du 9 au 10 août, elle devrait se trouver sur le chemin de ronde, sous la fenêtre des Chouans qui, après avoir descellé leurs barreaux, descendraient jusqu'à elle au moyen de leur corde. Ensuite, Broisine, qui connaissait le Mont mieux que personne, les mènerait jusqu'à la grève en direction de Carolles.

— Ils n'auront rien à craindre, ajouta-t-elle. La mer ne montera pas avant le jour, qui se lève à 4 heures. Cette nuit même, tu leur feras parvenir un paquet que j'ai là, dans mon panier, et que je vais te donner : il contient une lettre et des limes…

— Un paquet que tu m'as apporté ? Comment savais-tu que je pouvais communiquer avec eux ?

Marie regarda sa cousine droit dans les yeux, puis, avec un sourire :

— Je savais que Blandamour avait une corde et pouvait communiquer avec l'extérieur. Mais je ne savais pas qu'il te la devait… On est discret chez les « Chasseurs du Roi » !…

— Je vois. Mais ce n'est pas tout. Ils n'auront jamais le temps de scier leurs barreaux et de descendre. Le gardien-chef fait, chaque nuit, trois rondes dans leur cachot. Il leur faudrait au moins une nuit de tranquillité pour venir à bout de tout ça ! Et c'est impossible.

— Cette tranquillité, j'en fais mon affaire ! murmura Marie, devenue soudain très sombre. Dans la nuit du 9 au 10, Mézières n'entrera pas dans le cachot ! Ou je ne suis plus « Muguette »…

Le ton était si rude, si résolu que Broisine n'osa pas poser d'autre question. Le paquet passa d'un panier dans l'autre. Puis les deux jeunes filles s'écartèrent l'une de l'autre, poursuivant chacune sa récolte pour regagner le Mont par des chemins différents. Le soir même, Broisine faisait passer aux prisonniers, au moyen de la fameuse corde, le billet suivant écrit par Marie :

« Bellavidès a besoin de vous. Évadez-vous. Voici deux limes pour scier vos barreaux. Dans la nuit de jeudi à vendredi il n'y aura aucune ronde, je vous en donne l'assurance. Vous trouverez sous votre fenêtre une personne qui vous dira où aller et quoi faire. »

C'était signé d'un petit dessin représentant un brin de muguet...

En rentrant à la Licorne rouge, Marie avait trouvé Mézières qui buvait son habituel vin blanc en compagnie de Tourneveste. Le visage du gardien s'éclaira en la voyant :

— Alors, Rosalie, bonne pêche ?

— Très bonne, citoyen ! Vois plutôt ! La soupe sera bonne.

— Surtout si c'est toi qui la fais ! Mais tu aurais dû me dire que tu voulais aller pêcher. J'aurais volontiers été avec toi. Moi aussi je connais les bons endroits ! Et puis... on aurait été un peu seuls ! J'ai très envie d'être seul avec toi, Rosalie !...

— Il n'y a pas que la pêche, citoyen ! On peut se trouver seuls ailleurs.

Il la regarda fixement et devint très rouge. Elle remarqua qu'une veine battait à sa tempe.

— Où tu voudras... quand tu voudras ! fit-il d'une voix basse, mais si ardente qu'elle comprit le pouvoir qu'elle avait acquis sur lui.

Il était mûr à point et elle pensait bien, cette nuit-là, le retenir à l'auberge avec du vin, et quelques complaisances.

Et puis, si le vin ne suffisait pas à lui faire perdre conscience, Marie était décidée à abattre Mézières. Mais à aucun prix il ne devait faire le tour des cachots entre le 9 et le 10 août !...

Pour mieux l'appâter, elle se laissa embrasser par lui en s'efforçant de penser à autre chose... La difficulté consistait maintenant à prévenir Bellavidès de ce que l'évasion était sur le point d'avoir lieu. La Providence vint à son aide.

Comme elle vidait la soupe de coques dans une immense soupière, Tourneveste s'approcha d'elle.

— Faudrait bien que t'ailles à Genets, mardi, avec la carriole. On n'a plus guère d'huile pour les lampes ni de sel. Et moi, j'ai à faire toute la semaine.

« Rosalie » ne s'attarda pas à demander à son patron, qu'elle savait paresseux comme une couleuvre, ce qu'il avait de si important à faire. L'occasion était trop belle.

— Moi aussi j'ai à faire, fit-elle mi-figue mi-raisin. Mais j'irai, si ça vous arrange !

Le mardi suivant, une fois sur la terre ferme, la jeune fille se précipita dans une maison de la côte qu'elle connaissait bien et qui servait de boîte aux lettres. Bellavidès devait être prévenu d'avoir à se trouver, dans la nuit du 9 au 10, à la ferme de La Roche, sous Saint-Jean-le-Thomas, pour y recueillir les évadés qui aborderaient la côte dans ces parages. Après quoi, le cœur en paix, Marie gagna Genets et fit ses courses comme si de rien n'était avant de regagner le Mont. Mais, en revenant, ce fut un regard plein de défi qu'elle adressa aux murailles muettes de la prison. La lutte était bien engagée...

Malheureusement, le jeudi soir 9 août, un violent orage éclata sur le Mont. Des trombes d'eau chassées par un vent violent se déversèrent sur la baie, apportant un brusque refroidissement de la température. Inquiète, Marie, tout en préparant le souper, regardait, par l'étroite fenêtre de sa cuisine, l'eau dévaler les toits et la ruelle en pente. Ce temps affreux pouvait avoir une double et contradictoire action : ou bien les clients préféreraient se tasser autour de la chaleur de la cheminée, quittant l'auberge le plus tard possible... ou bien ils resteraient chez eux.

Mais justement, ce jour-là, le Mont avait eu un visiteur de marque : le procureur-syndic d'Avranches était venu pour une inspection et, naturellement, il était descendu à l'auberge. Tourneveste s'était mis en quatre pour lui et, au dîner de midi, il l'avait fait si bien boire et manger que l'autre, découragé d'ailleurs par l'orage, venait de faire savoir qu'il souperait et même coucherait à l'auberge, ce qui n'arrangeait pas les affaires de Marie.

Cette prolongation de visite inattendue risquait d'avoir les effets les plus funestes sur ses projets. D'abord, Pierre Mézières ne s'était pas montré de tout le jour. Ce n'était pas le moment de se faire mal noter par le puissant personnage. Le seul espoir de la jeune fille était que le syndic eût invité le gardien-chef à dîner et qu'il allât se coucher de bonne heure.

Malheureusement, il revint souper seul, but et mangea encore plus que le matin. Et, à neuf heures du soir, alors que l'averse tombait toujours et que la nuit était d'un noir d'encre, le syndic était toujours à table. Quant à Marie, elle était aux abois...

Soudain, l'indésirable client se leva, sans trop chanceler malgré tout le vin qu'il avait ingurgité. Marie, qui rangeait des pots sur le manteau de la cheminée, pensa qu'il allait enfin se coucher. Mais au lieu de se diriger vers l'escalier, il se jeta littéralement sur elle et la prit à pleins bras.

— Après un bon souper, hoqueta-t-il en lui soufflant dans le nez une haleine à tuer les mouches, ce qu'il me faut, c'est une belle fille ! Allez, mignonne, viens-t-en coucher !

Marie devint très rouge. La peur et l'angoisse l'envahirent... Cette brute allait tout faire manquer! Elle se débattit vigoureusement, en solide Normande qui sait se servir de ses poings. Tourneveste vint alors à la rescousse.

— Allons, ordonna-t-il d'une voix pâteuse, car il avait bu presque autant que son client. Pas de simagrées! Laisse-toi faire, la Rosalie! Tu es là pour çà!

C'en était trop! Incapable de se contenir plus longtemps, Marie, talonnée par la nécessité de sortir de là au plus tôt, repoussa le syndic d'une bourrade vigoureuse, lui appliqua, à toute volée, une gifle à assommer un bœuf, puis, du même élan, en administra une autre, tout aussi vigoureuse, à Tourneveste. Les deux ivrognes, surpris, tombèrent assis en même temps.

— Tas de porcs! gronda la jeune fille! Vous me dégoûtez!...

Puis, courant à la porte qu'elle arracha plus qu'elle ne l'ouvrit, elle se précipita sous la pluie battante et escalada la ruelle à toute vitesse en direction de la prison.

Là-haut, d'ailleurs, Pierre Mézières se sentait enclin à la mélancolie. Ce fichu temps laissait filtrer derrière les vieux murs une insupportable humidité et il eût fait bon passer une bonne partie de sa soirée à la Licorne rouge à boire du vin blanc en contant fleurette à Rosalie. Mais, à cause de ce bougre de procureur-syndic qui s'éternisait, l'auberge lui était interdite justement ce soir.

Depuis qu'il avait distribué le souper des prisonniers, il tournait en rond dans son corps de garde, l'image de Rosalie ancrée dans son esprit et dans sa chair. Jamais, comme ce soir, il n'avait senti le besoin qu'il avait d'elle maintenant, ne fût-ce que de son image! Mais il était décidé à la plier prochainement à sa volonté! Il y avait assez longtemps qu'il attendait.

En désespoir de cause, il se préparait à se coucher quand la cloche d'entrée sonna à coups redoublés. Furieux, il ouvrit la fenêtre se pencha.

— Fichez-moi la paix ! Je dors ! cria-t-il.

Une voix angoissée lui répondit :

— C'est moi, Rosalie ! Ouvre, citoyen ! Ouvre vite, je t'en supplie !

— Rosalie ? Sacrebleu !... J'arrive !

Pas encore bien persuadé de sa chance, Mézières dégringola l'escalier quatre à quatre, ouvrit le lourd battant et reçut dans ses bras une Rosalie ruisselante, échevelée et pleurant à gros sanglots. Elle s'accrocha à son cou.

— Sauve-moi ! Par pitié ! Protège-moi !... Il faut que tu me permettes de passer la nuit ici !

— Te sauver ? Mais qu'est-ce qui t'arrive, ma belle ?

En quelques phrases entrecoupées, Marie raconta ce qui s'était passé à l'auberge et comment elle s'était enfuie pour ne pas être obligée de céder au syndic. Elle y ajouta un roman de son cru.

— Tu comprends... je ne pouvais pas ! Je t'avais attendu toute la soirée. J'étais nerveuse, inquiète et quand il a mis ses mains sur moi, je me suis défendue. Je... je crois que c'est à cause de toi !

Mézières n'en croyait pas ses oreilles. À cause de lui, la belle Rosalie avait repoussé un haut personnage ! C'était à la fois exaltant et inquiétant, car enfin...

Mais Rosalie ne lui laissait pas le temps de trop réfléchir. Elle s'accrochait à son cou, se serrait contre lui en tremblant de tous ses membres et bientôt la silhouette inquiétante du syndic disparut de l'esprit du gardien-chef, émerveillé par la découverte qu'il venait de faire : Rosalie était amoureuse de lui, Mézières ! Et ça, c'était merveilleux... bien qu'au fond la chose ne l'étonnât pas autrement. Il avait toujours eu tellement de succès auprès des femmes ! Il referma vigoureusement ses bras autour de la jeune fille.

— Ici tu n'as rien à craindre, assura-t-il. On ne viendra pas te chercher à la prison... et surtout pas dans ma chambre ! Même le syndic ! Mais il faut que tu restes avec moi ! Demain j'irai voir ton patron et je lui ferai entendre raison. D'ailleurs, demain, le syndic sera reparti. Tout s'arrangera !

— Tu veux bien me garder ?

— Bien sûr, voyons ! Je vais t'installer. Puis, pour être tranquille, j'irai tout de suite faire ma ronde dans les cachots. Après, j'aurai tout le temps de m'occuper de toi.

Il l'avait conduite dans sa chambre et tisonnait le feu pour le faire flamber plus haut. Mais quand il voulut franchir la porte, elle se jeta littéralement sur lui, se pendit de nouveau à son cou.

— Non ! Non !... Par pitié, ne me quitte pas. Pas maintenant : tu feras ta ronde plus tard ! J'ai trop peur !

Il se mit à rire.

— Je le sens bien, tu trembles ! Mais c'est qu'aussi tu es trempée ! Tu devrais ôter tout cela pendant que j'irai...

Mais il s'arrêta court, fasciné par le spectacle. Rosalie venait de s'écarter de lui et, hâtivement, commençait à ôter ses vêtements mouillés qu'elle jetait à terre à mesure qu'elle les quittait. Elle y mettait une hâte, une rage dont Mézières n'eût pas conscience : il était bien trop occupé à regarder surgir le corps rose de la jeune fille. Quand elle n'eut plus que ses bas, Mazières, le sang en feu, avait complètement oublié ses prisonniers. Il se jeta sur elle et la porta sur le lit.

Mais, tard dans la nuit, quand il sortit de la torpeur où l'avait jeté l'amour, il se souvint brusquement de son devoir et se redressa, tâtonnant à la recherche de ses vêtements, car le feu était éteint. Marie, aussitôt fut contre lui :

— Qu'est-ce que tu fais ? Tu me quittes ?

— Je reviens ! Il y a ma ronde ! Il faut à tout prix que je la fasse. Je n'en ai pas pour longtemps. Dors en m'attendant...

Mais les deux bras de la jeune femme se nouèrent à son cou et elle se colla à lui, l'obligeant à se recoucher.

— Tu ne vas pas sortir maintenant ! Il fait froid, humide... Tu reviendras transi et je n'aurai plus envie de t'aimer.

— Mais, ma ronde...

— Pour une fois que tu ne la feras pas, tes prisonniers ne s'en porteront pas plus mal ! Songe que nous n'aurons peut-être pas une autre nuit ! Tourneveste peut me chasser demain. Alors, cette nuit, ne me l'abîme pas !...

Au fond, le gardien-chef ne demandait qu'à se laisser convaincre. Il reprit sa compagne dans ses bras, lui rendit ses baisers.

— Tu as raison ! Mes oiseaux ne s'envoleront pas pour autant.

À cette minute précise, les trois Chouans arrivaient sur la grève et prenaient leur course vers Saint-Jean-le-Thomas. Mais Mézières avait oublié qu'il y avait encore des Chouans. Un peu avant l'aube, il s'endormit d'un sommeil si pesant qu'il ne sentit pas Marie quitter le lit où elle venait de sacrifier au Roi son honneur et sa virginité. Quand il ouvrit les yeux, elle avait disparu. Il ne s'en inquiéta pas, pensant la retrouver à l'auberge. Mais jamais personne ne sut ce qu'était devenue Marie Morin, dite Muguette...

Une légende prétend que, longtemps après, la mer rejeta le corps méconnaissable d'une femme aux cheveux blonds. C'était peut-être Marie, coupable à ses propres yeux d'avoir trahi le souvenir de son fiancé supplicié par les Bleus...

17

Le court roman d'Armande de Troussebois et de Charles de Bellescize

L'obéissance aveugle aux ordres des parents, si arbitraires fussent-ils, a longtemps été considérée comme une vertu cardinale et l'abus de pouvoir de ceux-ci était, tout compte fait, assez naturel. Mais il est rare tout de même qu'un père ait poussé le goût de l'autorité aussi loin que le fit, aux temps tragiques de la Révolution, le marquis de Troussebois.

C'était un homme à principes, mais à principes dirigés toujours dans le même sens : celui qui allait le mieux à sa convenance. Ainsi, quand éclatèrent les premiers troubles de la Révolution, M. de Troussebois, maréchal de camp de son état, ne perdit pas une minute pour émigrer et rejoindre à Turin Monsieur le comte de Provence et tous ceux qui, comme lui, ne pouvaient supporter de voir Louis XVI se transformer tout bonnement en monarque constitutionnel. C'étaient des féodaux que ces gens-là et, s'ils souhaitaient tant voir se rétablir un pouvoir absolu, c'était moins pour subir la férule d'un monarque à la Louis XIV que dans l'espoir de récupérer leurs privilèges abandonnés un peu à la légère.

M. de Troussebois était de ceux-là. Laissant à Paris une épouse peu désireuse d'abandonner une vie confortable et selon elle sans danger, ainsi qu'une agréable maison du Marais pour courir les aventures sur les grandes routes, il était parti, emmenant sa fille Armande en qui il mettait la plus grande partie de ses espoirs de fortune, la plus petite étant constituée par ses talents d'homme de guerre. Car, pour la fortune, il n'en avait guère.

D'une part ses biens de famille, situés près de Cusset dans l'Allier, se trouvaient séquestrés, d'autre part Mme de Troussebois n'avait pas voulu se laisser réduire à la misère par un époux épris d'émigration. Quant à la jeune Armande, qui avait alors 15 ans, c'était une fort jolie fille blonde aux grands yeux bleus, un peu frêle peut-être, mais qui, avec un peu d'épanouissement, pouvait prétendre séduire les plus difficiles. De plus, elle avait assez volontiers suivi son père à Turin, n'aimant ni Paris ni la vie que sa mère prétendait l'y faire mener. D'ailleurs, elle avait toujours eu pour son père une nette préférence : elle l'aimait et l'admirait.

À Turin, tout alla d'abord pour le mieux. Père et fille reçurent le meilleur accueil à la Cour. Le Roi Victor-Amédée III laissa même entendre qu'il pourrait, si d'aventure la France ne se calmait pas de sa fièvre chaude, entrer en guerre contre les buveurs de sang qui la tenaient en main et qu'alors, le marquis de Troussebois aurait une place éminente dans son armée.

Mais, bien sûr, ce n'était pas pour tout de suite. On était alors vers la fin de 1791 et les fonds du marquis baissaient rapidement. Il se mit donc en quête de sa seconde poule aux œufs d'or : un gendre bien renté qui assurerait à sa fille, et accessoirement à lui-même, une existence confortable en attendant des jours meilleurs.

La chose, à première vue, semblait des plus aisées. Armande était si charmante que plusieurs seigneurs français ou piémontais se mirent sur les rangs. Et le père, d'autant plus ravi qu'ils possédaient tous une belle fortune, se mit en devoir d'étudier avec attention toutes ces candidatures.

Finalement, il arrêta son choix sur le jeune comte d'Harcourt, un émigré comme lui-même, mais un émigré fortuné. Harcourt avait tout ce qu'il fallait pour séduire un père difficile et même une fille exigeante : il avait 21 ans, il était beau, riche et il portait l'un des plus beaux noms de France.

Un soir, alors que les quelques amis qui avaient coutume de fréquenter la petite maison de la via San Lorenzo où habitaient le père et la fille venaient de partir, Troussebois annonça la bonne nouvelle à Armande :

— Ma fille, venez m'embrasser ! Le comte d'Harcourt m'a, ce soir, demandé votre main et je la lui ai accordée !

Il s'attendait à un émoi de la jeune fille, à quelques larmes, un peu de rougeur, à des yeux baissés pudiquement pour masquer la joie, mais certes pas à ce qui se produisit : Armande éclata en sanglots et, aussitôt, se jeta aux pieds de son père stupéfait.

— Je vous en prie, mon père, si jamais vous avez eu quelque tendresse pour votre fille, ne m'imposez pas ce mariage ! J'en mourrai !

— Mourir parce que vous allez devenir comtesse d'Harcourt ? Êtes-vous devenue folle ?

— Ni folle ni désireuse de vous déplaire. Mais je n'aime pas le comte...

— Eh ! qu'importe l'amour ! Cela vient par la suite ! Vous serez une très grande dame, vous serez riche ! Qu'importe à ce moment-là un sentiment aussi bourgeois que l'amour ?

— Il se peut que ce soit pour vous un sentiment bourgeois et ridicule, mon père, mais, pour moi l'amour est la seule, l'unique raison de vivre ! Et je ne renoncerai pas au mien !

Elle avait dit cela d'un ton si ferme que le marquis fronça les sourcils.

— Votre amour ? Il y a donc quelqu'un que vous aimez ? Allons, parlez ! À qui avez-vous osé donner votre cœur sans ma permission ?

Malgré le ton sévère de son père, la jeune fille ne se fit pas prier pour révéler un nom qui, depuis plusieurs mois, emplissait son cœur. Qui elle aimait? Charles de Bellescize, un jeune Lyonnais de noble famille, émigré comme eux-mêmes et qu'elle avait rencontré à la Cour. Charles était beau, de cette beauté virile à laquelle ne savent guère résister les cœurs de jeunes filles. Il était brun, avec des yeux sombres, des dents éblouissantes, un teint brûlé par le soleil, une silhouette élégante et souple. Il était, de plus, brave, ardent et plein de tendresse pour elle. Et Armande confia naïvement à son père qu'elle était aussi sûre d'adorer toujours Charles qu'elle était certaine que son amour pour elle ne finirait qu'avec leur vie.

Mais ce sont là des arguments peu propres à convaincre un homme n'ayant en vue qu'une situation. Car malheureusement, Charles de Bellescize était aussi peu argenté que sa bien-aimée. La décision de Troussebois fut sans appel.

— Vous n'épouserez pas ce garçon! trancha-t-il. Je vous l'interdis! Quand il était dans l'armée, il a passé son temps à se battre en duel.

— Pour affaires d'honneur ou pour aider un camarade.

— Peut-être, mais il n'en a pas moins été obligé de donner sa démission. Au surplus, là n'est pas la question. Elle est que je n'en veux pas pour gendre.

— Mon père!...

— Inutile d'insister! Dans deux mois jour pour jour, vous épouserez le comte d'Harcourt parce que je le veux ainsi! Un jour, vous me remercierez!...

Et il quitta le salon, laissant Armande désespérée, mais non abattue. Elle aimait de tout son cœur, de toute son âme, elle était aimée de même et elle ne voulait pas renoncer à cet amour! Pourtant, connaissant l'entêtement de son père, elle ne parla plus de rien, fit mine de s'incliner. Le marquis, enchanté en pensant avoir maté sa fille, se lança dans les préparatifs du mariage, tandis qu'Armande, désolée, tentait par tous les moyens de le faire échouer. Elle alla même jusqu'à prier son « fiancé » de renoncer à sa main, mais le jeune comte l'aimait, lui aussi, réellement et il espérait sincèrement qu'avec le temps, elle en viendrait à oublier Bellescize.

— Je suis certain de vous rendre heureuse, lui dit-il. Vous aurez tout ce qu'une femme peut désirer ! Ne me demandez pas de renoncer à vous, je ne saurais...

Ce fut d'ailleurs la sincérité de cet amour qui sauva Harcourt de l'épée de son rival. Charles voulait le provoquer en duel.

— Cela ne servirait à rien, lui dit Armande. Car, même si vous abattiez le comte, vous n'auriez pas ma main. Mon père se trouverait un autre gendre et, de plus, il vous ferait poursuivre par la police du royaume.

— Je sais, Armande ! Mais que faire ? Jamais je ne renoncerai à vous !

— Moi non plus, Charles. J'ai juré de n'être jamais à un autre que vous, de n'aimer jamais que vous...

Parvenus au fond de cette impasse, il ne leur restait qu'une solution : la fuite. Et l'avant-veille de son mariage, Charles de Bellescize enleva nuitamment Armande de Troussebois, dans une barque grâce à laquelle ils purent quitter Turin sans avoir à en franchir les portes. Ensuite, une chaise de poste les conduisit jusque dans le territoire de Gênes, où ils s'installèrent dans un petit village proche du grand port. Là, ils étaient hors du royaume de Piémont, en territoire libre et en république. Ils purent se marier et entamèrent avec bonheur leur lune de miel dans un décor plein de charme qui en doublait la douceur.

Ils n'étaient pas bien riches. Pour tout bagage, outre ses hardes, Charles avait emporté quatre cents livres que des amis lui avaient prêtées et Armande, quelques vêtements et une croix de chanoinesse qui lui venait d'une tante.

Mais quand on a 20 ans et que l'on s'aime, quand il y a du soleil et que le ciel est bleu, qu'importent le luxe ou même le confort ? Ils avaient la mer, le parfum des mimosas, une chambrette blanchie à la chaux dont une vigne ombrageait la fenêtre, et leur amour. Ils n'avaient besoin de rien d'autre…

Pendant ce temps, le marquis s'était lancé à leur recherche. Cela n'était pas facile, car il n'était guère plus argenté que les fugitifs et le comte d'Harcourt, chevaleresque, s'était refusé à poursuivre sa fiancée ou même à offrir les moyens de lancer la police à ses trousses. Quand enfin Troussebois eut réuni la somme qui lui permettait de lancer des sbires sur la piste des fugitifs, il était trop tard : Armande et Charles étaient bel et bien mariés. L'action revendicatrice du père s'éteignait, car il n'y avait plus de Mlle de Troussebois, mais bien une Mme de Bellescize.

Outré, furieux, le marquis s'enferma dans sa maison de Turin, non sans avoir juré par tout ce qu'il avait de plus sacré de ne jamais pardonner à sa fille. Et le pire est qu'il tint parole… et plus encore qu'il n'aurait fallu !

Cependant Armande, du fond de son bonheur, faisait de touchantes tentatives pour arranger les choses et fléchir son terrible père. Elle lui écrivait des lettres débordantes de tendresse dans lesquelles elle ne se lassait pas de demander pardon et d'affirmer un bonheur éclatant.

« Je ne peux croire que l'être qui fait et doit faire toujours mon bonheur puisse vous être désagréable. Vous ne pouvez savoir combien mon cher Charles me rend heureuse ! Malgré mes torts, je crois que vous m'aimez toujours, mon cher petit papa, car il me serait trop cruel d'en douter. Eh bien, aimez aussi mon mari ; regardez-le comme votre fils ! »

Mais bien loin de considérer son gendre de cet œil attendri, le « cher petit papa » proclamait partout qu'à ses yeux, Charles, coupable « du crime le plus détestable aux yeux des honnêtes gens, ne pouvait être estimable » et qu'il « lui conseillait fortement de ne jamais se présenter devant ses yeux ».

Devant tant de détermination, Armande abandonna ses lettres, en espérant qu'avec le temps, la hargne de Troussebois s'apaiserait. Qui sait? Peut-être quand elle aurait des enfants?...

Mais avant d'avoir des enfants, il fallait vivre. Au bout de quelques mois, les maigres ressources du jeune ménage s'étant épuisées, Charles, courageusement, chercha du travail. Il en trouva dans une imprimerie de Gênes, mais on le payait un salaire si misérable qu'il était tout juste suffisant pour que le jeune couple ne mourût pas de faim. Si bien qu'un jour, Charles déclara à sa femme :

— Nous ne nous en sortirons jamais ici, ma mie. Nous n'y sommes que des émigrés et l'on se méfie de nous. Le mieux, puisque votre père refuse toujours de nous recevoir à Turin, est de rentrer en France.

— En France? Mais les événements...

— Les événements se déroulent surtout à Paris. C'est à Lyon que nous irons, dans mon pays. J'y ai conservé de nombreux amis grâce auxquels je suis certain de gagner notre vie honorablement.

Armande hésita, désolée de s'éloigner encore de son inflexible père, mais la sagesse paraissait être du côté de son époux. Et d'ailleurs elle l'aimait tant qu'elle l'eût suivi joyeusement jusqu'en enfer! Or, toutes proportions gardées, c'est à peu près là qu'elle le suivit.

On quitta donc Gênes pour Lyon où l'on arriva dans les premiers jours de septembre 1792. Hélas! la grande cité rhodanienne était, elle aussi, aux mains des émeutiers et il était bien difficile à un aristocrate d'y vivre, d'autant plus que le nom de Bellescize y était connu. Charles trouva tout juste de quoi subsister. De plus, un autre malheur s'approchait.

Ayant appris que le jeune couple était rentré en France, Troussebois s'était lancé à leur poursuite afin de faire jouer en sa faveur les anciennes lois qui interdisaient à une fille de se marier sans le consentement paternel. C'était évidemment faire preuve d'une certaine naïveté que d'imaginer que les hommes de la Révolution s'appliqueraient à faire respecter des lois qu'en général ils haïssaient cordialement. Mais il n'en demeure pas moins que, avertis de son arrivée, Armande et son jeune époux prirent peur et décidèrent de fuir encore.

— À Paris, dit la jeune femme, il ne pourra pas nous trouver. C'est la seule ville où l'on puisse se cacher.

C'était aussi celle où l'on avait le plus de chances de mourir de faim. Néanmoins, Armande et Charles débarquèrent un beau matin de la diligence et allèrent s'installer dans un misérable hôtel meublé de la rue de Chartres. Encore ne purent-ils y prendre que la plus humble mansarde avant que Charles ne se lançât à la recherche d'un travail.

En trouver ne fut pas facile. Tout ce qu'il réussit à se procurer, ce fut, sous un faux nom, un misérable labeur de cantonnier. Armé d'une pelle et d'une pioche, le jeune comte trimait dur tout le jour pour la somme de vingt sous par jour… alors que la livre de pain en valait douze !

Pour l'aider, Armande s'était mise à faire quelques travaux d'aiguille. L'hôtel où elle habitait était, il faut bien le dire, l'un de ces lieux où les filles ramènent leurs clients de passage et la jeune femme trouva, de temps en temps, un peu de couture à faire pour l'un ou l'autre. Le soir, elle se privait de manger la plupart du temps quand Charles n'était pas là (son travail l'entraînait parfois plusieurs jours loin de sa femme) par mesure d'économie. Afin de se procurer un peu plus d'argent, elle porta peu à peu au mont-de-piété les quelques vêtements qu'elle possédait, ne gardant, par un hiver singulièrement rude, que le strict nécessaire. Et, pour charmer les heures interminables de l'attente, elle écrivait à son cher Charles de tendres lettres qu'à son retour il lisait avec des larmes dans les yeux.

Un jour que la misère était plus cruelle encore que d'habitude, Armande se décida à une démarche qu'elle avait espéré ne jamais avoir à faire. Sa mère habitait toujours sa maison de la rue de Thorigny. Elle s'y rendit alors qu'il gelait à pierre fendre et sonna à cette porte close, craignant seulement qu'il n'y eût personne.

Il y avait quelqu'un. Mme de Troussebois était là et tout d'abord, elle eut peine à reconnaître sa fille dans cette femme pâle et maigre, vêtue misérablement. Mais, quand enfin elle se fut convaincue que c'était bien là Armande, cette mère eut le courage atroce de la renvoyer à sa misère avec seulement quelques sous d'aumône, comme à une mendiante.

La raison qu'elle donna en était la récente arrivée de son mari. Armande avait commis une grande imprudence en venant, car elle aurait pu tomber sur son père. Il était sorti, mais il allait rentrer. Il fallait qu'elle s'en allât au plus tôt ! Naturellement, on ne dirait rien de son passage... à moins qu'elle ne soit enfin décidée à abandonner Bellescize ? Dans ce cas, elle pouvait rester, la porte lui était ouverte. Elle retrouverait sa chambre de jeune fille, une table bien servie, la chaleur, le confort...

On croit rêver devant ce chantage d'une mère en face de son enfant dans la plus noire misère. Mais la pauvre Armande eut encore le courage de refuser et, après que la porte se fut refermée sur elle, repartit en sanglotant par les rues glacées vers son misérable nid d'amour.

Cependant la certitude de ce que souffrait sa fille n'était pas suffisante encore pour apaiser la rancune de Troussebois. La justice immanente s'étant tout de même penchée sur son cas, il fut arrêté, conduit à La Force et condamné à mort. Et avant de mourir, au lieu de faire sa paix avec

Dieu, cet homme dénonça son gendre comme émigré rentré en fraude…

Le lendemain, les deux pauvres enfants durent fuir l'hôtel de la rue de Chartres et, tandis qu'Armande trouvait refuge chez une voisine qui l'avait prise en amitié, Charles se perdait dans Paris pour tenter de déjouer les poursuites.

Hélas ! sans abri et sans ressources, on ne résiste pas longtemps. Le jeune homme fut arrêté, traîné à la Conciergerie et naturellement condamné à l'échafaud. Alors, pour que le chagrin de celle qu'il laissait derrière lui fût moins cruel, il eut une idée magnifique. Durant toute sa dernière nuit de vivant, il écrivit des lettres, toutes adressées à sa femme, mais portant des dates prises dans les semaines à venir. Lettres sublimes et déchirantes dans lesquelles ce moribond racontait ses aventures de proscrit, sa soi-disant vie errante… et les inquiétudes que lui donnait sa santé. Il espérait ainsi amener peu à peu sa chère Armande à l'idée de sa mort… Et, dans la dernière, il glissa une mèche de ses cheveux.

Ce fut le concierge de la prison qui, ému de cet amour hors du commun, se chargea de faire parvenir les lettres à destination. Et, l'âme en paix, heureux de pouvoir encore, par-delà la tombe, dire son amour à sa chère petite femme, Charles de Bellescize monta à l'échafaud et mourut avec courage.

Les lettres commencèrent à parvenir à Armande avec une pieuse régularité. Un mois passa ainsi jusqu'à ce qu'un matin, le crieur public vînt jeter le trouble et l'effroi dans l'âme de la jeune femme. La Convention venait de prendre un décret meurtrier contre les nobles résidant encore à Paris dont la liste était en train de s'établir au Palais de justice.

Ignorant tout de l'endroit où se trouvait Charles, Armande courut au Palais. Son pauvre costume d'ouvrière n'éveillant pas les soupçons, elle trouva là un brave homme de greffier qui accepta de la renseigner. Elle se donna comme une servante à la recherche de son ancien maître et sa mine triste et défaite aurait ému une pierre.

Le bonhomme alla consulter les listes et revint, tout effaré ; non, le comte de Bellescize n'était pas sur la liste. C'était impossible d'ailleurs, car il y avait maintenant plus d'un mois qu'on l'avait guillotiné.

Armande reçut le coup sans broncher. En un instant, elle comprit la généreuse imposture de son époux et toute la tendresse qu'il avait mise dans ces pauvres lettres. Néanmoins, elle voulait douter encore.

— Tu es bien certain, citoyen, que c'est de ce Bellescize-là qu'il s'agit ?

— Tu ne m'as pas dit qu'il y en a eu plusieurs. J'ai lu : le ci-devant comte Charles de Bellescize, 26 ans, ex-noble, ex-militaire, émigré rentré en fraude...

Armande baissa la tête. Il n'y avait aucun doute à garder. C'était bien son Charles que ces brutes sanguinaires lui avaient tué ! Le monde, autour d'elle, s'écroulait définitivement, et ceux qui le peuplaient lui faisaient horreur.

— Je te remercie, citoyen-greffier ! Tu as été très bon...

— De rien, petite ! De rien ! C'est tout naturel ! J'espère que tu es contente. Tu ne rencontreras plus ton ancien patron en ce bas monde !

Elle eut un pauvre sourire, sortit du Palais. De l'autre côté de la Seine, elle aperçut les bâtiments de l'Hôtel de Ville. Là était la Commune, là siégeaient ceux qui pouvaient encore quelque chose pour elle. Elle y courut.

— Je suis la comtesse de Bellescize, dit-elle froidement au factionnaire qui lui barrait le passage, et je veux voir les monstres qui sont là-haut !

Puis, pour faire bonne mesure, elle ajouta d'une voix où elle mit toutes ses forces :

— Vive le Roi ! Mort aux tyrans et à leur République sanglante !

Elle avait gagné. Le lendemain, Armande de Bellescize, un sourire aux lèvres et les yeux pleins de lumière, gravissait à son tour l'échelle de la guillotine. La méchanceté des hommes, dans un instant, ne pourrait plus rien contre elle. Dans un instant, il y aurait Charles... et l'éternité de leur amour.

18

La « comtesse » de Bréchard

Un homme simple

Dans la famille de Bréchard, l'une des plus nobles du Nivernais, on avait plutôt tendance à considérer le comte Louis-François comme légèrement demeuré. En effet, alors que les garçons de la branche cadette tenaient à honneur de servir le Roi ou, tout au moins, de se montrer à la Cour, l'unique rejeton de la branche aînée se refusait farouchement à quitter son château d'Achun, situé à cinq lieues environ de Château-Chinon, près du village de Sardy. Le plus long voyage que Louis-François eût jamais effectué était celui de Nevers où, chez les Pères, il avait fait quelques études languissantes qui étaient la moindre des choses vers la fin du siècle des Lumières.

C'était un garçon doux, timide, aimant surtout la campagne, les animaux, la chasse et la compagnie de ses paysans, mais, tant que son père avait vécu, personne dans la famille ne s'était étonné qu'il menât la vie d'un fils soumis. Cependant, une fois qu'il devint son propre maître, chacun pensa qu'il allait s'émanciper, se rendre à Versailles, prendre du service dans quelque régiment huppé ou, tout au moins, faire la tournée des châteaux voisins pour se trouver une épouse digne de l'aider à continuer son vieux nom.

Or, Louis-François ne fit rien de tout cela. Il se contenta de rester chez lui à veiller sur ses terres, à traquer le lièvre ou la perdrix, à se réjouir aux noces de ses paysannes et à trinquer avec ses fermiers. On dit même, avec horreur, qu'à Achun, la salle à manger ne servait jamais et que Louis-François préférait de beaucoup vivre dans sa grande cuisine avec ses serviteurs. Ceux-ci, d'ailleurs, n'évoquaient en rien un train princier. La « livrée » du comte comprenait en tout et pour tout une sorte de factotum en jupons, Marie Pérault, une fille du village de Sardy dont les 26 ans ne craignaient point l'ouvrage ; une servante du genre souillon que l'on appelait la Jeannette ; un gamin et deux hommes, Duplessis et Gaucher, qui remplissaient surtout des fonctions de gardes-chasse en veillant sur le gibier bien plus que sur le reste de la propriété.

Marie Pérault – car il faut bien s'y arrêter – était une assez jolie fille, fraîche et vigoureuse, qui vouait à son maître, de deux ans son aîné, une espèce de dévotion faite d'une tendresse vaguement maternelle et d'une inquiétude permanente. En effet, Marie n'envisageait pas sans angoisse le moment où le comte se déciderait à convoler et ramènerait à Achun une jeune femme à laquelle il faudrait rendre les clefs et la direction de la maison, une jeune femme qui amènerait peut-être avec elle quelque camériste insolente qui la ravalerait, elle, Marie, à un rang tout juste un peu au-dessus de celui de la Jeannette. Et elle tremblait, Marie, quand il arrivait à Louis-François d'entrer au salon désert et de contempler auprès d'une des fenêtres le fauteuil vide et la table à ouvrage qui avaient toujours fait partie intégrante, pour lui, de l'image de sa mère. Un jour, il dit même :

— Il faudra bien que tout cela renaisse. Cette maison a besoin d'une femme et de cris d'enfants…

Une femme ? Marie considérait qu'elle en était une et n'eût vu aucun inconvénient à ce que son maître consentît à s'en apercevoir. Elle aurait aimé qu'il en vînt à envisager que l'état de célibataire vécu auprès d'une jolie servante dévouée était certainement plus agréable que celui d'homme marié à une épouse autoritaire qui aurait des vapeurs, qui ronchonnerait quand il rentrerait de la chasse avec des bottes boueuses au lieu de les lui tirer, à genoux sur le dallage de la cuisine, et d'aller en souriant lui chercher ses pantoufles.

Marie savait bien, cependant, qu'un noble avait des devoirs envers son nom. Aussi se contentait-elle de soupirer et de prier Dieu de retarder, autant que faire se pourrait, l'« issue fatale ». Et Dieu, il faut bien l'avouer, répondit d'une curieuse façon aux prières de la jeune gouvernante : les premiers grondements de la Révolution arrivèrent et les châteaux environnants – avec leurs possibles comtesses de Bréchard – se vidèrent comme par enchantement. Leurs occupants prirent les chemins difficiles de l'émigration.

Tout de même, cet exode massif la tourmentait suffisamment pour qu'elle demandât à Louis-François s'il avait l'intention d'en faire autant. Mais celui-ci n'y songea pas un seul instant : il était trop bien chez lui ! Et c'est ce qu'il dit en substance à ses cousins Paul-Augustin et Pierre-François, officiers respectivement au régiment de Guyenne et à celui du Limousin, quand ils vinrent lui faire leurs adieux en octobre 1791. Tous deux eurent beau lui dire que le devoir d'un Bréchard était d'aller grossir les rangs de l'armée du prince de Condé, Louis-François ne voulut rien entendre : il lui semblait, à lui, que l'on servait bien mieux le Roi en lui conservant, sur le sol natal, les terres de ses ancêtres.

Il aurait pu ajouter, bien sûr, que la meilleure manière de se dévouer à lui, c'était encore de se grouper autour de lui à Paris et de veiller à sa sauvegarde au lieu d'aller attendre les révolutionnaires de l'autre côté d'une frontière. Mais cela pouvait laisser entendre qu'il avait l'intention de se rendre à Paris et, décidément, cela ne lui disait rien.

Après leur départ, les jours reprirent leur cours normal et les choses leur aspect paisible. Il ne serait jamais venu à l'idée de Louis-François que les gens de son village, qu'il appelait par leur prénom et dont il tutoyait les trois quarts, pussent un jour se transformer en une horde braillarde susceptible de venir lui demander compte de ses ancêtres. Même la mort de Louis XVI ne le décida pas à s'en aller. Il se contenta de prier pour le repos de l'âme du souverain. Mais, malheureusement pour lui, les jours paisibles tiraient à leur fin…

La Convention, trouvant que les provinces manquaient de ferveur républicaine, décida de stimuler leur zèle et leur envoya des délégués pour dispenser la bonne parole égalitaire. Collot d'Herbois et Laplanche, empanachés de tricolore, vinrent s'installer à Nevers pour mettre la ville au goût de Paris. Ils transportaient avec eux un instrument sinistre qu'ils installèrent en bonne place afin d'inspirer une crainte salutaire à qui ne se sentirait pas une âme de sans-culotte bon teint. Il est vrai que, sous leur proconsulat, la guillotine, faute de condamnés, n'eut à se mettre sous le couperet que cinq mannequins destinés à démontrer son fonctionnement.

Les choses en seraient peut-être demeurées là si, en remplacement des deux premiers délégués appelés à d'autres tâches de salubrité publique, la Convention n'avait décidé d'envoyer un personnage beaucoup plus dangereux. Le citoyen Fouché, en effet, est un homme qui aime les pompes républicaines et qui trouve quelque plaisir à voir les foules trembler devant lui. Sous sa houlette, toute la région se retrouve à la mode romaine. On voit des soldats costumés en licteurs, des processions de jeunes filles vêtues de blanc transportant des lauriers et des palmes, un autel ou brûle « le feu sacré de Vesta », des repas champêtres et des colonnes de la Liberté. On entreprend également de débaptiser et quiconque s'appelle Pierre, Paul ou Jacques se retrouve du jour au lendemain Scevola, Regulus ou Epaminondas. Les villages eux-mêmes n'y échappent pas, tel Saint-Pierre-le-Moutier, que l'on rebaptise sans rire Brutus-le-Magnanime… Mais tout cela coûte cher et Fouché découvre bientôt qu'il a besoin d'argent.

À Achun, cependant, Louis-François finit par s'inquiéter de la tournure que prennent les événements et il décide de mettre à l'abri une partie de son bien. C'est ainsi qu'il souscrit au nom de Marie une rente viagère de douze cents livres et une reconnaissance de dette de quinze mille. Puis il loue, à Nevers, un petit appartement, y porte ses meubles les plus précieux, son argenterie, et demande à Marie de s'y installer comme si elle était chez elle pour veiller sur tout cela. Lui va rester seul dans son château réduit au strict nécessaire. Il pense arriver ainsi à désarmer la « sainte fureur » des hommes du proconsul Fouché. Ce qui va se révéler une grave erreur…

Marie jette le masque

Pour le district de Château-Chinon, Fouché a délégué ses pouvoirs à un certain Grangier, ancien oratorien comme lui-même, et qui partage tout à fait ses idées sur la récupération des biens nobles ou ecclésiastiques.

Quand celui-ci arrive au château d'Achun, le grand vide des salles et des coffres lui inspire de la méfiance. Il y a trop de places « claires » sur les murs indiquant l'emplacement de meubles et de tableaux. De plus, le citoyen Bréchard lui a déjà été signalé comme entaché de « somnolence patriotique » et d'« égoïsme capitaliste ». Aussi sa décision est-elle vite prise : le citoyen en question va être conduit sur-le-champ à la prison de Nevers. Il n'en sortira que lorsqu'il aura trouvé la somme qu'il doit verser à la Nation comme contribution à la misère des peuples. Et mieux vaut qu'il la trouve, cette somme, s'il tient absolument à rester en vie.

La menace est sérieuse et il va falloir obéir si l'on ne veut pas que le citoyen Grangier la mette à exécution. Prévenue, Marie « réalise » quelques objets de valeur tandis que son maître se morfond en prison. Cela prend quelque temps, mais enfin l'argent est remis à Grangier qui, magnanime, fait libérer le comte de Bréchard. Il peut rentrer chez lui, et c'est avec joie qu'il retourne vers son château campagnard.

Mais, en quelques mois, tout a changé dans ce pays si paisible et si traditionaliste. Il y a désormais, à Sardy, un Comité révolutionnaire, des sans-culotte, des sectionnaires, tout cela formé avec de braves gens auquel le vin de la liberté monte un peu trop à la tête et qui, à la grande stupeur de Louis-François, se sont transformés par un pénible sortilège en implacables inquisiteurs. Et la vie, si calme naguère avec ses joyeuses beuveries et son compagnonnage d'après la chasse, devient peu à peu infernale. Personne ne semble se rappeler que Louis-François est un bon garçon tranquille, pas fier et incapable de faire du mal à une mouche. Bientôt, il ne peut plus rien faire sans se voir accusé des pires forfaits. On le traite d'accapareur, d'affameur du pauvre peuple, et il ne se passe plus un jour sans qu'on lui dresse un procès-verbal pour le moindre éternuement.

Persécuté de cent façons, le malheureux en est à se demander s'il ne va pas filer à Nevers récupérer le bien qui lui reste et prendre enfin le chemin de la frontière en compagnie de sa fidèle Marie quand, un soir, celle-ci arrive au château complètement affolée. On est le 19 mars

1794. Et les nouvelles qu'elle apporte ne sont pas drôles : le petit appartement a été visité. On a saisi tous les papiers, même la fameuse reconnaissance de dette. Alors, elle est venue en toute hâte.

Bréchard la rassure. Il n'y avait rien de bien compromettant dans les papiers, mais elle a bien fait de revenir car elle sera plus en sûreté au château, où d'ailleurs il ne sera plus, car il songe, cette fois, à émigrer. Et comme elle s'étonne, il lui fait le triste dessin de sa condition actuelle : bientôt on ne lui laissera même plus de quoi se nourrir, lui qui croyait n'avoir ici que des amis !

La nouvelle ne cause aucun plaisir à Marie. Qu'il veuille partir… et sans elle, lui paraît tout à fait inadmissible. Mais elle ne dit rien et se contente d'annoncer qu'elle va se rendre au village pour faire quelques emplettes.

Le lendemain, Louis-François, qui tente de mettre de l'ordre dans ses affaires, voit arriver quatre sectionnaires en bonnet rouge qui, le plus sérieusement du monde, lui déclarent qu'il a suffisamment vécu en égoïste et qu'il a vingt-quatre heures pour épouser une « véritable sans-culotte ».

Le comte croit d'abord à une mauvaise plaisanterie et prend le parti de rire, mais il est bien le seul. Les autres déclarent que le mariage est un devoir civique et qu'il convient à présent de s'unir à la partie la plus fidèle à la Nation :

— Où voulez-vous que je trouve une femme ? Et en une journée ?

— Cela ne nous regarde pas, mais si demain tu ne te maries pas, tu seras déféré comme suspect devant le Tribunal révolutionnaire, et tu sais ce que cela veut dire.

Bien sûr il le sait. Il connaît la furie de mariages civiques qui a saisi Fouché et sa bande : on marie de force les prêtres et les religieuses, les soldats de passage avec n'importe qui, les filles de joie avec de pauvres vieux incapables de se rendre compte de ce qui leur arrive. Néanmoins, Bréchard tente de se défendre encore : un mariage, c'est sérieux et l'on n'épouse pas n'importe qui... Alors la réponse fuse, coulant de source :

— Est-ce que tu n'as pas, auprès de toi, une excellente fille que tu connais bien ? Tu n'as qu'à épouser Marie Pérault, citoyen, et tu auras obéi au vœu de la Nation.

Le lendemain, les quatre hommes reviennent. Il faut en passer par où ils veulent : Louis-François et Marie sont conduits à la mairie où ils trouvent tout le village réuni, et même les villages environnants. Au premier rang, il y a les parents de la « mariée » qui sont là pour donner leur consentement. Sur la table de la Municipalité, il y a deux registres ouverts : celui des mariages... et celui qui contient la liste des suspects à envoyer au Tribunal : il faut signer sur l'un ou sur l'autre... Bien sûr, le mariage a lieu. Après quoi, on ramène triomphalement le couple au château, avec des huées et de grosses plaisanteries.

Le premier tête-à-tête est morne. Bien sûr, Louis-François ne songe aucunement à consommer son mariage. Il espère qu'une fois passée la tempête révolutionnaire, il pourra le faire annuler. Mais, apparemment, ses tourmenteurs tiennent à aller jusqu'au bout et ne s'accommodent pas d'un simulacre. Le comte est marié : il doit devenir réellement l'époux de sa femme.

Pour y parvenir, on commence par expédier le couple à Nevers. Comme les prisons regorgent, on le loge dans une chambre d'auberge où il n'y a que deux lits : l'un destiné aux nouveaux mariés et l'autre à un gendarme chargé de les surveiller. Et Marie, qui n'est pas étrangère à toute cette affaire, croit bien, alors, toucher au but si longtemps poursuivi. Elle est jeune et pas laide et, après tout Louis-François est un homme.

Seulement, c'est un homme malade. La prison et les jours pénibles qui l'ont suivie ont miné sa santé. Les derniers événements ont même un peu ébranlé son esprit. Dans la nuit, il est pris d'une fièvre si forte qu'il faut mettre fin à cette incroyable « nuit de noces » pour transporter le malheureux à l'hospice. Il y reste jusqu'après le 9 thermidor, mais, quand il en sort, il est en pleine dépression nerveuse.

Il regagne alors Achun, mais il ne peut plus supporter Marie, qu'il envoie alors à Auxerre chez sa tante d'Assigny pour qu'elle s'occupe d'elle. Mais cela ne fait pas l'affaire de Marie, déçue de n'avoir pas réussi à se faire aimer. Néanmoins, elle part, sûre qu'il ne pourra pas se passer d'elle longtemps. Mais il ne la rappelle pas.

En 1800, quand elle apprend qu'il a introduit une demande en nullité de mariage, elle décide de passer à l'attaque, protestant hautement de sa qualité d'épouse et se parant du titre de comtesse de Bréchard. Ce qui déchaîne un beau scandale et un interminable procès au cours duquel, durant sept ans, les avocats de Marie vont traîner Louis-François dans la boue : ce n'est qu'un vil suborneur qui a abusé de la naïveté d'une pauvre fille dont il avait fait son esclave. Avec ses nerfs malades, Louis-François vit un calvaire et quand, enfin, le 2 décembre 1807, le mariage forcé est enfin annulé par les tribunaux de l'Empereur, le malheureux ne peut jouir de son triomphe : il est devenu fou.

Deux ans plus tard, le 23 mai 1809, il meurt dans son château délabré où il a vécu en solitaire, employant ses journées à prier. Par testament, il léguait à Marie son livre d'heures pour qu'elle pût, « chaque semaine, y lire les psaumes de la Pénitence ». Mais il demandait également qu'on lui servît les rentes qu'elle avait voulu garder et qui, durant le procès, lui avaient permis de réduire son pseudo-époux à la misère.

On ne sait ce que devint Marie Pérault.

19

Élisabeth Duplay et Philippe Le Bas

La maison des trois jeunes filles

Les gens qui passent, en ce début de l'été 1793, devant la maison du menuisier Duplay, rue Honoré, n'osent guère s'attarder. La plupart du temps, ils pressent le pas et vont leur chemin sans même tourner la tête. C'est pourtant une maison agréable, bien construite et qui ouvre, sur un jardinet fleuri, des fenêtres toujours garnies de rideaux blancs impeccablement amidonnés. En outre, trois jeunes filles aimables, charmantes même, animent cette demeure et il n'y a rien à redire sur la réputation de leurs parents. Le père Duplay est un menuisier habile, un homme foncièrement honnête, et sa femme est une de ces ménagères infaillibles qui savent mener leur maison à la baguette... En résumé, une demeure faite pour le bonheur tranquille, mais... Mais chaque jour, les charrettes de la mort qui mènent leur chargement de victimes à l'échafaud de la place de la Révolution passent devant cette maison où vit l'homme qui est le principal responsable de tout ce sang versé. Chez les Duplay, en effet, Maximilien de Robespierre loge depuis 1791...

Il y règne même autant et plus que le brave père Duplay, en outre on l'aime. Les filles envers lesquelles il a des gentillesses de grand frère l'appellent « Bon Ami ». La mère se tait en sa présence, soucieuse seulement de son bien-être, et le père n'est pas loin de voir en lui le remplaçant direct du ci-devant Bon Dieu.

Les trois jeunes filles ont pour lui des sentiments divers. La grave Éléonore l'adore : elle lui a voué en silence son cœur et sa vie. La seconde, Victoire, aurait plutôt tendance à le craindre. Quant à la troisième, Élisabeth, dite Babet, elle considère le dieu de la maison avec une affection mitigée d'ironie. Il est très bien, Maximilien, mais qu'il est donc solennel ! Aussi s'emploie-t-elle chaque fois qu'elle le peut à dérider le grand homme. En revanche, elle apprécie moins sa famille : la revêche Charlotte et Augustin, le frère, qui sont venus rejoindre Maximilien chez les Duplay. Et elle déteste carrément le dernier locataire de la maison, le sinistre Couthon, qui forme, avec Robespierre et Saint-Just, le triumvirat de la mort expéditive.

C'est elle, cependant, qui, en cette fin du mois de juin, tient en quelque sorte la vedette. Tout simplement pour raison de santé. Depuis quelque temps, en effet, cette jolie fille de 20 ans qui aurait pu servir de modèle à Fragonard a perdu toute joie de vivre : elle dort mal et perd à la fois l'appétit et ses fraîches couleurs. Bref, elle dépérit, mais quand on lui demande de quoi elle souffre, elle répond qu'elle n'a rien. Bizarre !

Comme d'habitude, dans les grandes affaires de la maison, on en réfère à « Bon Ami » et celui-ci rend un verdict des plus simples : il faut appeler un médecin. Ce qui est fait : le docteur Souberbielle, médecin de la famille, vient examiner Babet et déclare qu'il n'y a pas à s'inquiéter. Ce qu'il lui faut, c'est un mois à la campagne.

La campagne, à l'époque, c'est tout juste en dehors des barrières de Paris et, sur le conseil de Bon Ami, on expédie Babet chez une Mme Panis, dont Maximilien garantit la parfaite moralité et qui possède à Chaville une jolie propriété. Ce qui ne cause aucun plaisir à la jeune fille, mais pour rien au monde elle n'avouerait la cause de son mal, qui est pourtant bien simple : elle est amoureuse.

Tout a commencé le 21 avril dernier. Ce jour-là, Mlle de Robespierre a conduit Babet à l'Assemblée (ce qui est alors un divertissement de choix). C'est là qu'un jeune député est venu les saluer. Un jeune député charmant : 28 ans, les cheveux bruns, les yeux bleus, un air aimable et réservé et un beau sourire. Il se nomme Philippe Le Bas et il est député du Pas-de-Calais. Un échange de regards et les voilà tous deux victimes du plus brutal des coups de foudre.

Bien sûr, on va se revoir. Le 2 mai d'abord, puis le soir même, car Le Bas a invité « ces dames » à une séance de nuit, à laquelle on se rend avec des sucreries et des oranges. Babet a ainsi la joie de voir le jeune député accepter une orange de sa main. Mlle de Robespierre semble jouer dans cette histoire le rôle d'une duègne bienveillante.

Une semaine plus tard, nouvelle visite à l'Assemblée. Le Bas s'attarde auprès de Babet, demande à examiner une bague qu'elle porte à la main et, en échange, lui offre une lorgnette pour qu'elle puisse mieux suivre les débats. Or, au moment où la jeune fille vient de lui confier le bijou pour qu'il le voie mieux, on appelle Le Bas pour voter et il quitte Babet précipitamment en emportant la bague. On ne le revoit pas et la jeune fille, fort ennuyée, rentre en espérant que sa mère ne remarquera pas la disparition de l'anneau et pas davantage l'entrée dans les meubles familiaux d'une lorgnette qui n'a rien à y faire. Pour la consoler, sa compagne lui promet qu'elles reviendront le lendemain pour faire l'échange.

Hélas ! le lendemain, Charlotte de Robespierre, très soucieuse, vient dire à sa jeune amie que Le Bas est tombé malade et qu'on ne le reverra pas à la Convention avant de longs jours... Toute la maladie de Babet est venue de cette crainte de ne revoir jamais le jeune homme qu'elle aime, sans la moindre nouvelle de sa santé, avec pour seule consolation la contemplation de la lorgnette, cher souvenir d'un homme peut-être en train de mourir.

Dans de telles conditions, le séjour à Chaville s'avère tout à fait inopérant et Babet rentre aussi pâle qu'elle est partie, à la grande désolation de sa famille. Robespierre, pour sa part, décrète que c'est à n'y rien comprendre et s'efforce d'interroger sa petite amie. D'où lui vient cette tristesse ?

Babet aimerait bien se confier à lui, si fort, si puissant, mais comment avouer à un homme que l'on est amoureuse quand on a reçu l'éducation et les principes rigides des Dames du Tiers Ordre de saint François au couvent de la Conception ? Et les choses auraient pu durer longtemps si les Duplay n'avaient décidé de se rendre un soir à une séance de la Convention et n'avaient envoyé Babet retenir les places en compagnie de sa sœur Victoire. Or, en arrivant devant la célèbre assemblée, la première personne qu'aperçoit Babet c'est Le Bas, un peu pâli, un peu amaigri, mais bien vivant.

Elle est si émue de se trouver soudain en face de lui qu'elle ne trouve rien à répondre aux compliments de politesse qu'il lui adresse sans se douter que son innocent regard est bien éloquent. Devant le trouble de sa sœur, Victoire entre seule pour prendre les places. Elle laisse les deux jeunes gens, et Philippe Le Bas en profite pour débiter à la jeune fille un petit discours préparé sans doute de longue date pour une circonstance de ce genre :

— Je vous sais bonne, lui dit-il, et cela m'encourage à m'adresser à vous pour la chose la plus importante de ma vie. Je voudrais vous prier de me choisir une femme très gaie, jolie, aimant la toilette, les plaisirs… et ne tenant pas trop à nourrir elle-même ses enfants, parce que cela rend trop esclave et prive de trop de plaisirs.

L'innocente Babet ne comprend pas qu'on lui parle d'elle-même. Elle est si troublée, si désespérée qu'elle semble sur le point de s'évanouir. Elle vacille sur ses jambes et elle est si pâle que Le Bas saisit ses mains glacées dans les siennes et implore son pardon : il voit bien qu'il lui a fait de la peine, mais il voulait seulement l'éprouver et savoir si son amour était payé de retour. On devine la suite, et le retour de Victoire met fin à un fort tendre marivaudage.

Le soir même, aux Tuileries, tandis que Mme Duplay fait sa promenade quotidienne au son des vociférations de la place de la Révolution, Philippe Le Bas s'approche d'elle et lui demande très officiellement la main de sa fille. Babet surveille la scène de loin. Naturellement on lui répond qu'il est impossible de rien décider sans l'avis du père et, bien entendu, celui de « Bon Ami ». Le Bas devra se présenter rue Honoré le lendemain vers 9 heures.

Cette nuit-là, Babet ne ferme pas l'œil. Mais elle a tort de se tourmenter, car Robespierre est favorable à ce mariage. Il connaît bien Le Bas et l'apprécie, mais cela, Babet n'en sait rien. Le lendemain, un peu après 9 heures, Babet qui, le cœur battant, repasse du linge dans la cuisine tandis que l'on discute dans la salle voisine, s'entend appeler et comparaît l'instant suivant devant un véritable conseil de famille où son père, avec une sévérité de juge d'instruction, lui fait part de la demande de Le Bas. La pauvrette perd contenance, balbutie… et c'est seulement quand elle est en larmes qu'on la pousse dans les bras de Philippe pour le baiser de fiançailles. Après quoi on la renvoie à son repassage. On a des principes romains ou on n'en a pas !

Suivre Robespierre jusque dans la mort…

Le 26 août 1793, le mariage de Philippe Le Bas et de Babet est célébré à l'Hôtel de Ville en présence du peintre David, des Robespierre, d'Hébert et de toute la famille Duplay. Après quoi le jeune ménage va s'installer dans une petite maison de la rue de l'Arcade. Les onze mois auxquels se résume tout le bonheur de Babet commencent. Onze mois tout juste ! Mais onze mois merveilleux qui comportent une sorte de voyage de noces. En décembre, en effet, Saint-Just et Le Bas sont envoyés en mission aux armées. Grâce à Robespierre, Babet obtient d'accompagner son époux, ainsi qu'Henriette, la sœur de Philippe. Celle-ci est jeune, jolie et plaît beaucoup à Saint-Just. Ce voyage à quatre sera le plus gai, le plus joyeux qui soit. Saint-Just récite du Molière ou bien chante avec Philippe des airs d'opéras italiens, et les foules qui voient passer la grande berline officielle où siègent deux hommes empanachés de tricolore n'imaginent guère que l'on s'y amuse ferme.

Le retour a lieu début janvier, mais vingt jours plus tard, Le Bas et Babet repartent pour le nord. Enceinte de plusieurs mois, la jeune femme s'arrête à Frévent chez son beau-père. Quand on revient, on est encore quatre : outre Henriette qui s'occupe beaucoup de Babet, Philippe ramène son jeune frère Désiré, ce qui va nécessiter un prompt déménagement dans un vaste appartement de l'actuelle rue Cambon, infiniment plus vaste que le nid d'amoureux de la rue de l'Arcade. Babet est enchantée, et plus encore en pensant au bébé qui va venir.

Pour ne pas troubler son bonheur, Philippe garde pour lui les pensées sombres qui lui viennent depuis quelque temps. Il sait que la situation politique se dégrade. La peur qu'inspire Robespierre fait grandir la haine autour de lui et, au soir de la fête de l'Être suprême, le jeune homme, désolé, dit à sa femme :

— La patrie est perdue.

Non, la patrie n'est pas perdue ; mais Robespierre, lui, est en train de se perdre, et Philippe sait bien que son destin est lié à celui de son ami. Il a peur à présent et quand naît le petit Philippe, le 18 juin, sa joie a quelque chose de forcé. La Terreur est au plus sanglant. Le 2 thermidor, alors qu'avec sa femme, il promène leur enfant au jardin Marbeuf, il dit tout à coup :

— Si ce n'était pas un crime, je te brûlerais la cervelle et je me tuerais ensuite... Au moins nous mourrions ensemble. Mais il y a ce pauvre enfant !

On imagine ce que pareille phrase peut faire sur l'esprit d'une jeune femme heureuse. Babet, éperdue, pense que son époux est en train de devenir fou, mais il se montre si tendre ensuite qu'elle se rassure. Elle ne comprend pas encore que la fin est proche.

Quand, le 9 thermidor au matin, Le Bas quitte sa maison pour la Convention, il y laisse une Babet parfaitement tranquille et tout occupée des soins de son enfant. Bien sûr, elle sait que « Bon Ami » a des ennuis, mais elle est persuadée qu'il peut venir à bout de n'importe quelle catastrophe. Hélas ! quand Philippe reparaît au début de l'après-midi, il est prisonnier, entouré de soldats qui viennent perquisitionner. Robespierre n'a même pas pu prendre la parole et Philippe a voulu s'associer à son sort. Quand, une heure plus tard, on l'entraîne vers la prison, il laisse l'appartement dévasté et Babet évanouie.

Le soir même, tandis qu'avec Henriette elle essaie de remettre un peu d'ordre dans sa maison, voilà Philippe qui revient. Et il est libre !

Tandis qu'avec un cri de joie Babet se jette dans ses bras, il la repousse doucement. Pas question de rester tranquillement à la maison. Il ne fait que passer pour se changer, car il se rend sur l'heure à l'Hôtel de Ville. Robespierre y appelle à son aide les sections armées pour lutter contre la Convention. Et il veut être à ses côtés pour cet ultime combat.

La pauvre femme a beau prier, supplier, Le Bas l'écoute à peine. Tout ce qu'il consent à dire avant de s'arracher à ses bras, c'est :

— Je dois suivre mon destin, mais toi, tu as notre fils. Inspire-lui l'amour de la patrie ! Dis-lui que son père est mort pour elle.

Elle s'attache alors à ses pas, le suit. Au moment d'entrer dans l'Hôtel de Ville, il lui crie un dernier adieu. Et c'est seulement quand il a disparu dans la Maison Commune que Babet, secouée de sanglots, se laisse entraîner par Henriette qui l'a suivie. Et l'on rentre à la maison en s'efforçant de ne pas entendre les hurlements des cortèges qui proclament la déchéance de Robespierre, de Saint-Just, de Le Bas, et leur mise hors la loi. La nuit qui suit est atroce. Babet, malade de désespoir, la passe étendue sur le parquet. Et les heures s'écoulent. C'est seulement au matin du troisième jour que l'on apprend la vérité : au moment d'être arrêté, Philippe s'est suicidé d'un coup de pistolet. Robespierre, qui a voulu en faire autant, s'est manqué. Qu'importe, on guillotine le mort et le vivant. En même temps, Babet apprend l'arrestation de toute sa famille et la mort de sa mère que l'on a trouvée pendue dans sa prison. Elle aussi va être arrêtée et elle le sait. Mais, dans cet excès de malheurs, la frêle Babet trouve soudain un courage de Romaine.

Laissant s'enfuir une Henriette éperdue de terreur, elle fait un paquet de quelques vêtements, prend son enfant dans ses bras et, sans un mot, suit ceux qui viennent la chercher. On l'enferme d'abord à La Petite-Force, puis à la prison Talaru où elle retrouve sa sœur Éléonore, la

« veuve » de Robespierre. Elle pourrait d'ailleurs sortir : l'un des vainqueurs de thermidor lui propose sa liberté et même d'assurer l'avenir de son fils si elle consent à l'épouser. Elle répond alors avec hauteur que « la veuve Le Bas ne quittera ce nom sacré que sur l'échafaud ». Alors, on la sépare de sa sœur. On l'enferme à Saint-Lazare, puis au Luxembourg, jusqu'à ce qu'enfin, après cinq mois de prison, on la mette dehors parce qu'on ne sait pas quoi faire d'elle et peut-être aussi parce que l'on a honte de garder cette enfant et son bébé.

Elle est libre, mais elle n'a plus un sou. Tous les siens sont encore en prison. Alors elle se met au travail, se fait lavandière pour nourrir son enfant. Elle apprendra alors que son époux aurait pu éviter la mort. Personne ne réclamait sa tête quand il a voulu suivre Robespierre dans la mort. Il s'est même débattu contre ceux qui prétendaient le retenir, au point qu'une partie de ses habits est restée entre leurs mains.

Bien sûr Babet a pleuré en écoutant le récit tragique, mais pleuré d'orgueil autant que de douleur. Elle écrira plus tard, avec une noblesse inattendue chez une jeune tête naïve et un peu folle : « Je bénis le ciel de me l'avoir ôté ce jour-là. Il ne m'en est que plus cher. »

Et la vie continue, dure, pénible, impitoyable, mais vaillamment affrontée par cette jeune femme vouée tout entière à son fils.

Quand Philippe atteint ses 12 ans, elle le fait entrer au collège de Juilly où il va demeurer quatre ans. En 1810, il s'engage dans la marine, puis rejoint l'armée de terre et fait vaillamment les dernières campagnes impériales. La paix revenue, il obtient un emploi à la préfecture de la Seine, puis, en 1820, accepte le poste qu'on lui offre en Suisse : celui de précepteur du fils aîné de la Reine Hortense, le jeune Louis-Napoléon, qui sera un jour l'empereur Napoléon III. Par la suite, ses travaux le conduiront à l'Institut de France. Le serment que s'est fait la petite Babet en gagnant la prison, son petit dans les bras, a été tenu : elle en a fait quelqu'un !

Mais elle? Qu'est-elle devenue? S'étant juré de ne jamais quitter le nom de Le Bas, elle a refusé bien des partis et finalement a épousé son beau-frère Charles, commissaire-général à Lorient, dont elle aura deux enfants : un fils et une fille.

Pourtant, après la mort de son second mari, c'est auprès de son Philippe qu'elle viendra s'installer dans le grand appartement de la rue de Condé où il s'est établi. Elle y recevra pour lui, avec une grâce charmante, bien des notabilités. Mais c'est à Rouen, chez sa fille Caroline, qu'elle meurt, le 16 avril 1859, à l'aurore du règne de l'élève de son fils. Elle est alors âgée de 89 ans, mais l'amour d'autrefois est demeuré intact et toujours aussi jeune au fond de ce cœur qui ne sait pas oublier.

20

La marquise et le maçon

L'ombre de la guillotine

C'était le jour du 15 août 1793 et la salle d'audiences du Tribunal révolutionnaire était bondée. Et, malgré ses vastes dimensions, on étouffait dans l'ancienne Grand-Chambre dont la Révolution avait fait disparaître l'admirable décoration et le superbe plafond à caissons de Louis XII.

Entre les murs salis s'entassait une populace hargneuse et bruyante, venue là comme au spectacle… et un spectacle de choix ! L'homme que l'on jugeait n'était-il pas un authentique héros, l'un de ceux, pourtant, qui avaient donné à la Nation le plus de gages de leur loyauté ? Mais, à l'heure où elle prétendait régler des comptes illusoires, la Révolution ne voyait plus, dans le général de Custine, que le ci-devant marquis de Custine, l'ancien page du maréchal de Saxe…

Cependant, l'homme de 53 ans qui s'entendait accuser avec une si superbe indifférence avait été l'ami de La Fayette, le héros de Yorktown, et, quand la patrie avait été en danger, il avait fait taire ses sentiments monarchistes pour mettre son épée au service du nouveau régime. À Mayence, à Landau, à Worms, il avait vaincu l'ennemi. Trois mois plus tôt, presque jour pour jour, il était nommé général en chef de l'armée du Nord… Seulement, le temps des revers était venu : à Mayence, il avait dû céder devant un ennemi supérieur en nombre. On l'accusa aussitôt d'intelligence avec l'ennemi…

Assis au banc des accusés, il semblait se désintéresser du débat, si l'on pouvait appeler débat une suite d'insultes sans consistance pour lesquelles tout le monde semblait d'accord. Il avait vu la mort de trop près et trop fréquemment pour la craindre… Parfois seulement, il tordait avec agacement l'épaisse moustache noire qui contrastait avec ses cheveux dont la blancheur ne devait rien à la poudre

De temps en temps, il effleurait le public du regard craignant de laisser ses yeux s'attarder sur une mince jeune femme blonde, vêtue très simplement, mais aussi pâle, aussi pure et aussi insolite dans ce bouillonnement sordide qu'un perce-neige au revers d'un fossé boueux Elle avait l'air d'une enfant malgré ses 20 ans, et elle était si jolie que ses frustes voisins lui témoignaient une sorte de respect… un respect qui se fût peut-être changé en fureur s'ils avaient pu savoir que cette jolie Provençale blonde, née Delphine de Sabran était la propre belle-fille de l'accusé, l'épouse de son fils Philippe.

Elle suivait le procès avec une attention qui faisait trembler Custine, effrayé de l'audace de la jeune femme, mais touché jusqu'au fond du cœur de cette magnifique preuve d'affection.

La sentence de mort tomba enfin, aussi brutale que le couperet qu'elle annonçait. Elle était attendue, escomptée par la populace qui éclata en cris de joie, en bravos, en hurlements et en vivats féroces. Le condamné, lui, l'accueillit d'un haussement d'épaules. Mais là-bas, dans la foule, Delphine venait de s'évanouir… Depuis quinze jours, elle remuait ciel et terre pour essayer de sauver son beau-père et l'arrêt de mort qui mettait fin à ses esperances avait eu raison de son courage. Elle savait, en effet, qu'entre la sentence et l'exécution, bien peu de temps s'écoulait...

Il y eut un remous dans la foule et Custine, que les gendarmes emmenaient déjà, se sentit frémir. Mais, heureusement, la foule attribua la défaillance de la jeune femme à la chaleur. On avait remarqué son teint pâle, sa minceur. Une grosse femme ajouta qu'elle était peut-être enceinte et que, de toute façon, « on crevait de chaud là-dedans ! »...

Un homme de bonne volonté l'emporta au-dehors où la grosse femme entreprit de l'asperger d'eau fraîche pour la ranimer, tandis que le condamné gagnait le greffe où il allait attendre l'échafaud. Il n'était pas d'usage, en effet, que l'on ramenât dans leurs cachots ceux qui allaient mourir. Ils attendaient au greffe, parfois durant des heures, le bon plaisir du bourreau.

Un peu rassuré sur le sort de sa belle-fille, Custine s'efforça de n'y plus penser afin de ne pas se laisser gagner par l'attendrissement. Il lui fallait maintenant songer à mourir, et à bien mourir. Sa conscience était en paix et il ne regrettait aucune de ses actions, même si les services rendus à la Révolution l'avaient fait passer pour un traître aux yeux du Roi et de cette malheureuse Reine qui, depuis le 2 août, était venue, dans ses voiles de veuve, occuper à la Conciergerie le premier cachot de Custine, que l'on avait déplacé pour elle...

Quelques heures plus tard, la tête du général-marquis de Custine tombait sur la place de la Révolution.

Cependant Delphine avait, en se traînant plus qu'en marchant, regagné son appartement de la rue de Lille. Armand, son mari, n'était pas encore rentré. Seule Nanette Mabriat, la brave femme qui constituait tout le personnel des Custine et qui s'occupait du petit Astolphe, âgé de 3 ans, se trouvait là. Elle reçut dans ses bras une

Delphine en sanglots, éperdue, une Delphine qui comprenait enfin que la vie pouvait être une chose affreuse et tragique... Dieu sait pourtant qu'il n'en avait pas toujours été ainsi !

Quand la jolie Delphine de Sabran était apparue à Versailles, à 15 ans, on l'avait spontanément surnommée « la Reine des roses » tant elle était belle et fraîche. « Une tête de Greuze avec la pureté d'un profil grec... », disait-on d'elle. Et à tout cela s'ajoutait un regard un peu brumeux, des lèvres exquises et un teint incomparable. Sa blondeur n'était ni pâle ni fade, mais se moirait d'or et d'un châtain clair qui la rendait plus vivante. Aussi les prétendants avaient-ils mené une ronde serrée autour de Delphine, si serrée même que Mme de Sabran, inquiète de constater chez sa fille quelques dispositions à la coquetterie, s'était hâté de se choisir un gendre. Mais comme c'était une tendre mère, elle le choisit au goût de Delphine.

Ce fut Armand de Custine. Il avait 19 ans et, dans son genre, il était aussi beau que sa fiancée. En outre, galant, spirituel, brave, noble et riche. Delphine l'adora.

On les maria à Anisy et ce fut l'évêque de Laon qui bénit une union en forme de fête champêtre, où tous les invités étaient costumés en bergers et bergères dans la meilleure tradition de Trianon, et où l'on avait préparé, pour la lune de miel, une véritable chaumière, évoquant celle de Philémon et Baucis.

Ce fut le temps des délices, des folies et des amours. Deux enfants vinrent au monde, deux garçons que l'on prénomma Gaston et Astolphe. Mais la grande passion qui avait jeté l'un vers l'autre Armand et Delphine s'étiolait. Il avait trop de succès auprès des femmes, elle trop d'amoureux. Et peu à peu elle se prit au jeu cruel de la coquetterie, se plut à choisir tel ou tel adorateur dont, d'ailleurs, elle se lassait bien vite et se débarrassait avec une pirouette et un éclat de rire. Mais sans jamais se laisser aller à manquer à l'honneur.

La première de ses victimes fut M. d'Esterno, qui ne fit pas long feu. Delphine déclara bien vite qu'il était « ennuyeux comme la mort avec des airs de carpe pâmée ». Puis, ce fut le chevalier de Fontanges. « Il ne ressemble à rien », décréta bientôt la "Reine des roses" en tournant ses beaux yeux vers le comte Antoine de Lévis. Celui-ci dura plus longtemps parce qu'il avait beaucoup de charme, mais il n'en fut pas moins « débarqué » tout justement à cause de ce charme : il était entreprenant et assez dangereux en tête à tête. Et ce ne fut que le début d'une longue liste, si longue même qu'Armand, un peu effrayé par cette foule, préféra reprendre du service et aller se battre en Allemagne.

La Révolution était là, mais Delphine s'en souciait peu. Tant d'hommes s'occupaient d'elle ! Et elle changeait d'amour plus souvent que de toilette.

« Fais-moi une petite chanson sur mon amour papillon ! écrivait-elle à son frère Elzéar de Sabran, son plus intime confident. Je serais tentée de poser cette question à tout le monde : Connaissez-vous le moyen de fixer un papillon ?... »

Hélas ! le chagrin allait, pour un temps, fixer le ravissant papillon rose. Ce fut d'abord le petit Gaston, qui mourut d'une maladie infantile. Puis l'arrestation du général, le brusque départ d'Armand de l'armée. Et Delphine qui, alors, marivaudait avec le séduisant Grouchy se retrouva en plein drame.

Le papillon, alors, se fit lionne. Avec un courage insoupçonné, elle remua ciel et terre pour tenter de sauver Custine, harcelant les jurés du Tribunal et se risquant même à la tour de César*, dans l'antre de Fouquier-Tinville. Sans succès, naturellement. Et maintenant, Delphine ne pouvait plus que pleurer...

---

* L'une des tours de la Conciergerie.

Armand de Custine rentra chez lui fort tard. Blême, les traits tirés et les yeux clos, il s'adossa à la porte du salon comme si ses jambes lui refusaient tout service.

— J'étais là-bas... fit-il d'une voix blanche. J'ai vu mourir mon père...

— Vous ne pouvez rester plus longtemps ici, Armand. Vous étiez son aide de camp ! Vous êtes certainement en danger.

— Pourquoi? Je n'étais qu'un simple officier... Je répugne à émigrer, Delphine ! Je suis comme mon père : il voulait vivre en France et en Français...

— Il en est mort ! Je ne veux pas que vous mouriez aussi. Nous n'avons plus que vous, mon ami. Les choix du cœur ne sont plus possibles quand la vie est en jeu ! Partons pour l'Allemagne où ma mère nous attend.

— C'est alors que l'on dira que nous avons trahi...

— Qu'importe, puisque, de toute façon, c'est ce que l'on dit ! Partons, Armand... il le faut !

Mais le jeune couple n'eut pas le temps de fuir. Quelques jours plus tard, le comte Armand de Custine, dont la mort de son père avait fait le marquis de Custine, était arrêté à son tour, conduit à la prison de La Force, laissant Delphine accablée de douleur.

De douleur, mais non de désespoir ! Car, de nouveau, elle se mit en campagne pour arracher son époux à l'échafaud. Mais son expérience précédente avait porté ses fruits. Elle savait qu'il serait inutile de refaire l'épuisante tournée des visites, de s'avilir en implorant une clémence que nul ne songerait à lui accorder. Elle ne ferait qu'essayer de nouveau rebuffades, quolibets... ou propositions déshonorantes. Désormais, elle savait qu'une seule chose pouvait sauver Armand : c'était l'argent, capable d'organiser la fuite d'un prisonnier même dans la prison la mieux gardée.

Au cours des visites qu'elle fut autorisée à rendre à son époux, Delphine entra en relations avec la fille du concierge de La Force. Louise Bault, en effet, était aussi bonne et accessible à la pitié que son père était sanguinaire. Les scènes déchirantes dont elle était le témoin quotidien la bouleversaient d'autant plus que, lors des massacres de septembre, elle avait vu assassiner sous ses yeux, et dans quelles atroces conditions, la malheureuse princesse de Lamballe, parmi beaucoup d'autres. Aussi, Mme de Custine n'eut-elle pas beaucoup de peine à gagner le bon cœur à sa cause, car Louise considérait comme une œuvre méritoire d'arracher une victime à la guillotine. Elle refusa même, pendant longtemps, d'accepter de l'argent. Encore ne le fit-elle que dans l'espoir d'adoucir certains sorts particulièrement pénibles.

Le plan que Delphine et Louise établirent était d'une grande simplicité. De taille moyenne et mince, Armand pouvait supporter le travesti. Rien n'était plus facile à Louise que lui faire passer des vêtements de femme grâce auxquels il serait possible à la brave fille de le faire sortir de la prison avec les visiteurs quotidiens. Pendant ce temps, Delphine, au-dehors, tiendrait une voiture prête pour que le fugitif pût gagner la frontière sans perdre un instant.

Malheureusement, pendant que les deux femmes faisaient leurs derniers préparatifs, un drame se déroulait à la Conciergerie : l'échec du fameux complot de l'Œillet, monté par le chevalier de Rougeville pour faire évader la Reine. Rougeville avait été si près de réussir que la Convention prit peur. Elle fit savoir par décret que toute personne suspecte d'avoir participé à l'évasion d'un prisonnier serait punie de mort. Or, l'évasion du marquis de Custine était prévue pour le surlendemain du jour où parut ce décret qui, naturellement, fut lu dans toutes les prisons. Et, lorsque Delphine arriva à La Force, le cœur battant, elle trouva Louise Bault en larmes.

— Il ne veut plus fuir, madame ! gémit la jeune fille. Il a refusé d'endosser les vêtements que je lui ai donnés.

— Il refuse ? Mais pourquoi ?

— Hélas, madame ! il a entendu la lecture du nouveau décret. Il dit qu'il ne veut pas être responsable de ma mort si l'on découvre que je vous ai aidés. Mais personne ne songera à moi ! Je vous en prie, essayez de le convaincre de sortir d'ici aujourd'hui même. Le temps presse… et demain je ne pourrai plus vous aider, parce que je ne serai plus ici.

Et comme la marquise s'étonnait, Louise lui raconta comment son père, poussé par ses sentiments exaltés, avait demandé la faveur de remplacer à la Conciergerie le geôlier Richard emprisonné à la suite du complot de l'Œillet.

— Mon père veut garder la Reine lui-même ! soupira Louise. Et demain, nous quittons La Force. Si vous voulez sauver votre mari, il faut faire vite, madame… Très vite !

Delphine n'avait guère besoin d'encouragements dans cette voie et se précipita chez Armand. Mais, à sa désolation, elle le trouva inflexiblement ancré dans sa résolution de ne pas fuir.

— À aucun prix je n'accepterai d'exposer la vie de cette jeune fille. Louise Bault a le droit de vivre autant que moi, sa vie a autant de prix que la mienne. Et puis, si j'apprenais que, par ma faute, il lui est arrivé malheur, je ne pourrais plus vivre moi non plus !

— Je vous en prie : songez à moi, songez à votre fils ! Qui vous dit que Louise sera inquiétée ?

— On cherchera vos complices, et on la trouvera. Non, Delphine : mon fils ne peut être le fils d'un homme qui aurait accepté de sauver sa vie au prix de celle d'une femme innocente. Je suis soldat, ma place est ici : je reste !…

Rien ne put le faire changer d'avis. Il était muré dans sa décision aussi étroitement qu'il le serait dans le tombeau. Quand l'heure du départ arriva, il fallut que deux gardiens vinssent enlever la jeune femme en proie à une véritable crise de nerfs : elle s'accrochait à son époux en criant qu'elle voulait mourir avec lui. On l'emporta et Louise Bault, une dernière fois, lui donna quelques soins.

C'était la dernière fois qu'elle devait revoir son mari. Le nouveau gardien de La Force n'avait pas de fille et, pour son entrée en fonctions, il commença par supprimer toutes les visites. Peu de temps après Armand de Custine gravissait à son tour, avec un beau courage, les marches de l'échafaud.

Delphine était seule maintenant avec son enfant au cœur d'une ville qui chaque jour plongeait un peu plus dans le cœur brûlant de la Terreur. Les pires jours allaient venir : il fallait fuir !

Pour assurer sa sécurité et celle de son enfant, Delphine se mit en campagne une troisième fois : le pavé de Paris lui brûlait les pieds et elle aspirait de toutes ses forces à rejoindre sa mère de l'autre côté du Rhin. Un matin, après une ultime démarche, elle rentra chez elle satisfaite, malgré le temps affreux qui s'était abattu sur Paris. On était en janvier 1794, il neigeait et les denrées aussi bien que le bois de chauffage se faisaient rares. Mais, pour la première fois depuis longtemps, la jeune veuve était presque souriante : elle venait enfin d'obtenir, non sans peine et grâce à de l'argent, un passeport au nom de la citoyenne Van Daele, marchande de dentelles résidant à Bruges.

Joyeusement, elle agita le papier sous le nez de la fidèle Nanette Mabriat.

— Regardez ! Je vais enfin revoir ma mère ! Et bientôt, nous serons tous réunis auprès d'elle ! Quel bonheur ce sera !

Il avait été convenu en effet que Delphine partirait seule avec son faux passeport tandis que Nanette et le petit Astolphe, déguisés en paysans, passeraient la frontière à un autre endroit, après avoir voyagé sous la protection d'un vieil ami des Custine, un ancien serviteur nommé Bertrand.

Il ne restait plus qu'à tout mettre en ordre en vue du départ de toute la famille et, la veille du jour choisi, Delphine s'enferma dans son petit salon où le feu flambait afin d'y trier ses papiers. Elle désirait faire disparaître certaines lettres, écrites à son mari par des émigrés notoires, voire quelques lettres de sa mère.

Elle était occupée à vider les tiroirs de son secrétaire, entassant auprès d'elle les papiers répartis en deux tas, quand des coups violents ébranlèrent la porte d'entrée de l'appartement. Delphine, qui s'apprêtait à jeter toute une liasse au feu, s'arrêta, le cœur battant… Les coups redoublèrent tandis qu'une voix exempte de douceur criait :

— Ouvrez ! Au nom de la Nation !

Une visite domiciliaire ! Delphine se vit perdue. Elle n'avait pas de temps le brûler quoi que ce soit. Déjà au-dehors s'entendait le pas traînant de Nanette, qui allait ouvrir en marchant avec beaucoup de naturel… La jeune femme fit, du regard, le tour de la pièce, cherchant désespérément une cachette…

Elle avisa soudain un canapé posé en angle. Il était garni d'une soie ancienne qui pendait jusqu'à terre, cachant les pieds. D'un geste rapide et sans plus réfléchir, elle jeta les papiers dessous, puis se redressa, tentant de comprimer les battements désordonnés de son cœur. Elle se sentait défaillir… Au-dehors, Nanette essayait de parlementer, devinant ce que faisait sa maîtresse.

— Ouvrez, Nanette ! lui cria-t-elle en rassemblant ses dernières forces. Ouvrez, sinon ils vont défoncer la porte !…

Il était temps. La porte résonnait déjà sous les coups de crosses. Un instant plus tard, une bande sordide envahissait l'élégante petite pièce. Elle se composait d'une dizaine d'hommes aux habits crasseux, coiffés du sinistre bonnet rouge, mal rasés ou pas rasés du tout, puant le vin à trente pas et portant tous des piques ou des fusils.

Celui qui paraissait être le chef s'approcha de Delphine et la considéra avec un mauvais sourire.

— Tu es la citoyenne Custine ?

— En effet !

— Tu as été dénoncée ! On dit que tu t'apprêtes à fausser compagnie à la Nation pour rejoindre ses ennemis de l'autre côté des frontières.

Delphine releva fièrement son petit menton et toisa l'homme avec dédain.

— C'est juste ! admit-elle. Je m'apprêtais à fuir.

— C'est bon ! Tu vas nous suivre à la prison des Carmes. Mais, avant, on va fouiller ta maison. Allez vous autres, au travail ! Fouillez partout ! Il doit y avoir des papiers intéressants ici ! C'était un nid de conspirateurs !

Impassible en apparence, Delphine dut assister à la mise à sac de son appartement. On sonda les murs ou creva les sièges, on ouvrit armoires et tiroirs... mais comme il en va souvent avec les choses les plus simples, personne ne songea à aller voir sous le canapé d'angle. Dans les bras de Nanette, le petit Astolphe, réveillé par tant de vacarme et par ceux qui avaient fouillé son lit sans ménagement, pleurait et ajoutait du tintamarre.

Au bout d'un moment qui parut un siècle à la marquise, le chef qui n'avait rien trouvé d'important abandonna la partie.

— Allez ! s'écria-t-il en rassemblant son monde on s'en va !... Tu viens, citoyenne !

Sans un mot, Delphine, retenant ses larmes de son mieux, alla embrasser son fils et ainsi que la vieille Nanette qui sanglotait sans retenue.

— Sous le canapé... lui souffla-t-elle à l'oreille.

— Je veillerai sur lui comme sur mon enfant, je vous le promets ! s'écria alors Nanette en sanglotant de plus belle, comme si la jeune femme venait de lui recommander son enfant.

Un peu rassurée, Delphine prit le baluchon qu'on lui avait hâtivement préparé en vue de son séjour en prison et, sans se retourner, franchit le seuil d'une maison qu'elle était bien persuadée de ne jamais revoir de sa vie. Mais elle avait trop de courage naturel, trop d'orgueil aussi, pour laisser seulement deviner à son escorte le désarroi qui l'habitait. Elle mourait de peur, mais elle entendait rester digne de ses morts…

Une heure plus tard, Delphine de Sabran, ci-devant marquise de Custine, était incarcérée à la prison des Carmes.

Les dossiers de Fouquier-Tinville

La prison des Carmes, ci-devant couvent des Carmes-Déchaux, rue de Vaugirard, était l'une des plus sinistres de Paris. Lors des massacres de septembre, le sang de nombreux prêtres y avait coulé et le Comité du quartier Vaugirard, qui la contrôlait, était l'un des plus féroces et des plus fanatiques de Paris. Delphine y fut jetée dans une étroite cellule de moine, glaciale et nue, en compagnie de deux autres détenues, alors que l'espace était prévu pour une personne.

Ce n'était pas le moindre inconvénient de cette espèce de ménagerie humaine. Les détenus s'entassaient dans des pièces sans air, pourvues de petites fenêtres, certes mais bouchées par de grands abat-jour en forme d'entonnoir en bois et garnies de barreaux. Elles étaient si humides que parfois, au matin, les prisonniers tordaient leurs vêtements pour les faire sécher. En revanche, il était à peu près impossible d'obtenir un broc d'eau pour la toilette et, aux beaux jours, le concierge Roblâtre vendait à prix d'or les productions du magnifique jardin du couvent. Force fut à la jeune marquise de Custine de s'accommoder de cet affreux régime, mais elle trouva quelque réconfort dans la société de ses voisines de cellule, les deux sœurs de Bragelonne qu'elle avait connues jadis à la Cour.

Cependant, on instruisait son dossier. La perquisition effectuée lors de son arrestation n'ayant rien donné, on en ordonna une seconde, puis une troisième au cours de laquelle, cette fois, des papiers furent trouvés. Nanette avait bien réussi à faire disparaître ceux dissimulés sous le canapé, mais il en existait d'autres, cachés dans une boiserie et dont Delphine n'avait pas la moindre idée.

Malheureusement, il y avait là de quoi faire exécuter toute la famille : des lettres provenant de Chouans éminents, tels que Chateaubriand et Rosanbo... Quand les enquêteurs eurent déposé leur moisson, la marquise fut tirée de sa prison pour répondre de ses « agissements ».

On l'introduisit dans une salle basse qui avait été, naguère encore, le réfectoire des moines. Trois hommes l'y attendaient, assis devant une table couverte de papiers d'où surgissait le trépied d'un candélabre. L'un d'eux, qui présidait, était un affreux avorton, un nain bossu au visage déformé par des tics nerveux qui enveloppait d'une carmagnole crasseuse son corps tordu. Le second, un gros homme amorphe, paraissait dormir ; mais le troisième était un homme jeune, vigoureusement bâti, avec une carrure de toucheur de bœufs. Il avait des poings énormes et noueux, un air farouche, mais son visage rude aux yeux d'un joli bleu tendre n'était pas sans agrément.

Le bossu, qui s'appelait Cort, regarda approcher la prisonnière, mais, sans attendre qu'elle fût devant lui, assena un coup de poing sur une liasse de papiers en criant d'une voix éraillée :

— Tu es ici pour répondre de complot contre la sûreté de la Nation, citoyenne ! On a enfin trouvé chez toi ce que tu cachais si bien !

Delphine ne parvenait pas à regarder en face l'affreux bonhomme. Elle préféra s'adresser à celui qui avait des yeux bleus.

— J'ignore de quoi vous voulez parler, citoyen.

— Ah ! vraiment? Regarde ceci : un acte de comédie que l'on a trouvé chez toi et qui est un appel à la trahison. Il est d'un certain Elzéar ! Dis-nous un peu qui est cet Elzéar?

La marquise haussa les épaules. Elzéar de Sabran était son frère, mais elle eût préféré mourir plutôt que de dénoncer le doux poète qu'elle aimait tant.

— Comment le saurais-je? J'avais bien oublié ce petit acte et je ne me rappelle même pas qui me l'a donné ! On entasse toujours trop de papiers inutiles...

— Inutiles? Voire ! Ceci est moins innocent – si innocence il y a ! Ces lettres prouvent que ton mari était en relations suivies avec tous les ennemis de la Nation.

— Mon mari avait de bons amis. Il n'avait aucune raison de ne pas recevoir de leurs nouvelles ! Et puis-je vous rappeler, citoyen, que mon beau-père et lui-même ont combattu pour ce que vous appelez la Nation?

Le bossu grinça des dents et se pencha en avant.

— À ta place, citoyenne, j'éviterais de rappeler ma parenté avec ces deux traîtres qui ont justement expié leurs crimes sur l'échafaud...

— Des traîtres? Pour avoir connu les revers des armes? Si vous exterminez tous ceux de vos soldats qui essuient quelques défaites, il ne vous restera bientôt plus beaucoup de monde pour vous défendre.

Son audace faisait trembler de rage le petit homme. Delphine sentit qu'elle était perdue, mais, subitement, cela lui fut égal. Elle en avait assez de lutter contre l'injustice et la mauvaise foi. Sans doute ne lui restait-il que bien peu de temps à vivre. Mais, au fond, la vie avait-elle tant d'importance?

Cependant Cort hurlait :

— Tu ne devrais pas le prendre de si haut, citoyenne ! Il n'est jamais bon de se moquer de la justice.

Elle trouva le courage de lui adresser un sourire moqueur.

— Puisque, de toute façon, vous avez décidé de me perdre, à quoi bon tout ceci, cet interrogatoire ? Vous répondez vous-même à vos questions.

Le bossu allait répliquer, mais l'homme aux yeux bleus lui coupa la parole.

— Personne n'a décidé ta perte, citoyenne, fit-il d'une voix grave, mais dépourvue de rudesse. Et il vaut mieux pour ton bien, répondre aux questions.

— C'est que... je suis lasse, citoyen ! Lasse de tout cet inutile fatras !

— Tu perds ton temps, citoyen Gérôme, coupa Cort. Ce genre de femelle ne se laisse pas facilement amadouer. Qu'on la ramène en prison, puisqu'elle est si fatiguée ! Quand nous aurons déchiffré tout ce grimoire, il ne nous restera plus qu'à l'envoyer à Sanson, qui saura bien la faire reposer...

La menace était plus que claire. Pourtant, en revenant vers sa prison, Delphine se sentit moins abattue qu'auparavant. Était-ce à cause du regard presque amical qu'elle avait surpris chez celui que l'on appelait Gérôme ? Celui-là n'avait pas l'air d'être son ennemi...

La semaine suivante, le dépouillement de la fameuse correspondance n'était pas encore terminé. De plus, Cort et ses séides s'étaient mis en tête que les lettres étaient écrites suivant un code secret qu'il convenait de découvrir au plus tôt. On décida donc de se transporter de nouveau rue de Lille et d'y faire venir l'accusée afin qu'elle s'expliquât plus clairement sur ce sujet brûlant. Mme de Custine fut donc tirée une fois de plus de sa cellule, jetée dans une voiture fermée et ramenée chez elle pour quelques instants.

En refranchissant le seuil de cet appartement où elle avait vécu heureuse, une émotion s'empara de la jeune femme. La maison était rangée, grâce à la bonne Nanette qui l'habitait toujours avec le petit Astolphe, mais les meubles et les tentures portaient les traces du pillage. Delphine, cependant, s'efforça de ne pas les voir, trop heureuse de pouvoir embrasser son enfant... peut-être pour la dernière fois.

Cort, le bossu, l'attendait dans le petit salon, installé devant une table. Mais un regard apprit à la prisonnière que Gérôme était là lui aussi et, de cette présence presque amicale, elle tira un supplément de courage. Il était adossé au chambranle de la porte, les bras croisés, et il la regardait sans mot dire.

L'interrogatoire ne donna rien, bien entendu, mais Cort et ses sectionnaires n'en entreprirent pas moins une chaleureuse discussion sur les différentes significations que pouvaient avoir des lettres, cependant fort claires.

Lasse de ces palabres, la marquise, en attendant qu'elles prissent fin, alla s'asseoir dans un fauteuil auprès de la cheminée. Sur celle-ci il y avait un crayon et une feuille de papier que Delphine prit, presque machinalement. Elle avait toujours adoré dessiner et possédait même un joli talent qui excellait surtout à saisir les ressemblances.

Le tableau qu'elle avait sous les yeux lui parut comique : ce petit bossu perché sur sa chaise comme une poule sur son perchoir, ces gaillards aux trognes luisantes... Il y avait là de quoi tenter sa verve. Et puis, c'était si bon de sentir de nouveau un crayon entre ses doigts !... Elle se mit à dessiner.

Un instant reprise par ce plaisir oublié, elle laissa son esprit s'évader de ce qui l'entourait, de la menace qui pesait sur elle, de ces gens qui voulaient sa mort... C'était merveilleux ! Mais comme elle achevait tout juste son dessin, une main passa devant ses yeux et se saisit du papier.

— Tu permets, citoyenne ?

C'était Gérôme. Il prenait le dessin, le regardait. La gorge de la jeune femme se serra. Comment allait-il réagir ? Mais, de la plus imprévisible façon, ce sans-culotte éclata de rire, d'un bon rire joyeux, franc, sonore et singulièrement réconfortant. Cort, cependant, levait le nez de sur ses papiers en ronchonnant :

— Qu'est-ce qui te prend ? Tu deviens fou ?

Gérôme lui mit le dessin sous les yeux :

— Regarde un peu comme la citoyenne te veut du bien, citoyen-président, et comme elle a flatté ton portrait ! Ma parole, elle t'a vu en beau !

Le bossu rougit, pâlit. On crut un instant qu'il allait éclater et Delphine se vit perdue. Mais autour de lui, les autres se penchaient, regardaient. On se reconnaissait, on s'admirait et on s'esclaffait. Les éclats de rire fusaient et l'atmosphère, tout d'un coup, s'était détendue. Cort, entraîné, finit par rire avec les autres.

Delphine, alors, chercha les yeux de Gérôme. Elle n'eut pas loin à aller. Ils étaient fixés sur elle avec une telle expression d'admiration pour son courage... peut-être aussi pour sa beauté, qu'elle se sentit rougir tout à coup et, comme une couventine prise en flagrant délit, elle baissa les yeux.

Mais ce qu'elle ne pouvait savoir, c'était l'effet profond, foudroyant qu'elle avait produit sur le sans-culotte. Depuis qu'il avait vu Mme de Custine pour la première fois, le maçon Gérôme avait changé au point de ne plus se reconnaître. Lui qui, jusqu'à présent, s'était montré un patriote convaincu doublé d'un révolutionnaire sans pitié, dur et méprisant pour tous ces ci-devant nobles inintéressants, n'avait plus qu'une idée : arracher à la mort cette femme ravissante, si jeune, si courageuse, et si seule puisqu'elle n'avait plus personne pour s'occuper d'elle. Le brave garçon sentait confusément que sa propre vie perdrait son sens et son intérêt si Delphine de Custine montait à l'échafaud.

Pour la sauver, alors, il usa d'un stratagème comme seul l'amour, le vrai, peut en inspirer. Car s'il était découvert, l'imprudent Gérôme précéderait de peu sa bien-aimée sur les planches rouges de la guillotine.

Son titre de membre du Comité de la section Vaugirard lui permettait d'entrer librement dans tous les bureaux, même dans ceux de la tour de César où l'accusateur public, le redoutable Fouquier-Tinville, tenait ses assises. Qui, d'ailleurs, se fût méfié d'un patriote aussi éprouvé, d'un révolutionnaire qui avait donné tant de preuves de son civisme et de sa haine des aristocrates, comme de son dévouement à la cause sacrée de la Révolution ?

Or, chez Fouquier-Tinville s'entassaient naturellement les dossiers de tous ceux qui étaient promis, à plus ou moins bref délai, à la mort. Et l'accusateur public prenait chaque jour, Gérôme ne l'ignorait pas, un certain nombre de dossiers dans la pile, ceux du dessus bien entendu, afin de fournir au bourreau son contingent de victimes.

L'idée généreuse de Gérôme consistait pour lui à se rendre chaque jour dans le bureau de Fouquier à l'heure où le tigre, comme n'importe quel mortel prenait son repas, et à veiller à ce que le dossier de Mme de Custine n'occupât pas les premières places.

Il aurait pu, naturellement, le prendre et le détruire purement et simplement, mais cela n'eût pas été sans danger car les dossiers étaient comptés fréquemment et l'absence de celui-là pouvait être découverte. Le maçon s'astreignit donc, jour après jour, à ce tour de passe-passe mortel. Mais son amour lui donnait toutes les audaces.

Un jour, il eut un coup au cœur. Le dossier qui l'intéressait était le premier sur la pile. C'était celui-là que Fouquier, en rentrant de déjeuner, aurait pris. Une sueur froide inonda Gérôme : s'il avait été empêché ce jour-là d'entrer au Palais, la jolie Delphine eût été perdue. Il se jura alors d'entrer coûte que coûte, pensant même sérieusement à abattre Fouquier-Tinville si, d'aventure, il venait à surprendre son manège. Perdu pour perdu, Gérôme pensait que le jeu, au moins, en vaudrait la chandelle !

Cela dura trois mois. Trois mois d'une angoisse difficilement soutenable pour le pauvre Gérôme… trois mois de folie pour Delphine. On aimerait, en effet, que la « Reine des roses », à l'heure où un homme risquait continuellement sa tête pour elle, vécût au moins dans le calme et la dignité. Hélas ! dans ces Carmes sordides, la jolie Delphine avait rencontré l'amour en la personne du général Alexandre de Beauharnais.

Ce n'était pas un homme follement séduisant. Sa femme, la charmante Rose Tascher de la Pagerie, l'avait même trouvé foncièrement ennuyeux durant leurs quelques années de mariage. Mais il pouvait avoir du charme quand il ne se mêlait pas de discourir et, surtout, il se prit pour Delphine d'une de ces passions dévorantes comme il en naissait alors dans les prisons aux approches de la mort. Une passion si ardente même que Delphine se laissa emporter par elle et qu'elle devint la maîtresse d'Alexandre sur les sordides paillasses de la vieille prison… Bien que l'épouse dudit Alexandre fût, elle aussi, emprisonnée depuis quelque temps.

Mais la future impératrice des Français se souciait assez peu de son époux. Ses pensées se partageaient, à égalité, entre une peur affreuse de la mort et l'amour, non moins désordonné que celui d'Alexandre, qui l'attachait au beau général Hoche. La jolie créole ne voyait donc aucun inconvénient à ce que son époux courtisât de fort près la jolie Mme de Custine. D'ailleurs, à la prison, tout le monde aimait à qui mieux mieux.

La mort, une fois encore, allait trancher les amours de Delphine. Le 5 thermidor, Alexandre de Beauharnais montait à l'échafaud. Il avait 34 ans, mourut avec courage, mais les beaux yeux de Delphine pleurèrent à creuser les cailloux, tellement même que Mme de Beauharnais et son amie la marquise de Fontenay, future Mme Tallien, durent déployer des trésors de rhétorique pour lui porter quelque consolation.

Quatre jours plus tard, d'ailleurs, c'était le 9 thermidor et la chute retentissante de Robespierre. L'ombre de la guillotine s'effaçait pour Delphine, mais la jeune femme se retrouva plus seule que jamais, car ce fut au tour de Gérôme de se cacher. Il ne pouvait plus rien pour celle qu'il aimait : elle était sauvée et le resterait, mais lui, maintenant, courait le pire danger, car il était compromis avec les autres séides de Robespierre.

La prison des Carmes, peu à peu, se vida, mais Mme de Custine y demeura encore deux mois. Peut-être, oubliée de tous, y serait-elle restée plus longtemps si la fidèle Nanette Mabriat ne l'en avait tirée.

La brave femme savait que le général de Custine avait fondé autrefois, dans les Vosges, une fabrique de porcelaine dont les ouvriers n'avaient jamais eu qu'à se louer de leurs employeurs. Elle leur écrivit en les priant de signer une pétition en faveur de la mise en liberté de la jeune femme. Reconnaissants, ils s'exécutèrent et Nanette, triomphante, put venir aux Carmes chercher sa chère maîtresse pour la ramener chez elle.

Revenue rue de Lille, Delphine fit lentement le tour de l'appartement. La plupart des meubles encore debout avaient été vendus par Nanette pour qu'elle pût subsister avec le petit Astolphe. Les pièces étaient presque vides, mais, pour Delphine, c'était chez elle et, après la prison, c'était merveilleux.

Et puis, elle était épuisée par les privations, la peur, et aussi par son récent chagrin et elle dut s'aliter. Nanette, bien sûr, la soigna attentivement, la dorlotant comme un bébé, lui offrant même des douceurs qui finirent par poser quelques problèmes à la malade. Avec quel argent Nanette achetait-elle tout cela ? Elle n'en demandait jamais à Delphine qui, d'ailleurs, eût été bien en peine de lui en fournir. Pourtant, la table était bien servie, la nourriture de choix, et peu à peu les armoires s'emplissaient.

Un matin, Delphine n'y tint plus :

— Mais enfin, d'où sortez-vous tout cela ? demanda-t-elle. Nous n'avons plus de meubles. Restait-il encore quelque argenterie, quelques bijoux ?

— Non, fit Nanette. Les sectionnaires ont tout emporté.

— Alors ?

La digne femme finit par avouer que depuis des semaines, avant la libération de Delphine un homme, un inconnu venait chaque samedi lui porter de l'argent. Il était toujours enveloppé d'un grand manteau et, comme quelqu'un qui se cache, il venait à la nuit close, mais très régulièrement et toujours à la même heure.

— Il n'a jamais voulu me dire son nom, ajoute Nanette, et je ne sais pas du tout qui il est. Je ne connais même pas le son de sa voix.

La jeune marquise réfléchit un instant, puis demanda :

— Quel jour sommes-nous ?

— Samedi, tout justement.

— Donc, c'est ce soir qu'il doit venir. Eh bien, quand il frappera, c'est moi qui irai lui ouvrir. Je veux connaître cet ami trop discret !

C'était trop naturel et Nanette, bien entendu n'y vit aucun inconvénient. Quand 9 heures sonnèrent, ce soir-là, quelques coups légers et rapides furent frappés à la porte de l'appartement. Delphine, qui se tenait assise tout près, enveloppée d'une robe de chambre blanche, se leva vivement, prit un flambeau sur la table de l'antichambre et alla ouvrir.

La porte, en s'écartant, découvrit un homme grand et vigoureux, enveloppé jusqu'aux yeux dans un grand manteau noir. Mais ces yeux, justement, Delphine croyait bien les reconnaître…

En voyant la jeune femme, l'inconnu eut une exclamation étouffée et recula d'un pas pour fuir dans l'ombre de l'escalier, mais Delphine le saisit par le bras.

— Non ! Je vous en supplie ; entrez ! Il faut que je sache qui vous êtes. Un ami tel que vous ne doit pas se cacher.

À regrets il entra, la laissa refermer la porte, reposer le flambeau sur la table.

— Montrez-moi votre visage, ordonna doucement Delphine. Ôtez ce manteau.

Il obéit, laissa retomber le drap noir et découvrit ses traits. C'étaient ceux de Gérôme, le maçon.

Un instant, ils demeurèrent l'un en face de l'autre, immobiles, sans une parole, se regardant comme si cette rencontre était la première. Ce fut la jeune femme qui, la première, rompit le silence.

— Ainsi, dit-elle lentement, c'était vous… Mais pourquoi ?

Il eut un geste évasif, plein de timidité et d'impuissance à se traduire lui-même. Mais Delphine avait trop appris à lire dans le regard des hommes pour se tromper sur l'expression de celui-là : elle était aimée, ardemment, passionnément, aimée comme peu d'hommes savent le faire et, dans son cœur, quelque chose se réchauffa. Sans rien ajouter, mais d'un élan spontané, elle se jeta dans les bras de son sauveur…

Dans l'éblouissement de cette découverte, ils auraient pu connaître le bonheur, entamer un amour pour lequel maintenant Delphine était prête. La souffrance l'avait assagie et l'époque n'était plus aux distances. Gérôme était jeune, séduisant et follement amoureux. Mais il était traqué, poursuivi… Delphine comprit vite que c'était sa vie qu'il risquait ainsi chaque semaine pour venir jusqu'à la rue de Lille…

À son tour, elle le cacha, parvint à l'arracher à la police au moment des coups de filets de Fructidor, trouva de l'argent et réussit à lui faire gagner la côte océane où un beau soir, Gérôme, désespéré de quitter sa bien-aimée, s'embarqua pour l'Amérique. Mais il n'avait pas le choix. La Terreur blanche était là, et puis Gérôme avait peur de ce qui se passerait quand les choses reprendraient leur cours normal, ce qu'elles ne pourraient pas manquer de faire. Alors, Delphine redeviendrait marquise, et lui retournerait à sa maçonnerie? C'était impossible, et l'Amérique pouvait changer cela.

Il revint dans les premiers temps du Consulat et retrouva Delphine qui l'attendait. Là-bas, en Louisiane, il avait rapidement amassé une jolie fortune. Il ne désirait plus que vivre discrètement en paix dans l'ombre de celle qu'il adorait plus que jamais et qui, maintenant, lui rendait son amour. Mais il ne pouvait être question de mariage, car Delphine avait un nom et surtout un fils. Ils se contentèrent donc d'un bonheur secret, bien caché.

Mais, dans les marais de Louisiane, Gérôme avait attrapé les fièvres. En 1805, il mourut dans les bras de celle qui avait été le seul, le merveilleux amour de sa vie et qui, de son côté, ne l'oublia jamais…

Table

Cet ouvrage a été composé et imprimé par
CPI Firmin-Didot à Mesnil-sur-l'Estrée
pour le compte des Editions Perrin
12, avenue d'Italie
*Paris 13e*
en avril 2014

Imprimé en Espagne
Dépôt légal : mai 2014
N° d'impression : 121717